義大利
經典繪旅行

由南到北漫遊名勝、品味美食，
體驗理想的義式生活！

文少輝Jackman、傅美璇Erica —— 著

Chapter3 梵帝崗城國 Vatican City State ■ ■

Chapter4 佛羅倫斯 Florence ■ ■

Chapter5 五鄉地 Cinque Terre ▉ ▉

Chapter6 波隆納 Bologna ▊ ▊

Chapter7 威尼斯 Venice ▊ ▊

對威尼斯的旅行回憶，總顯得不太真實。不真實的原因在於，這個城市太不同尋常了，已經不能用一般意義的城市來稱呼它。詳見於第七章。

前言　全新 youtube 頻道：JE painting & traveling 繪旅行　盼一起再飛

回顧這十年間我們好幾本歐洲國家的旅遊繪本，早期的《義大利繪旅行》及《西班牙繪旅行》，是我們一直希望能夠增修內容的作品。去年（2019 年）正當埋頭苦幹於《奧地利最美繪旅行》時，出版社告知「是時候開始義大利繪旅行這本書的新版計劃」。這真是期待已久的好消息。同年 10 月，在奧書最後一個句號後，我們旋即投入義大利的文字與繪畫世界。

懷著從事一本全新作品的期望和愉快心情

重新閱讀《義大利繪旅行》的每一篇文章每一幅畫作，無論是旅行抑或寫書的種種回憶都一一鮮明地浮現。拿坡里篇有這兩句：「這一回我們沒有去龐貝這個千年古城走一走，就是為了將來的南義旅程留下伏筆。」接下來看到有好幾處出現意思相近的字句，當時的我們真心真意地為自己約定了未來的南義旅程。

我們懷著從事一本全新作品的愉快心境進行新版工作，花上的時間超出預期，從 250 多頁的舊版，變成 370 頁的新版，新添的畫作則多達 30 多幅。回想起來，這 30 多幅屬於階段畫作，作為畫家，最清楚自己的進程，毫無疑問自己在繪畫世界中剛踏進又一明顯進步了的新階段。

沒有如期出發的南義之旅

數年前的約定逐步實現了，我們買了飛往羅馬的機票打算今年（2020年）4月展開南義之旅。4月的義大利剛踏入春天，白天均溫約 23 度，遊客人數還未達高峰，是旅遊當地的好日子。行程很快排好，第一天清晨抵達羅馬便馬上南下去龐貝，說過要到這個千年古城走一走便要實行呀！當晚會在拿波里港口登上大船，遙望到那個被喻為「歐洲最危險的火山」的維蘇威火山，翌天就可踏上西西里島。環島遊覽西西里島是旅程核心，火山健行、溫泉泥漿浴、沿海古城、千年古蹟等等一切都在呼喚著我們，預期回家後馬上開動，想像著《南義大利繪旅行》在筆下結出果子……

整個世界在 2020 年 2 月遭逢一場沒人想像過的巨劫，處於水深火熱的人們舉目皆是，國與國、城與城之間的交通連接瞬間停擺，隔離與距離成了新常態，聯繫人與人之間的種種瞬間斷線……往後我們的心情就隨著疫情的發展而起伏。

照耀大地的曙光

那些從旅途中遇見過的美好經常浮現觸動自己，歲月錘煉出來的旅途風景與畫面，彷彿傳遞著燃亮盼望的訊息：沒有無止盡的黑夜，所有

五鄉地，詳見於第五章。這是全書最後一幅完成的畫作。整個繪畫過程的影片，可於我們的 youtube 頻道觀看。

美好都不是朝夕間垂手可得。走過低谷，祈盼曙光照耀世界每個角落。可以旅行、可以創作、可以不用掛上口罩，可以與人相見相擁，多麼美好與感恩。

＼ 可以走得更遠的未來計劃

接下來，我們工作方向也確定了。《邊旅行，邊畫畫》與《水彩的 30 堂旅行畫畫課》是我們兩本繪畫工具書，前者的實體書已經絕版，無法買到，電子書則仍可在網絡上買到。後者已經是新版，稱為【技巧增修版】，新的內容也添加了不少。因為距離了上一本書已經有數年，累積了不少新的繪畫體驗很想跟讀者分享，回顧這兩本書，我們準備開動第三本繪畫工具書。

＼ 全新 youtube 頻道：JE painting & traveling 繪旅行

此外，我們也在 youtube 開設了自己的頻道，稱為「JE painting & traveling 繪旅行」，顧名思義是專門分享我們的繪畫教學影片、旅遊見聞、以及寫書背後的故事等等，就像左頁的畫作，繪畫過程的影片已經放在頻道內（看畢此前言後不妨馬上觀看！）。未來新畫作的影片也會源源不絕的推出，歡迎大家留言交流或提問與這頻道主題相關的種種。總而言之，熱切期待大家的訂閱與支持我們的頻道「JE painting & traveling 繪旅行」！（最後要強調：我們的 Facebook 和 Instagram 還是如常地不斷更新，敬請繼續關注。）

掃瞄我們的 youtube 頻道的 QR code，便可觀看到我們的繪畫教學、旅遊見聞等等的影片。

體驗一次玩不夠的精采義大利

旅遊過好幾個歐洲國家，每個國家都有不同的風情和美麗。

奧地利，必然想到美麗幽靜的湖泊和群山、世界最大的冰洞和深厚的音樂文化。

瑞士，必然想到壯觀絕美的阿爾卑斯山、馬特洪峰的黃金日出、各種刺激又好玩的雪類活動，以及全球暖化造成冰川消逝的悲傷。

西班牙，必然想起這幾年特別激烈的加泰隆尼亞獨立運動、高第的一系列著名建築以及還在興建中的聖家堂（我們在《西班牙繪旅行》曾寫下：在聖家堂完全建好後，一定要再去一趟，再登上聖家堂高處去看巴塞隆納全城景色。）。

荷蘭，必然想起風車、鬱金香、運河和海尼根（香港稱喜力）啤酒。

丹麥與芬蘭，必然想起自己十分喜歡的北歐獨特設計風（家中便有不少哥本哈根設計和製造的傢俱）、Lego、聖誕老人家鄉、嚕嚕米（香港稱姆明），以及廣闊無垠的森林平原。

波羅的海三國，必然想起這三個小國各自擁有的世界遺產古城、三十年前三國人民組成波羅的海之路觸動和鼓舞了許多人的心靈。

米蘭中央車站。

⊖ 一次玩不夠的精采義大利

至於義大利呢？第一個直覺就想到多個城市裡巨大磅礴的建築，初見到真的有非常震撼的感覺，是其他歐洲國家無法比擬的，即使在多年之後這份感覺還是相當強烈。這一回的旅程，我們依序前往拿坡里、卡布里島、蘇連多、羅馬、奧爾維耶托、梵蒂岡城國、佛羅倫斯、五鄉地、波隆納、威尼斯、米蘭、都靈及馬焦雷湖。搭著高速火車從南到北，穿梭大城小鎮，走進千年遺跡、世界文化遺產、拜見藝術大師、親炙經典名作、躍身陽光海灘、鑽入雜貨店挖寶、品嚐在地美食與親手料理地道好滋味……充分體驗這個一次玩不夠的精采義大利！

⊖ 義大利火車通票

每次旅行前的三個月，我們都一定會訂好機票、住宿及交通，以爭取最好的價位。這一回是要穿梭不同城市，最方便又快捷的交通是火車，規劃好行程後便開始著手探究如何搭火車最省錢？一開始是糾結在是否購買義大利通票（Italy train pass）？基本上，義大利通票只有一種，就是 1 個月內任搭 3、4、5、6 或 8 天。由於我們在旅遊旺季出發，先預訂車票以確保行程暢順是很重要的。義大利通票的好處，是乘客在自己國家買了通票後便可網上預訂車票。不過預訂義大利 EuroCity 歐洲城際列車（國內路線）、Le Frecce 高速列車（俗稱歐洲之星）、Frecciarossa 紅箭高速列車（簡稱 FR 列車）、Frecciargento 銀箭高速列車 、 Frecciabianca 白箭高速列車，每程需額外繳付手續費。

⊖ 義大利通票未必最省錢

最後，我們換個角度想一想，何不放棄買通票？既然可以提早在三個月前購買，那就直接買早鳥優惠的車票，隨時享受 50% 折扣。果然，結算總車費後，便發現早鳥優惠的車票比通票更划算！

1. 我們抵達羅馬的達文西國際機場，步出大廳便要找 railway station 指示牌。　2. 按步驟在售票機購票，可付現金或使用信用卡。　3. 上車前，千萬不要忘記打票。記得往五鄉地的那天，在車廂便有超過 10 名手持車票但沒有打票的旅客，即使如何求情，查票員也通通罰錢的啊！　4. 我們是前往 Roma Tiburtina，然後轉乘私鐵往拿坡里。至於羅馬市中心，旅客可搭乘 Leonardo Express，比較快抵達羅馬中央火車站。

建於山崖上的、密密麻麻的繽紛五鄉地漁村，此圖
為里奧馬焦雷村，詳細內容見於第五章。

⊖ 義大利國鐵以外，還有私鐵 Italo

不買通票還有一個原因，就是來往大城市之間，義大利國鐵不是唯一選擇。歐盟於 2006 年開放鐵路經營權，六年後，歐洲首間私營高鐵 Italo 便應時出現，並運行於義大利境內。正所謂有競爭才有進步，最受惠的當然是乘客，私鐵 Italo 運行後，義大利國鐵的票價也相應下調以加強競爭力，據說大概便宜了二至三成。現時兩者的票價，無論是正價或早鳥票都十分接近，沒有誰勝誰負。例如羅馬去佛羅倫斯，國鐵 FR 列車：50 歐元（正價）或 25 歐元（早鳥票）；私鐵 Italo：44.9 歐元（正價）或 19.9 歐元（早鳥票）。國鐵 FR 列車與私鐵 Italo 是同一級別，全程行走於高速鐵路。注意，兩者的行車時間都是 1 小時 36 分左右。另外，班次是誰多誰少呢？答案也是平手，一方提供多少班次，另一方也跟著調整，互不讓步。

⊖ Italo 被喻為法拉利列車

票價和班次，兩者都如此相近，可是私鐵 Italo 每次都是我們的必然選擇，為什麼呢？ Italo 被喻為「法拉利列車」，只因其投資者之一是法拉利集團總裁 Luca Cordero di Montezemolo，而列車的紅色車身及流線型設計實在很醒目，令人聯想起深紅色的法拉利跑車。除了「法拉利」外，皮件 Tod's 的總裁 Diego Della Valle 亦是投資者之一，即使車票最便宜的普通車廂，乘客也可以坐到舒適的真皮座椅。Italo 是由義大利第二大鐵路公司 NTV（Nuovo Trasporto Viaggiatori）所營運的高速列車，是法國阿爾斯通出品的 AGV 自動高速列車。

左：深紅色的私鐵 Italo 擁有「法拉利列車」的外號。　右：來往義大利大城市之間，除了國鐵外，還有私鐵 Italo，成為我們首選！

氣魄雄偉的羅馬競技場

私鐵 Italo 貫穿主要大城市

Italo 現在有 22 個車站，連貫 17 個城市，大城市就是我們這次要前往的拿坡里、羅馬、佛羅倫斯、波隆納、威尼斯和米蘭，全都可以前往。一看便知道 Italo 可以貫穿義大利南北的主要大城市，也就是大部分遊客最常去的地方。值得一提，Italo 的羅馬站，並不是羅馬中央車站（Roma Termini），而是 Roma Tiburtina 和 Roma Ostiense，都是高鐵專用的新火車站，並有地鐵連接，而 Roma Tiburtina 更有直接通往羅馬達文西國際機場（Fiumicino Airport）的列車，當日我們就在機場搭列車到達此站，然後再搭 Italo 前往拿坡里，十分便利。同樣地，Italo 的米蘭站，也不是米蘭中央車站（Milano Centrale），而是 Milan Porta Garibaldi 和 Milan Rogoredo 車站，都有地鐵相連及位置便利。

10 天義大利鐵道旅行的總支出

規劃行程時花了一段時間終於弄清楚通票、早鳥優惠、國鐵、私鐵等問題，著實上了寶貴的一課！我們的義大利鐵道旅行大致可分為兩部分：（一）往來大城市之間，可搭高鐵的，便選擇私鐵 Italo；（二）高鐵不經過的地方，便需要搭乘義大利國鐵的第二等快速火車或地區性火車，例如從羅馬到奧爾維耶托便是搭乘 Intercity 列車。預訂方面，除了地區性火車，通通都可以預訂。結果，我們這趟旅程大部分車票都能享有折扣最多的早鳥優惠，比起義大利國鐵通票更划算。

Italo 的賣點

❶ 上車前專享休息室，有免費 WiFi。
❷ 無票登車：網上訂票後將收到座位編號及訂票號碼的電郵，查票時，只需向職員展示票號以核對便可。上車時也不用打票！
❸ 車廂有免費 WiFi，電郵、上載照片暢通無阻。
❹ 每個座位都設有獨立電源插孔，方便補充電源。
❺ 基本車廂稱為 smart car，坐的都是真皮椅。

首天，我們來到羅馬第二大車站 Roma Tiburtina，換乘私鐵 Italo。從羅馬到拿坡里只需 68 分鐘。　1. 私鐵的售票機，職員在旁協助旅客購票。　2. 私鐵的舒適候車室，休息一下！　3. 私鐵的車廂。

我們的鐵道車費（以一人計算）

❶ 羅馬→拿坡里 搭乘 Italo 單程約 28 歐元（早鳥優惠）

❷ 拿坡里→羅馬 搭乘 Italo 約 28 歐元（早鳥優惠）

❸ 羅馬←→奧爾維耶托搭乘國鐵 約 20 歐元（早鳥優惠）

❹ 羅馬→佛羅倫斯 搭乘 Italo 約 20 歐元（早鳥優惠）

❺ 佛羅倫斯←→比薩←→五鄉地 搭乘國鐵 約 35 歐元（早鳥優惠）

❻ 佛羅倫斯→波隆納 搭乘 Italo 約 20 歐元（早鳥優惠）

❼ 波隆納←→威尼斯 搭乘 Italo 約 40 歐元（早鳥優惠）

❽ 波隆納←→米蘭 搭乘 Italo 約 25 歐元（早鳥優惠）

❾ 米蘭←→都靈 搭乘 Italo 約 20 歐元（早鳥優惠）

❿ 米蘭←→大湖 搭乘國鐵 約 20 歐元（地區性列車，不能預訂）

總車費：約 260 歐元

馬焦雷湖
Lago Maggiore

米蘭
Milan

威尼斯
Venice

都靈
Turin

波隆納
Bologna

五鄉地
Cinque Terre

佛羅倫斯
Florence

奧爾維耶托
Orvieto

羅馬
Rome

梵蒂岡城國
Vatican city
（在羅馬市內）

拿坡里
Napoli

卡布里島
Capri Island

蘇連多
Salerno

我們從香港坐飛機抵達義大利，首先抵達羅馬的達文西國際機場。步出大廳前，我們收起笑容，開始調整心情，提高十二分警覺，因為接下來在遇上扒手的機會相當高，在許多來到義大利的旅客都有這樣經驗，所以我們整理了一篇防偷的文章給大家參考，就在拿坡里篇。

在機場，我們依指示牌很快去到火車站，要前往的並不是羅馬中央火車站，而是 Roma Tiburtina，所以可搭乘價錢較便宜的區域性列車，一趟 10 歐元。往中央火車站是搭 Leonardo Express，車票是 16 歐元。上車之前，千萬不要忘記打票。後來我們往五鄉地的那天，在車廂便有超過 10 名手持車票但沒有打票的旅客，即使如何求情，查票員也通通罰錢！

來到羅馬第二大車站 Roma Tiburtina，很容易找到 Italo 候車室，休息一下。紅色的法拉利列車終於到站，載我們前往第一站：拿坡里！從羅馬到拿坡里，只需 68 分鐘！

義大利也是美食大國，擁有許多經典美食，所以這次旅程也是一趟美食體驗之旅。除了品嚐，我們也親手做出多道在地味十足的傳統美食。

1. 在羅馬跟義大利媽媽學做義大利麵和多道地道菜式。
2. 在波隆納參觀摩德納火腿工場，當然少不了品嚐許多美味到不得了的高質素摩德納火腿。
3. 在佛羅倫斯跟著狗狗在樹林尋找松露，圖中就是 Erica 的雙手，看我們收穫多麼豐富！

1.

2.

3.

旅程結束後多年，佛羅倫斯還是我們很喜歡的地方，在心中佔據某個重要位置。左圖是老橋，右圖為聖母百花大教堂。詳細內容見於第四章。

CHAPTER 1

Napoli

——— 拿坡里 ———

「現在回想起，什麼 A 站、B 站、某某大街……我們通通也記不起到底是什麼名字了，直至離開拿坡里都只是搭過一次地鐵，就是這一次了。賭了一局，得到幸運女神之眷顧，那兩位互不認識的女士真的是好心人，真心真意幫助我們的。」

Napoli

● 拿坡里 Napoli

從一個傳聞中惡名昭彰的城市展開旅程

南義大利最大城市：拿坡里（Napoli），又名那不勒斯，別有意思的稱呼就是「黑手黨的故鄉」或「毀壞你對義大利一切美好想像的地方」。據說即使是義大利人，提到要去拿坡里，不免都會皺起眉頭搖搖手，再三勸告三思後行。

有著二千多年悠久歷史的拿坡里，雖然好像惡名昭彰，實際是南義最大的港口城市，被聯合國教科文組織列為世界文化遺產，這裡有歐洲最有價值的考古文物。維蘇威火山（Vesuvio）想必大家並不陌生，它是世界最著名的火山之一，被譽為「歐洲最危險的火山」，就在拿坡里市的東南 20 公里。

● 一場人間悲劇

維蘇威火山在西元 79 年 10 月 24 日中午突然爆發，瞬間淹埋了龐貝古城（Pompeii），深達 6 米。龐貝是僅次於古羅馬的第二大城市，火山噴發的 18 小時後化為烏有。如今被挖掘出的 1.8 平方公里殘骸，記錄下這慘烈悲壯的歷史，成為南義著名的景點之一。這一回我們沒有去龐貝這個千年古城，就是為了將來的南義旅程留下伏筆。

● 歐洲最危險的火山一旦再次爆發

維蘇威火山是歐洲大陸唯一的活火山。科學家們擔心它有可能會發生大規模的噴發，因此當局在 2019 年提出應對措施，集結國內各州政府在拿坡里共同簽署一份緊急疏散計畫協議，為期五年。協議的重點是指若火山噴發後，在維蘇威火山周圍的三至四十個城市和小鎮，總計約 120 萬的居民快速疏散至義大利各地。

旅程的第一天從「一個傳聞中惡名昭彰的城市」開始。列車到站後，我們也變得緊張起來，四周的人彷彿都要提防！

我們在火車站地下一樓一家書報攤買到「拿坡里一日券」，要不是看過旅遊資料真不知竟然在這裡可以買到。

1. 人來人往的拿坡里火車站月台。
2-3. 書報攤門口寫上 Tickets，便知道有市內交通車票出售。

⊜ 由南至北的旅程路線

第一天飛到羅馬是早上九點多，離開機場後我們換乘私鐵 Italo 直接來到拿坡里中央火車站（Napoli Centrale）。在第一個據點，安排了兩個晚上的住宿，然後才回到羅馬，接著一直北上遊玩佛羅倫斯、波隆納、最後才到達米蘭……這樣由南至北的路線比較順。事後感想是「先玩拿坡里再遊羅馬」抑或相反，其實沒有兩樣。

⊜ 在書報攤買到的拿坡里一日卷

拿坡里火車站，的確是較為雜亂及不太安全的地方。所以，列車快要到達站時，心情變得緊張、提高警惕起來。我們的酒店並不是在火車站周邊，還需要再搭乘交通工具才可到達。在火車站內需要買拿坡里市內一日券，約幾塊歐元，可以任搭市內的地鐵、纜車和公車，除了在遊客服務中心購買，旅客還可以在書報攤買到。

沒有入住火車站周邊的酒店，主要是因為這一帶治安比較差，尤其是晚上，所以馬路上常常有警車巡邏。關於前往酒店的方法一開始便弄錯了，以為搭地鐵可以抵達，而事實上旅遊拿坡里市內，很多遊客都是搭 R2 號公車，途經市內的幾個景點：新堡、蛋堡、皇宮等等。

⊜ 成為被偷竊的對象

眾所周知，人多擠迫的公車與地鐵都是最常發生偷竊的地方。拉著行李箱走進暗暗的地鐵車廂後，我倆覺得自己好像變成小羔羊，隨時成為下手的目標。這時，有兩個互相不認識的女乘客用英語跟我們說：「搭地鐵要小心，有很多小偷啊！」又問我們前往那兒，待我們在地圖指出酒店的位置後，她們卻用我們聽不懂的義大利語交談。那一刻，我們使用她們聽不懂的廣東話說：「要提防她們嗎？聽說會說英語的義大利人很少，假裝幫人的小偷倒是最常見的。」（事實上在擠迫人多的車廂裡跟陌生人對話又看地圖，很容易被分散注意力而遭遇被偷東西的例子屢見不鮮。）

1-2. 我們的酒店遠離火車站，位於遊客區，此乃房間一角。　3. 酒店的早餐區就在頂樓，可享受美麗的海灣風景。　4. 在早餐區可觀望到市內景點：新堡。　5-6. 拿坡里火車站外面的環境有點髒亂，交通也較繁忙，說實在許多大城市的中央火車站特色都是這樣。　7. 中央火車站前的酒店，看起來有點老舊。　8. 中央火車站的路面情況。

⊖ 人生交叉點，相信抑或是不相信？

一會兒，她們像達成共識一樣說：「這列車是去不到的，你們需要在 A 站下車，走到另一個月台轉乘，然後在 B 站下車出閘，再沿某某大街一直走，大約 10 分鐘才可抵達到酒店。」我們聽著這樣複雜的路線，心裡嚇了一跳，但臉上仍保持冷靜……最後她們又說剛好她們其中一位要去 A 站的，可以陪伴我們走一段路……真是人生交叉點，相信抑或是不相信？萬一她帶我們去的地方並不是……難道還未開始旅程就遇上不好的事情？

⊖ 她們真的是好心人

現在回想起，什麼 A 站、B 站、某某大街……我們通通也記不起到底是什麼名字了，直至離開拿坡里只搭過一次地鐵，就是這一次了。賭了一局，得到幸運女神之眷顧，那兩位互不認識的女士真的是好心人，是真心真意幫助我們的。（特別說明：拿玻里地鐵車站和列車在近年已翻新過，變得較為時尚，也很乾淨。）

⊖ 公車站遇上偷竊的事件

之後，我們也目擊到疑似扒手的事件，就在第二天從蘇連多回到拿坡里火車站的傍晚，這回我們是搭公車返回酒店。等車時，便見到一位正在使用手提電話談得興高采烈的少女走過馬路，忽然有一個男人快速尾隨。其實這位可疑男子在較暗位置好像停留了很久，我們早已留意到他。看著他愈走愈近，我們很擔心那位少女，要馬上走前大聲提醒她嗎？說時遲，那時快，那男子快要走到其身後一米左右，有一架公車駛過，他被迫停下腳步……少女也因此安全遠走，我們清楚目擊到這幾秒間戲劇化的過程，心裡不禁叫好！那男子錯失獵物後便垂頭喪氣地回去原本的暗角位置，我們但願下一位、再下一位走過這裡的人，也會是安全無恙，沒有任何不愉快事情發生。

我們的酒店對面就是碼頭，每天早上都擠滿旅客，許多人的拿坡里重點行程，就是坐圖中的船去卡布里島，享受南義海島風情。

1-2. 第一天晚上，我們就在酒店附近餐廳嚐了柴火烘烤的拿坡里披薩，美味不得了，相當滿足。

說回我們的酒店。得到當地人的熱心幫忙，我們好不容易來到目的地。Mercure Napoli Centro Angioino 是一家四星級、六層高的酒店，吃早餐的地方就在頂樓露天區，面向廣闊的美麗海灣，望著大大小小的船隻在海上徐徐的行駛，多麼寫意。酒店附近還有其他高級的酒店，街道上多數是外國遊客，而且走路可到市內最重要的景點和高尚購物區，完完全全是一個熱鬧的遊客區。最近的景點是新堡、翁貝爾托一世拱廊和聖卡洛歌劇院，而前往卡布里島的船也在數分鐘路程內。

⊖ 有別於義大利其他地方的拿坡里披薩

說到拿坡里，一定少不了它的披薩，全世界第一家披薩店就開在拿坡里的街上，所以許多人稱拿坡里是披薩的「聖城」。在拿坡里街頭吃到的披薩，有別於義大利其他地方，它有一個尊稱，叫做拿坡里披薩（Neapolitan pizza），其餡料的講究在於一定使用坎帕尼亞地區（Campania）的兩大食材：番茄與莫扎瑞拉起司（Mozzarella di bufala），它們肯定是拿坡里披薩的靈魂。

⊖ 坎帕尼亞地區

坎帕尼亞地區是南義一個大區，拿坡里、蘇連多、龐貝、維蘇威火山都屬於此區，此區火山土壤能栽種出全義大利最好的農作物，包括番茄、桃子、葡萄、杏、無花果、橙和檸檬。而這地區的佳餚美饌多以番茄為主角，顏色鮮豔的番茄擁有豐沛的維生素，易與其他食材搭配。番茄是南義菜色的精髓。海鮮基本上也是此區沿海的主食，包括炸魚、章魚、墨魚、烏賊、蛤蜊和淡菜等。

🍅 Pommarola 番茄

說回拿坡里披薩的番茄，多數是選用 Pommarola 番茄（全名是 Pomodorino del Piennolo del Vesuvio）。據說沒有這種 Pommarola 番茄或這種番茄醬，義大利菜的歷史可能要改寫了（後來我們在羅馬和佛羅倫斯也跟當地人一起煮菜，發現他們都是使用 Pommarola 番茄醬）。

🧀 莫扎瑞拉起司

另外，莫扎瑞拉起司，就是水牛起司，同樣十分有名。它是產自坎帕尼亞地區珍貴的水牛牛乳所製成。水牛乳酪一向備受老饕喜愛，原料較為珍貴，價格也可想而知。顧名思義，其必須使用新鮮水牛乳製作，最早源自於坎帕尼亞區，由於難以使用世界上其他地區的水牛乳製作出相同品質的莫扎瑞拉，因此屬於當地特產，產於坎帕尼亞的水牛乳酪是受到歐盟原產地名稱保護制度 (DOP) 認證。

我們沒有特意去一些大量旅客指定要去的那幾家知名披薩餐廳，就在酒店附近有一些看起來很好吃的餐廳，看一看菜單又看一看裡面坐著不少食客，便隨性走進一家。不用等多久，一道由 Pommarola 番茄和莫扎瑞拉起司完美組合做成的經典拿坡里披薩，經過柴火烘烤後送到餐桌上。那種唯有在地人做出來的地道食物才有的獨特光環與味道，不用多說，無論在香港、台灣，其他歐洲國家甚至世界上任何一個角落都無法找到！

3. 我們酒店附近有不少餐廳，晚上變得熱鬧。　4. 章魚、墨魚等等海鮮也是此區沿海的主食，我們在卡布里島便吃了新鮮又美味的海鮮菜式。

我們的酒店：mercure-angioino-centro.h-rez.com

濃墨重彩的拿坡里風情

雖然拿坡里的環境髒亂了一點、交通繁忙了一點、人潮多了一點，但仍然吸引著許多觀光客，整體而言這個城市還是有她獨特的魅力。我們第一天在酒店放下行李，稍微整理隨身物品後便離開酒店闊步走向各個景點。拿坡里市對面是維蘇威的火山，從地中海吹來的海風，看著古老的城牆城堡，熱鬧的港口，好不愜意。火山、藍天、碧海與港灣全部拼湊在一起，這畫面恐怕也只有在拿坡里才能見上一眼。

新堡

我們步出酒店眺望過去，可以看到屹立在港口邊的新堡（Castel Nuovo）。新堡最靠近我們住宿的地方，成為我們第一個義大利景點。這座宮廷城堡是由拿坡里王國的第一位國王任命法國建築師始建於 1279 年，用了 3 年完工，成為拿坡里的著名地標之一。五座圓形塔樓構成的新堡，由法國建築師皮埃爾·德·庫勒設計。因為濱海的戰略地位，讓這座城堡不僅作為皇家住所使用，也具有堡壘的防禦功能。

蛋堡

如果一直沿著港口邊行走，便會見到蛋堡（Castel dell'Ovo）。蛋堡是拿坡里最古老的城堡，有著兩千多年的歷史。據說這個公元前六世紀建立起來的城堡下被巫師放置了一枚雞蛋，如果雞蛋破碎，城堡便會隨即消失，給人類帶來災難。從一開始的華麗別墅，到改建為防禦性建築，再到被當作監獄使用。潮起潮落兩千年，歷經風霜雪雨，承載濃厚的文化底蘊。據說日落時分，站在蛋堡前眺望著巨大的落日潛入海平面，美不勝收，不過我們沒有這樣的機會。

新堡的正面。

距離我們酒店最近的景點就是新堡。此座城堡又稱安茹城堡，建於拿坡里王國第一位國王查理一世時代，是當著名的地標性建築之一。

目前蛋堡可免費入內參觀，不過不要期望城堡裡面有什麼重要的展品，只有些許雕刻與砲台，但主要是逛城堡黃黃土土的建築，然後爬到最高處觀看沿岸風景、維蘇威火山跟海鷗，把它當作巨型的觀景台吧！

保羅聖芳濟大殿

再來看看拿坡里最大的城市廣場，平民表決廣場 (Piazza del plebiscito) 和廣場上模仿羅馬萬神殿而興建的保羅聖芳濟大殿（Basilica di San Francesco di Paola），兩旁呈弧形，走廊聳立一排排巨柱，穹頂有 53 米之高，令人望而生畏。它得名於 1860 年的公民投票，決定了拿坡里加入義大利王國。單看外觀覺得是梵蒂岡聖保羅大教堂與羅馬萬神殿的綜合體，是個頗為壯觀的建築。

保羅聖芳濟大殿對面的粉紅橘色建築是以前的拿坡里皇宮，現在則是考古博物館，館內存放很多龐貝古城挖掘出來的真蹟，而且龐貝語音導覽中多次提到這座考古博物館，若想對龐貝有更進一步認識就別錯過喔！

翁貝爾托一世拱廊

曾去過米蘭的人一定造訪過精品店林立的艾曼紐二世拱廊（我們稍後有去），而在拿坡里的這個翁貝爾托一世拱廊（Galleria Umberto I）與該拱廊非常類似。此拱廊建於 1887 年，得名於翁貝爾托一世，其設計重點是透明玻璃屋頂，十字形平面，中間為穹頂。除了精品店外還有紀念品店、美妝店 Sephora 以及平價咖啡廳，比起米蘭昂貴的消費，這裡相對親民；有些人比較喜歡翁貝爾托一世拱廊，最大的原因就是觀光客比較少，能真正感受到這個購物廊的高大魅力，而不像米蘭那樣過度擁擠讓人不想多停留。

上：艾曼紐二世拱廊的正門，旅行團導遊必定帶團員走一趟，從圖中便見到導遊正帶著旅客走進去。
下：艾曼紐二世拱廊的內部。

港口邊有兩個城堡，距離地鐵站近的是新堡，遠一點的是蛋堡。蛋堡（本圖）是拿坡里最古老的城堡，一開始是別墅，後改建為防禦性建築，再到被當作監獄使用。傳說中，城堡下被巫師放置了一枚雞蛋，如果雞蛋破碎，城堡便會隨即消失帶來災難。蛋堡在海港邊佇立兩千年。日落時分，站在蛋堡前望著夕陽落進海面，美不勝收。

翁貝爾托一世拱廊與米蘭的艾曼紐二世拱廊齊名，無論是建築方式或是外觀都非常像，只是前者規模小了些。不同於艾曼紐二世拱廊整條廊道上的精品店與水泄不通的觀光客，這裡多是咖啡廳、大眾時裝與紀念品店，旅客三兩成群，即便是盛夏旅遊旺季，走在長廊上仍涼爽，氣氛悠閒、愜意。

⚫ 被列為世界遺產的歌劇院

聖卡洛歌劇院（Teatro di San Carlo）就在拱廊附近，是義大利三大歌劇院之一，也是歐洲目前仍在使用的歌劇院中最古老的一座，已被列為世界遺產。劇院得名於波旁王朝國王卡洛斯三世，於 1737 年 11 月 4 日開幕，也是國王的命名日。那時候劇院擁有三千個座位，是當時世界上最大的歌劇院。

許多歷史悠久的著名劇院都不會開放參觀，唯一方法是參加導覽團，由專人帶領及介紹。在西班牙的巴塞隆納有一座加泰羅尼亞音樂廳（Palau de la Música Catalania），當時我們也是參加了導覽團及買票觀賞佛朗明哥表演，印象深刻，從此參觀歌劇院的導覽團成為我們旅行的重點。聖卡洛劇院的導覽團天天都有，星期一至六每天均有六場，星期日則只有上午的三場，時間約 45 分鐘。當天時間剛好趕的及參加最後一場。

⚫ 以音響效果而聞名

這座歌劇院以音響效果優美聞名，可容納三千多名觀眾，自 17 世紀便取代了威尼斯，成為義大利的歌劇中心。不過曾經被大火焚燒，後來又按原樣子重建，導覽員也詳細介紹當時重建過程。

⚫ 無緣觀賞歌劇

歌劇院正面有五個拱門，上方是一個優雅的大露台。導覽員帶領著我們進入金碧輝煌的內部，舞台有 140 平方米，6 層看台上有 186 個包廂，中間是王室的包廂，豪華的金色綢緞垂掛在王家包廂的兩側。著名的音樂大師如巴哈、羅西尼、貝尼尼等也曾在此展此音樂才華，拿坡里一度成為歐洲的音樂之都。遺憾的是，七月末至整個八月，大部分表演者都放假，歌劇院的一場表演也沒有（歐洲許多歌劇院在七和八月都是休息）。

左：歌劇院導覽團大約有十多名參加者，全程大約一小時。很熱心地進行講解的女導覽員，英語很流利，速度不快，有特別為遊客設計過的。她本身是大學的歷史系研究生，暑假期間來做兼職。　右：一走進聖卡洛歌劇院的確開了眼界，整座劇院的裝飾以藍色鑲金為主體，極盡奢華。

左：聖卡洛歌劇院於 1737 年由波旁王朝所建立，是當時全世界最大的歌劇院，可容納 3300 多人。此劇院有個特別的地方，每個座位下方都有個獨立的通風口設計，在那時是非常新穎、先進的設備。不過 1816 年在劇院失火之後，新建的劇院只保留了 1400 個座位。　中：天花板的天神壁畫又高又大，非常壯觀！　右：導覽團尾段是要前往整個歌劇院最重要的包廂。我們一群人前往樓上包廂走去，不用說這一個位置是此歌劇院最好的，是專為國王、最高權力的掌權者所保留！

1.

導覽員最後分享：仔細觀看其他包廂，坐在裡頭的觀眾可以透過包廂牆上的鏡子（圖中的白色長方形）看到國王。每當國王離席時，大家便要馬上從椅子上離開、起身面對國王，是一種尊敬的表現！

拿坡里市的交通

來到南義自助旅遊，大多數會以拿坡里或是蘇連多為中心，前往龐貝城、阿瑪菲海岸與卡布里島。以拿坡里為中心的話，大多會以拿坡里中央火車站為中心，前往周邊區域。先說拿坡里市內的交通，中央火車站有地鐵、公車、路面電車、纜車等交通工具串連到市區內各大景點，非常方便。購買單程票約 1.6 歐元，90 分鐘內有效；一日券 4.5 歐元；一週券 16 歐元，注意！這不是 24 小時車票，只能使用到當天的 24:00。另外，還有一週票，不過比較少旅客會使用到。

坎帕尼亞三日券

簡單了解拿坡里市交通後，再來介紹這張拿坡里周邊常被提到的坎帕尼亞三日券（Campania Arte Card），票價約 32 歐元，賣點是結合拿坡里周邊交通與自選景點門票。首先，交通部分是包含整個坎帕尼亞大區，旅客最常用到的拿坡里市區公共交通、拿坡里到龐貝、蘇連多的私鐵環維蘇盛鐵路（Circumvesuviana）與阿瑪菲海岸的 SITA 巴士等，此券都會包含。旅客可在拿坡里中央火車站的旅客中心買到此券，第一次使用搭乘交通工具時，先在卡背後寫上姓名與使用時間，把券插入機器後就會打上日期。

此券的另一賣點是旅客自選兩個景點免費進入，比如龐貝城與拿坡里國立考古博物館，這兩個景點很熱門，門票都約 15 歐元，光這兩個景點的門票就差不多打平三日券的費用了。持此券進入第三個以上景點可享折扣價，每個景點折扣不同，最多可享五折。

⌒ 拿坡里前往龐貝城和蘇連多的交通

從拿坡里中央車站出發，是先抵達龐貝城，再去到蘇連多，搭乘私鐵 Circumvesuviana 即可前往，適用於坎帕尼亞三日券。私鐵的月台跟中央火車站連結，在車站內找 Circumvesuviana 的月台即可，需要搭到「Pompei Scavi - Villa Dei Misteri」這站，約半小時車程。不過，這段私鐵車廂老舊沒有空調，而且是當地人的通勤主要工具，因此尖峰時間搭乘人潮眾多，也讓這段私鐵成為大家口耳相傳、聲名狼藉的「扒手專車」。

另外，Campania Express 是該路段每年三月到十月才營運的觀光專車，站點少、有冷氣、車掌嚴格管制，是它的特色。相對的票價也比一般班次自然貴，單程票約 8 歐元，注意不適用於坎帕尼亞三日券。

左：在拿坡里中央車站前往龐貝城或蘇連多，是要搭乘私鐵 Circumvesuviana。　右：在拿坡里港口可搭乘前往卡布里島的遊船，每天早上都有大量遊客排隊上船。

⌒ 前往阿瑪菲海岸的交通

從拿坡里前往阿瑪菲海岸的波西塔諾（Positano）、阿瑪菲（Amalfi）、拉維洛（Ravello）非常簡單，就是在蘇連多火車站外面搭乘 SITA 巴士。SITA 巴士營運上述幾個地方的交通。當然還有其他阿瑪菲海岸線上的小鎮，想自助搭車玩阿瑪菲海岸，靠 SITA 巴士就對了。如果沒有坎帕尼亞三日券，便要注意因為巴士上不售票，車票可以在私鐵 Circumvesuviana 蘇連多站內售票處購買 SITA 巴士一日券，售價約 10 歐元，當日內可無限次搭乘 SITA 巴士。

⌒ 前往卡布里島交通

要前往夢幻的藍洞（Grotta Azzurra），首先得先前往藍洞所在的卡布里島（Capri Island），拿坡里、蘇連多都有往卡布里島的定期船班。而我們住在拿坡里酒店對面就是碼頭。營運拿坡里市區與卡布里島之間路線的船公司很多，大概分成兩個出發港口 Calata Porta di Massa 和 Molo Beverello。我們這趟從拿坡里新堡後方的 Molo Beverello 出發。每程約 20 歐上下，快船需時大約 45 分鐘。

蛋堡：castel-dell-ovo.com
Campania Arte Card：www.campaniartecard.it
SITA 巴士：www.positano.com
船班時刻表查詢：www.capri.net

● 卡布里島 Capri Island、蘇連多 Sorrento

慢走南義綿長海岸線來一趟小旅行

很久之前就已經聽過卡布里島，主要因為那裡著名的藍洞，但其實卡布里島也是世界出名昂貴的度假勝地，許多大明星和富豪都在這兒擁有別墅呢！

義大利海岸線綿長，岸邊山城多，五鄉地便是其中一個有名地方，而周邊小島亦有不少，位於拿坡里市對出第勒尼安海（Tyrrhenian Sea）上的卡布里島，雖然面積細小，卻因離義大利大陸較近和景色怡人，早於公元 1 世紀已被希臘人發現，卡布里的 Capri 在古希臘文有野豬之意，之後羅馬人解讀為山羊，但都不及當地 Etruria 人演繹為巨石來得貼切，實際上此島亦真的由蘇連多半島延伸的石灰岩和沙岩組成，加上風雨侵蝕令其海岸周邊充滿特別景致。

😛 坐船去卡布里島

我們這天會去兩個地方，先去卡布里島，再去蘇連多，最後才回去拿坡里。前往卡布里島的船主要有兩個地方，就是拿坡里港口碼頭與蘇連多碼頭。幾乎每位去拿坡里的遊客都會順道去窺探享負盛名的小島美景，碼頭上有多間船公司也有快船和慢船，快船不到一小時可到達，價錢 20 歐元左右。班次雖頻繁，但去卡布里島的人也十分之多，尤其是高峰期的早上。我們酒店就在貝威雷羅港（Porto Beverello）不遠之處，於是在到達第一天先去碼頭購票中心購買船票。我們買的是單程往卡布里島的票。至於從卡布里島去蘇連多的船票，比較彈性，視乎行程才買票都可以。

上：往卡布里島有好幾間不同的船公司，船期以及價錢都略有不同，可因應自己的需要來選擇。

下：我們挑選快船，約一小時航程。

南義大利有多個美麗小島，卡布里島可說是最出名之一，風光明媚從古至今一直有記載，為人津津樂道的是羅馬帝國的皇帝奧古斯，為了將這小島納為他的度假寶地，甚至願意用好幾倍大的土地來交換。二千年後至今，小島仍散發著魅力，遠道而來休閒度假與爭相欣賞藍洞的人從未消減過。

卡布里島島上山勢起起伏伏，那些房屋就依山而築，加上氣候溫和、海岸優美，是許多歐美人士喜愛的修養地和蜜月熱門地點。

在卡布里島碼頭旁便有一個擠滿泳客的海灘，望著這個藍天白雲的海灘，便很想停下腳步，馬上買件泳衣！

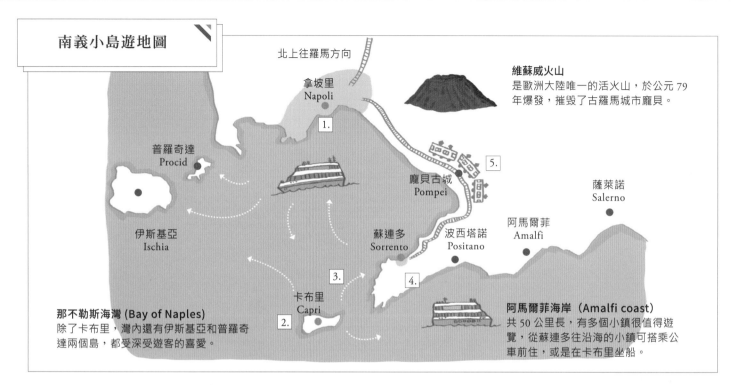

南義小島遊地圖

北上往羅馬方向

維蘇威火山
是歐洲大陸唯一的活火山，於公元 79 年爆發，摧毀了古羅馬城市龐貝。

拿坡里
Napoli

1.

普羅奇達
Procid

5.

龐貝古城
Pompei

薩萊諾
Salerno

伊斯基亞
Ischia

蘇連多
Sorrento

波西塔諾
Positano

阿馬爾菲
Amalfi

3.

卡布里
Capri

4.

那不勒斯海灣 (Bay of Naples)
除了卡布里，灣內還有伊斯基亞和普羅奇達兩個島，都受深受遊客的喜愛。

2.

阿馬爾菲海岸（Amalfi coast）
共 50 公里長，有多個小鎮很值得遊覽，從蘇連多往沿海的小鎮可搭乘公車前往，或是在卡布里坐船。

 1.

 2.

 3.

 4.

 5.

1. 旅客可在拿坡里或蘇連多坐船到卡布里島，我們是從前者出發，圖中是拿坡里港口，每天早上必定擠滿大量旅客，建議提早買票。　2. 旅客來到卡布里島，在碼頭可轉乘其他小島的船，如伊斯基亞島等。　3. 遊覽卡布里島後，我們便乘坐大船往蘇連多。　4. 蘇連多是南義沿海的主要城鎮。
5. 最後，我們搭乘私鐵回去拿坡里，完成一天的南義小島之旅。

⊜ 不可思議的藍洞

我們坐的是快船，是坐在那種沒有景色可以欣賞的封閉空間裡，有點侷促，幸好只不過一小時的船程，大家默默的耐心等候著。下船時，小島天氣超級好，萬里無雲，湛藍的海水美極了，旅客們展露一副可以在陽光下遊覽小島的愉快心情。

初次抵達島上的遊客，通常馬上去看藍洞。卡布里島是一個石灰岩島，其海岸多懸崖峭壁，並有多座海蝕洞，藍洞是其中之一，有「上帝調好的藍色」之美譽，是熱門的景點。這藍光其實是因為岩洞的基底是石灰岩，當光進入洞內時，因反射關係，藍光就會反射在岩壁上，因此進入岩洞就像不可思議的藍色世界。由於光線原因，上午時海水顏色更為美麗，遊客也比較多。在藍洞內發現了波塞冬和特里同的雕像，這裡在古代可能是羅馬帝國皇帝的個人泳池和入浴場所。

這個洞是海面上的天然洞穴，外觀其貌不揚，而且洞口極為細小，約 1 米高。遊客先在碼頭搭乘可載 10 人左右的中船，中船駛向小島的西北角。中船在藍洞前方停下來，大家輪流上小船，只因小船才可穿進小小的洞口，而且進去時「全部人還要躺平」才能成功入洞。小船只可載 4 至 5 人，等多久才可上小船？人多時動輒要等半小時或以上。洞內非常黑暗，就只有海中的藍光。洞內同時會有 7 至 8 艘小艇在轉。那些船夫會在洞中唱義大利歌，營造氣氛。也因為要在船上等待整船人遊覽完藍洞才可歸程，所以又會費時，容易暈船。

卡布里島的碼頭。大部分第一次慕名而來踏上卡布里島的遊客，都是為了一睹不可思議的藍洞世界，不過一切都要看上天給你的緣分了。

上圖的牌子便是介紹卡布里島藍洞和沿島的景色。除了坐船去藍洞外，不少旅客也會選擇觀看卡布里島的海岸奇景。環島遊大約需時兩小時，隨行還有英語導覽員講解。

洞內長 54 米、高 15 米、水深 22 米，小船穿過洞口後，大家有一種「別有洞天」的感覺。天清氣朗時，陽光在洞內的每一角落都能反射出迷人的藍光，不過可要留意參觀時間其實很短，只有 5 分鐘左右而已。

⬭ 藍洞的船票並不是這麼簡單

藍洞既然是熱門的景點，收費當然絕不簡單。最重要的一點，就是在碼頭搭的中船，每人 10 多歐元，然後換了小船後還要付錢。沒有錯，遊客上了小船才被收費的，分別是小船費 10 多歐元和入洞費 5 歐元。不要忘記，下船之後，記得要給船夫小費（約 1-2 歐元一人），這個小費我覺得可以接受，因為在歐洲多國旅行，參加導覽團之類後許多旅客都會給小費，我也習慣這樣做。數一數，雖然整個行程約一小時（視乎在洞外排隊有多久），真正可觀賞到美景只有 5 分鐘，但要付上超過 30 歐元，是否值得？那就因人而異了吧！

事實上，中船的費用可以省掉，但方法有點折騰。可搭公車到安納卡布里（Anacapri），車程約 40 分鐘，這樣可省掉 10 多歐元的船費。旅客沿階梯走到藍洞外面，繳付入洞費及小船費用後便排隊入洞。

⬭ 上天注定你有沒有緣進入藍洞

到訪前，我們看過一些藍洞的遊記，有人讚嘆不已，也有人說雖然很美，卻沒有萬分驚艷的愉悅。正當我們猶豫是否去藍洞時，便發現一個「因潮漲關係，今天藍洞暫定開放。」的告示牌，是的，即使遊客願意付錢，也不見得可以進入藍洞。因為洞口實在太小，只要海水上漲或者風浪過大都無法入內，甚至洞內的光線不足。藍洞因為氣候關係不能進入的時期很多，這樣賭輸贏的行程是許多旅客的煩惱。

卡布里島分為卡布里和安納內卡布里東西兩邊城鎮，座落於山崖的前者最為熱鬧，登上去可挑望整個沿海景色，大部分旅客在碼頭下船後，除了去看藍洞外，就會第一時間選擇坐纜車登上去。

纜車出口就是卡布里鎮的翁貝爾托一世廣場，是卡布里島上最熱鬧的地方之一。圖中左方是鐘樓，其四個立面之一有一塊牌區，紀念第一次世界大戰陣亡者。

● 市中心在半山上

其實，卡布里島的觀光景點不只有藍洞。卡布里島的山、海、城鎮全部都值得體驗。就算不進入藍洞滿意度也非常高。沒有看藍洞，讓我們有更多時間去好好品味小島的魅力。卡布里島有大港（Marina Grande）、小港（Marina Piccola）兩個港口，分據於島之南北，來自拿坡里、蘇連多的船舶是在北邊的大港口停泊。除了這兩個港區外，卡布里島的人口主要分布於島東山崖之處的卡布里鎮，另外是島西的安納卡布里鎮。

從大港區碼頭走出來，最有印象的就是正在等客的一排排名貴的敞篷計程車。抬頭看看，沿著港灣的房子櫛次鱗比的往山坡上蓋去，不過這個映入眼簾的景色只是小島的一小部分。事實上，最熱鬧的市中心卡布里鎮是在半山位置，遊客可以搭纜車和小巴上山。搭纜車的地方就在一個寫著Funicolare 的白色建築物內，一趟 2 歐元。

不到幾分鐘便登上半山，在車站旁可以看到小島與大海的全景，那些白色房子看起來就像在希臘愛琴海島嶼上的房子，還有那藍得深邃的海洋，以及點綴其間的船，美不勝收。

1. 在碼頭區可搭乘纜車上山。　2. 碼頭區亦停滿名貴房車，就是當地的計程車，不曉得登上山多少錢呢？　3. 可愛的迷你巴士，貫穿整座島。據說一上山就變成爬山猛獸，快速地在窄小山路上行駛。此圖攝於卡布里鎮的巴士總站，旅客可在此搭車往安納卡布里鎮。　4. 翁貝爾托一世廣場。

卡布里鎮的觀景台就在纜車站旁邊，可以享受一望無際的南義海洋與依山而建的山城組成的風景。那些白色房子看起來有一點點希臘愛琴海島嶼房子的味道，還有那藍得深邃的海洋，美不勝收！

1-2. 我們沒有刻意地看地圖，一直在錯落交叉的小巷裡閒晃，享受隨時出現的驚喜。

3. 走著走著，我們不知不覺走到卡布里鎮的另一邊，相當寧靜和優美。

卡布里鎮的核心地段

從纜車站出來是翁貝爾托一世廣場，是最多人的核心地段，廣場四周盡是咖啡座，遊人都在休息聊天，洋溢著美好舒服的度假氣息。此廣場在 1900 年發展為當地生活的中心，有蔬菜、魚類和肉類市場。1934 年，Vuotto 大咖啡廳開張，在戶外擺桌椅。其他島民也開設自己的企業。從那時起，廣場成了島上社會生活的心臟。忘記一說，車站旁邊的觀景台，是第一時間要去的地方，可以遠眺到整個海岸的景色。

旁邊有一座 17 世紀的聖史蒂芬諾教堂，是島上最古老的兩座教堂之一。廣場是幾條大街小巷的交會處，我們也沒有在意要走哪一個地方，也沒有刻意參考觀光地圖，觸目所及都是純粹的遊客與純粹的商店，幾個小時在錯落交叉的小巷裡閒晃，有時候停下來拍拍照，遇上看起來很好吃的 gelato 便買下來享受一下，記得要點檸檬味，因為檸檬是這裡的盛產。如果時間有更多，我們會選擇去更遠的安納卡布里。它位於市中心的西側山上，路途雖然有點遙遠，但是遊客較少，我們可靜靜地漫步和寫生。

安納卡布里鎮和卡布里鎮風格完全不同，一座島上有兩種不同風景。安娜卡布里鎮不像卡布里鎮這麼熱鬧，反而很寧靜，蜿蜒的巷弄中有很多小店和一些餐廳，每家都有自己的特色。我們在這帶並沒有待太久，主要是走走逛逛巷弄的店家。像是海拔 589 米的索拉羅山（Monte Solaro）我們就沒有搭纜車過去。網路上有不少旅客人大讚風景美麗，可以看到無敵海景，還有葡萄酒園和白色房屋。

特別說明：卡布里島禁止使用塑膠袋

在網絡上看到這則新聞，不禁叫好，吸管真是大海的殺手！為了減少塑膠垃圾污染，卡布里島從 2019 年起禁止使用塑膠袋、一次性塑膠餐具和吸管，違者可被罰款 500 歐元。新法例禁止使用即棄的塑膠杯碟、容器、吸管和餐具，即使旅客從外地帶來這些物品也不能在當地使用，另外也不可攜帶無法生分解的一般塑膠袋；礦泉水寶特瓶暫時不在此限。

右：最後我們返回大港區，這時已經中午，每家餐廳都擠滿旅客。好不容易（隨意地）找到一家，這天既然是海島遊，而且南義以海鮮為著名，當然主菜要點海鮮。自己對遊客區餐廳的水準不抱太大期望，結果這道海鮮拼盤的味道和水準讓我們喜出望外！

蘇連多位在面向湛藍大海的拿坡里灣海岬上，懸崖上的房舍層層疊疊，依勢而建，形成美麗而特殊的景觀。旅客爬過這十一層樓高左右的樓梯後便抵達熱鬧的蘇連多市區。

被檸檬包圍的蘇連多

蘇連多，這個臨海的南義小城鎮，一直以來都是旅遊熱點。曾有一首名歌使這地方變得更受歡迎。話說，就算沒到過蘇連多，不少人也聽過拿坡里歌曲：「歸來吧！蘇連多」（Torna a Surriento）。尤其是由世界三大男高音唱的版本，可說是家喻戶曉。

從卡布里島到蘇連多的船很方便，每小時都有船班。我們坐著慢船，不到 1 小時便可以下船。一下船看到沿山壁蓋好的房子，便知道其實蘇連多是建於峭壁上的城市，眺望著廣闊的那不勒斯灣。

一幅特別的構圖

從碼頭到山壁上的市區，雖然有公車前往，但許多人都選擇步行。從碼頭起行，途經過一個山溝，需要從最底層拾級而上（如果有長輩同行當然不太適合），只要慢慢走，十一層樓高左右的樓梯其實也不算什麼。說實在，我們蠻喜歡爬這段樓梯，一邊爬上去，隨著高度逐漸升上，可從山溝看出去的海灣景色也出現些微變化，再加上蓋在崖邊的房子，構成一幅很特別又優美的構圖。

空氣中彌漫著的檸檬香

爬到山溝的頂部，便是蘇連多的觀光區，在主街道（Corso Italia）上都是遊客，與卡布里島一樣有著很濃的度假氣氛。往左邊鑽入充滿特色小店的小巷，在石板小路上更是人潮洶湧。走過幾間小店很快便發現這裡的特產是什麼：來到南義，大家都不會錯過的就是「黃檸檬」，比起在台灣或香港是更大更飽滿的一種。隨處都是檸檬主題的店鋪，從檸檬香皂、檸檬蠟燭、檸檬香包、檸檬香精到檸檬甜酒、烈酒……想到的物品都可以加入檸檬的元素，一家接一家，空氣中彌漫著淡雅的檸檬香，令人心曠神怡。

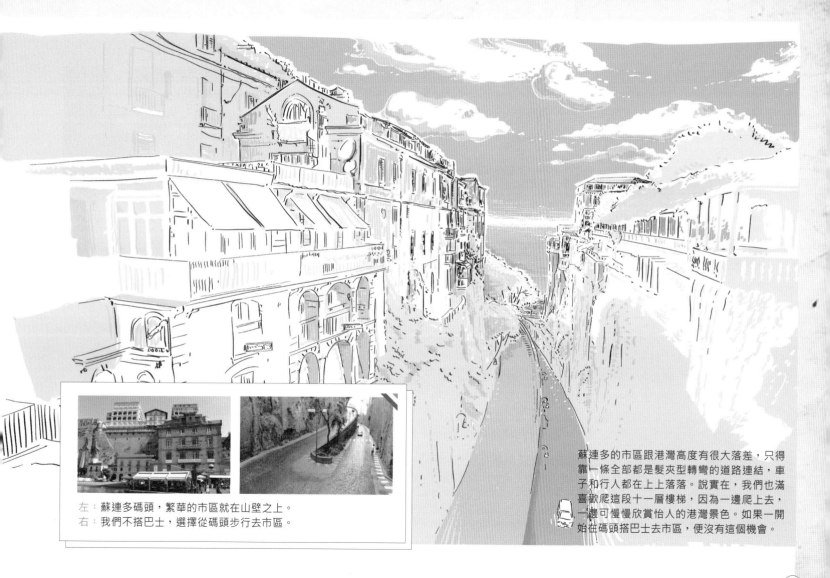

左：蘇連多碼頭，繁華的市區就在山壁之上。
右：我們不搭巴士，選擇從碼頭步行去市區。

蘇連多的市區跟港灣高度有很大落差，只得靠一條全部都是髮夾型轉彎的道路連結，車子和行人都在上上落落。說實在，我們也滿喜歡爬這段十一層樓梯，因為一邊爬上去，一邊可慢慢欣賞怡人的港灣景色。如果一開始從碼頭搭巴士去市區，便沒有這個機會。

義大利人第二喜愛的酒

最多檸檬產品當然是檸檬酒 (Limoncello)，是一種常見的餐後酒，也被評為義大利人第二喜愛的酒。這種檸檬風味的甜酒主要產自於那不勒斯灣區，使用蘇連多品種的檸檬皮，配上酒精、水與蔗糖而製成的。我們在一間檸檬酒專門店試喝了不同酒精濃度的檸檬酒，有一小杯更是超過 40% 酒精濃度。可不要看黃色檸檬酒看來清淡，味道是偏甜又帶有濃厚的檸檬香味，但又沒有檸檬汁本身的酸味和苦味。雖說卡布里也盛產檸檬，不過相對地，同樣產品在蘇連多購買的話價位較便宜，所以建議可在蘇連多選購。

最後，以為嗜酒的 Jackman 一喝便會喜歡這種特別風味的檸檬酒，但竟說不太習慣這濃都味道，反而我選中了一瓶價錢 9 歐元的檸檬檻欖油，為自己的廚房添加新力軍，尋找更多美味的可能性的美味！

來往拿坡里、龐貝古城、蘇連多的私鐵

從蘇連多回到拿坡里是搭環維蘇威鐵路，其名字可拆成兩部分：第一個部分是 Circum，有點像是英文裡面的 circle，有環繞圓圈的意思；第二個部分是 Vesuviana，也就是「維蘇威火山」的意思。所以這條私鐵是專門往返於「拿坡里 - 龐貝 - 蘇連多」之間的鐵路。一天造訪兩個與海有關美麗地方，卡布里島與蘇連多留下來的印象都很豐富，帶著心滿意足的心情搭火車回去。

3.

5,00

DON'T TOUCH,
PLEASE.

RESTE TRANQUILLE,
NE TOUCHE À RIEN.

NON TOCCA
PER FAVO

CEDRI
CAMPANU
I
€ 3,00 Kg

4.

€17,00

€ 8,00

€ 9,00

5.

1. 慢慢爬到蘇連多的市區，發現另一個世界，我們正式展開今天第二個旅程。　2. 我們隨意鑽進小路，竟然是一條比外面大街上還熱鬧的世界。　3. 蘇連多以盛產檸檬著名，相當大顆的檸檬。　4-5. 小路兩旁商店都擺放著琳瑯滿目的特產，除了各式香料外，檸檬形狀的瓷器、香皂、蠟燭、還有檸檬酒，舉目所見大部分都是和檸檬有關的產品。每走幾步路就可以看到一家檸檬酒專賣店，店內還提供免費的試喝呢。

全方位防偷法則

在拿坡里這幾天的黃昏或晚上，我們在火車站前的公車站，都留意到有好幾個人在不容易被察覺的位置盤據著，觀察到至少五名可疑之人。我們在整趟旅程裡沒有遇上不幸之事，但期盼不會被偷不應該單純依靠運氣，在出發前就是要認真花時間準備，以減少被小偷盯上的機會。

我要說的是「防偷法則」，即主要防範那些並不打算打擾你，只想安靜摸走你財物的小偷扒手，擄掠詐騙明刀明槍搶劫的不在本文討論範圍。

● 減少被小偷盯上的機會

記得上次去西班牙旅行之前，家人好友讀者們都再三提醒我們要小心扒手；沒想到這次去義大利，「小心扒手」的提醒頻率更大幅超越西班牙，幸好這兩次旅行最終都沒有發生任何被偷的掃興事件。所以我們在出發前有好好的部署，以減少成為小偷的下手目標。沒錯！就是要「減少被小偷盯上的機會」，你懂這句話的意思嗎？常有人說：「拉鍊被拉開…還好東西還在。」、「包包被割破了，還好那一格沒放東西。」……在我們看來這些沒有損失的案例只是幸運而已，事實上他們已被盯上了、已經處於弱勢劣勢了，為什麼會這樣？簡單來說就是「不！小！心！」不小心會讓你在扒手眼中看來很散漫很好下手很可口，然後一票同黨就會把你鎖定成目標。所以防偷法則的終極目標是：「不只是保障財物安全，更要致力把被盯上的可能性減到最低！」

● 「小心」是有方法有層次的

如何才能達到這目標？大家都會說小心小心，但小心是有方法有層次的，不要以為買了也用了貼身腰包就是小心，這是不夠的。每天遊客那麼多，職業小偷選對象絕對是捨難取易，所以簡單來說你要用你的裝備、行動、身體語言與目光向小偷釋放「高難度！高難度！」的訊號，當小偷也看得出你的小心與用心時，你被盯上的可能性也就大大降低。以下是我們整理出來的防偷法則，希望能幫助大家。

行前準備篇

❶ 別用背包
❷ 加裝「警鈴」
❸ 加裝鍊子
❹ 加裝扣子
❺ 分散風險

你在扒手眼中看來很散漫很好下手很可口嗎？

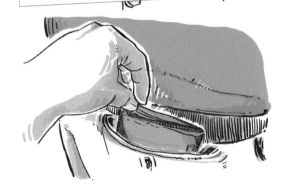

防偷法則的終極目標是：「不只是保障財物安全，更要致力把被盯上的可能性減到最低！」

臨場反應篇

❶ 明確分工
❷ 編排隊形
❸ 慎選位置
❹ 一心一用

目光炯炯篇

❶ 觀人於微
❷ 直視疑人

⊜ 行前準備篇

❶ 別用背包

「沒關係，裡面沒有重要東西」、「放心，我都會揹在前面用手護著」，堅持用背包的人最常有這兩種說法。就算背包沒有貴重東西，但因此招來神偷注意便很不必要；而認為把背包揹在前面便很安全的人，你要知道背包面積大、拉鍊多，有時翻找東西、付款或放東西時很容易讓別人看到你東西放哪裡，何況你雙手總有沒護著的時候，總之要避免自己成為小偷打量的對象。

❷ 加裝「警鈴」

在重要物品上加上會發聲的東西，例如我們在錢包上綁上了從日本祭典帶回來的超響亮鈴鐺，只要有人碰錢包便會叮噹作響，如果小偷盯上你後發現你的東西有「警鈴」，可能就會放棄你。

❸ 加裝鍊子

用鍊子或帶子把重要物品與包包內部串聯在一起，男生不是會有一些一端繫於牛仔褲皮帶孔、另一頭則扣鑰匙的鍊子嗎？像這種兩頭有扣子的鍊子或帶子就可以用在包包裡，假如錢包被偷，扒手拿走錢包後才驚覺還綁著一條鍊子，鍊子的拉扯會驚動你、也減慢扒手的偷竊速度，說不定會讓小偷事敗逃逸。

❹ 加裝扣子

有些包包有兩條拉鍊，可以用好看的扣子或不好看但實用的別針把拉鍊扣起來，包包內部放證件或重要物品的隔層也可以這樣扣，目的是讓小偷覺得你有在小心防範、你的包包可能機關重重於是直接跳過你。有些包包會付漂亮的鎖，但每次取放物品還要找鑰匙或步驟繁複到你自己也覺得煩的話，最後可能會導致難以持續執行而變成放棄執行，因此在加裝種種機關時自己要先反覆測試是否好用。

❺ 分散風險

其實這是老生常談，除了錢要分開放，證件也要多印影幾份備份存放在身上、包包裡、行李箱或飯店裡、拍在手機裡或存在雲端／電子信箱裡，只要證件沒過期，這些印影本在每次旅行都可以帶出去繼續使用，記得身分證要印正反面，護照除了資料頁還要印封面喔！

建議加裝「警鈴」。

建議加裝鍊子。

建議加裝扣子。

⊖ 臨場反應篇

❶ 明確分工

只要同行人數達兩人或以上，行前便要做好明確的分工，例如誰負責拍照、誰負責搬行李、誰負責付錢、買票、刷卡、顧東西、顧小孩、把風……。明明知道旅遊區、車站等地方是小偷橫行的地方，你就要想像你是被豺狼獅子虎視眈眈的獵物，要與同伴互相協調照應才不會被偷襲。例如找相機最厲害攝影技術最高明的人負責拍就夠了，千萬不要人手各一機一直拍，如果米蘭大教堂門外廣場的白鴿經常吸引遊客，當你興奮地餵白鴿時，其實已經成為扒手的目標。另外也要注意，當有人遞給你一把約廿粒粟米去餵鴿子，千萬不要接受，因為許多旅客事後卻被多名青年包圍，要求繳付廿歐元粟米費，付款始能脫身。只有兩個人，一個人拍、另一個就要同時「保護」自己及拍攝者別讓陌生人靠近。其實明確分工的目的是避免大家一窩蜂做著同樣的事情，不過每次都最少要有一個人把風、守護著專注在其他事情上的同伴，每當互換崗位前必須明確交代，聽起來好像很複雜，但其實並不麻煩，每個人不須同時兼顧很多事，心情反而會更放鬆。

❷ 編排隊形

只要同行人數達兩人或以上，行前也要協調好不同情境的隊形，沒錯，兩人也要有防守嚴密的隊形，目的是讓財物與小偷之間永遠保持最遠的距離、最多的掩護。以兩個人為例，隊形可簡單分為站立與移動兩種，每種又分前後排與左右排，隊形排的不只是人，還包括隨身行李私擺位與方向，這豈不是全程緊張兮兮嗎？其實要看地點，在密集的地方這絕對是必要的，人不多時我們可以放鬆地逛，一旦準備走進人來人往之地，Erica 會立即發號施令：「左右隊形、檢查包包！」兩人馬上會變左右並排、包包換肩揹到靠著對方或靠牆的一側，並確認包包換肩後拉鍊要保持在自己的前面。

❸ 慎選位置

永遠在安全位置做適當的事，不論你要看地圖、等車、等人，請務必站在最多掩護的地方，例如靠牆壁或牆角站、站在很少人經過的地方、進商店裡邊逛邊等。

❷ 一心一用

在移動中或人多的地方千萬別當低頭族，拍照 po 文上傳 fb、用 app 傳訊息、塞著耳朵聽音樂、在地鐵上打遊戲、邊走邊講電話……，這些通通都是讓你分心、警覺性急遽下降的行為，建議在餐廳坐下來、回到飯店以後才進行這些活動。

米蘭大教堂門外廣場的白鴿經常吸引遊客，當你興奮地餵白鴿時，其實已經成為扒手的目標。另外也要注意，當有人遞給你一把約廿粒粟米去餵鴿子，千萬不要接受，因為許多旅客事後卻被多名青年包圍，要求繳付廿歐元粟米費，付款始能脫身。

🥚 目光炯炯篇

❶ 觀人於微

在人多之處不只要看好包包，也要隨時注意周遭有哪些「可疑人物」以盡量保持距離，無論是男女老幼何種膚色哪一種族都要提防，但「可疑指數」會隨著種種跡象而增加，例如：

公車站遇上疑似偷竊的現場，看著少女逃出魔掌，我們也鬆一口氣！

· 在公眾地方或站或坐邊打量路人
· 無所事事的人
· 像是行色匆匆走過的人，但你會發現走來走去這人還在附近
· 不搭車但假裝看站牌或坐在車站內的人
· 有可疑配件或服飾的人，例如穿西裝打領帶但鞋子很不搭、大學生造形但背包異常簇新
　　而且看得出包包是空的。
· 會尾隨路人的人。

❷ 直視疑人

如果你身邊有這些可疑人士出沒，或已經像鯊魚般圍著你游弋，千萬別假裝沒看見。我們有一次在拿坡里公車站等車時便看到很多疑似職業扒手聚集在公園，看準時機便輪流出動，危機處處要躲不掉，也不能不搭車。我們採取的方式是正視他們、打量他們、打量他們的同黨再自己用廣東話交談，每有可疑人士向我們走來或站在我們附近，我們會把身體轉向正對他們，用眼神與身體語言釋放出訊息「我知道你是小偷」、「我看到你們了」、「我不會讓你得手的」、「你走吧」。果然，最後他們在我們身邊停留一下就換跟其他路人，也有明明朝我們走來的人冷不防我們轉身看著他而突然改道。

人人都可能是扒手，不要以為那些看起來像犯罪分子的才是扒手，白人、老頭、辣妹只要有要「有心」都可能是扒手，候車時仔細觀察他們找尋獵物的眼神和變換位置就可以猜得出八成。最後，在你看完本篇去旅行時，希望能用更具體更有效的方法全方位防範扒手，致力把被盯上的可能性減到最低。

CHAPTER 2

Rome

羅馬

「城市每個角落出現的那些偌大的建築，印像中我
們每一回都要「被迫」抬頭觀望，否則無法看到全
貌：看著那些一座比一座大的古蹟，單單繞一個圈
子觀看建築物正面、兩側 及後面，便要花上不少時
間和腳力，就很難想像兩千多年前的古人，是到底
如何將這麼大量巨型建築一磚
一塊的興建起來！」

Rome

挑選自己最喜歡的景點或最想體驗的事情

對於我們兩個來說（我想也是對於許多旅人來說），羅馬的歷史實在太過悠久，是一個滿布古蹟的古老城市。許多令人津津樂道、隱藏版的故事都等著被發掘。喜歡古蹟、喜歡歷史、喜歡建築的人，都會將此地列為夢想中的必遊城市。

⊖ 每個瞬間都可以看到歷史悠久的美麗古蹟

城市每個角落出現的那些偌大的建築，印像中我們每一回都要「被迫」抬頭觀望，否則無法看到全貌；看著那些一座比一座大的古蹟，單單繞一個圈子觀看建築物正面、兩側及後面，便要花上不少時間和腳力，就很難想像兩千多年前的古人，到底如何將這麼大量巨型建築一磚一塊的興建起來！

⊖ 太多景點，一定要取捨

我們只有五天給羅馬，可是在整個旅程各個城市中已經是最多天數的了。太多景點，太多古蹟，規劃時，已經深深明白一定要取捨，單單是挑選自己最喜歡的景點或最想體驗的事情已填滿五天，那些第二喜歡的景點或事情，便不用考慮地直接刪除（看來真的是要留待下一趟的羅馬旅程）。就這樣，我們的羅馬旅遊規劃便很容易確定下來，大致分為五部分，全部都可以坐地鐵。

萬神殿。

右：人來人往、車水馬龍的威尼斯廣場上的維托里亞諾建築（Altare della Patria），遠看這座白色大宮殿非常壯觀，近看更加氣勢驚人！

這座建築是紀念統一義大利的第一位國王維托里奧.埃馬努埃萊二世，於 1911 年開工，1935 年完工，所以不算是古蹟。它寬 135 米，高 70 米的紀念堂用純白大理石建造，有宏偉的階梯、高大的科林斯圓柱、噴泉、巨大的埃馬努埃萊二世騎馬雕像，和兩尊雙輪戰車上的女神維多利亞雕像。旅客可以搭電梯登上露台觀看羅馬城市全景。

古羅馬遺跡

第一部分是造訪古羅馬遺跡，包括羅馬競技場、君士坦丁大帝凱旋門、古羅馬市廣場和帕拉蒂尼山。這幾個地方聚在一起，建議安排在同一天。羅馬競技場是羅馬的象徵，亦是去羅馬必遊景點的第一位！每日前往參觀的遊客數量非常驚人，建議一定要預訂門票，而且早點前往，避開人潮。建議在 Colosseo 地鐵站下車。

第二部分同樣是古蹟，西班牙階梯、特萊維噴泉、萬神殿這三個地方可以串連一條線，也是可以安排在同一天，景點之間距離大約步行 20 分鐘左右。值得一提，萬神殿也是古羅馬遺跡，而且是眾多之中保存最完好的。如果先去西班牙階梯，建議在 Spagna 地鐵站下車。如果先去特萊維噴泉，便是 Barberini - Fontana di Trevi 站。

梵帝崗城國

第三部分是梵帝崗城國。梵蒂岡雖然是小國，旅人肯定要花上一整天的時間，不管是聖彼得主教座堂、梵蒂岡博物館、西斯廷禮拜堂等等，都值得慢慢遊覽。建議在 Ottaviano 地鐵站下車。

走訪優美寧靜的中世紀小鎮

第四是參加美食體驗，最為特別。我們跟著廚師媽媽（其實是廚師）一起買菜，然後去羅馬近郊的小城鎮，走進其房子的廚房裡一起動手做本地料理，其中包括三種手工麵，包括餃（Ravioli）、扁麵（Fettuccine）、貝殼麵（Cavatelli）。第五是造訪奧爾維耶托，來一趟地下古城探險之旅。

梵蒂岡的聖彼得大教堂。

右：聖天使堡（Castle of the Holy Angel），興建於公元 139 年，說穿了就是一個「大墳塚」，是羅馬帝國五賢帝之一哈德良皇帝為自己及其家族所設的長眠之處，不少後來的皇帝和他妻小都安葬於此，只希望能求一個長眠之處。沒想到世代更迭、外敵入侵，在公元 410 年的羅馬大劫中，這些皇帝骨灰、遺骸遭到丟棄，整座大墳塚幾乎如同廢墟。

後來成為城堡、監獄，甚至教皇官邸，直到現在才成為博物館，幾乎已經失去原來樣貌，只剩故事讓後人懷念……在 1277 年時教皇曾強化城堡防禦功能，並於聖天使堡和梵蒂岡之間修建一條祕密通道，若是羅馬被圍城時，能從祕密通道前往城堡做庇護。聖天使堡位於台伯河畔，鄰近梵蒂岡教廷，旅人常常把兩者安排在同一天遊覽。

另外，城堡入口前的聖天使橋是貝尼尼設計的橋樑，橫跨台伯河兩岸，兩側立有 12 尊天使雕像，栩栩如生！

靠近地鐵站的住宿據點很重要

羅馬有太多景點，不少都不在步行範圍內，所以坐地鐵最方便，旅客最好去到那些地鐵站再展開旅程。因此住宿靠近地鐵站很重要，我們選擇四星級的 Hotel Metropolis Chateaux，座落於寧靜的非遊客區，雖然不接近市內三大火車站，但在 Lepanto 地鐵站附近，一分鐘便可走到。在 Lepanto 地鐵站上車，下一站就是 Ottaviano 地鐵站，至於前往其他 Spagna 地鐵站和 Colosseo 地鐵站都只要幾站而已。

羅馬地鐵

羅馬主要景點集中於兩條地鐵線，Line A （橙色）列車行走市區的西北至東南，而 Line B（藍色），是由東北至南。行駛時間是 5:30-23:30，逢星期五及六則會行駛到零晨 1:30。地鐵的單程票價格為 1.5 歐元，入站後有效時間為 75 分鐘，而且購入單程票後可免費轉乘巴士、電車等等。由於已知道地鐵是我們主要交通工具，所以直接買了一張 3 Day Tourist Pass (BTI) 和一張 Day pass (BIG)，便已足夠。其餘還有 Week pass (CIS)，適合逗留更久的旅客。這種票都可在一般售票機買到，很方便。就這樣，我們在羅馬這幾天，都是從 Lepanto 地鐵站展開每天的豐富旅程。

Lepanto 地鐵站距離我們的酒店只有一分鐘路程，我們每天都走進此站，輕鬆快捷地展開每天的旅程。

1. 我們的房間。　2. 寧靜的街道。　3. 轉角處有一家超市。

我們住在寧靜的非遊客區，氛圍寫意。雖
然這處不接近市內三大火車站，可是周邊
不單有超市，而且一分鐘便可走到地鐵站。

羅馬交通：www.rome.net
聖天使堡：www.castelsantangelo.com
我們的酒店：www.hotelmetropolisrome.com

古蹟巡禮：什麼都不做，只是在階梯上聊天、發呆、曬太陽

從拿坡里來到擁有「永恆之城」別名的羅馬，展開我們的「羅馬假期」。

世界上有很多著名的階梯，包括位於烏克蘭奧德薩的波將金階梯（Potemkin Stairs）和巴西里約熱內盧的塞勒隆階梯（Selaron Steps），但是只有少數可以媲美羅馬西班牙階梯（Spanish Steps）所展現的浪漫情懷。西班牙階梯曾在 1951 年的電影《羅馬假期》中出現過，奧黛麗．赫本（Audrey Hepburn）就是在這階梯上吃雪糕，此經典電影情節迷倒了萬千影迷。不過，可不要學習電影情節在階梯上吃雪糕喔，因為會被罰款的！原來羅馬城有這樣的一條規定：嚴禁在這座階梯上享用食物。此階梯還在多部電影的場景中出現，比如《偷車賊》和《心計》等。

西班牙階梯位於羅馬市中心，乘搭地鐵在 Spagna 站下車，車站出口旁邊就是西班牙階梯，成為許多人羅馬古蹟漫遊的第一站。此階梯相比起羅馬大部分的古蹟名勝，是比較近代、比較「年輕」的，但它仍然比美國立國的時間還要早。

🛆 成為藝術家聚集的地方

西班牙階梯是由法國人出資，義大利人設計，共有 137 級，上連聖三一教堂 (Trinita dei Monti)，下接西班牙廣場。為什麼在義大利國土上出現「西班牙階梯」與「西班牙廣場」呢？原因很簡單，因為當時西班牙大使館設立在此，這一帶就是所謂「西班牙的領土」。階梯在 1725 年落成後立即成為各國文豪、藝術家聚集的地方，充滿濃厚的文藝氣息，時至今日，此區則是被高貴精品名牌簇擁圍繞著的名店血拼區。

由早到晚都聚滿遊人的西班牙階梯。入夜後這裡更成了情侶、曖昧男女約會聊天的浪漫勝地。

西班牙階梯由建築師桑克提斯在 1723 年至 1726 年間設計完成，
聖三一教堂位在台階頂端。不論旺季還是淡季都坐滿人的西班牙階
梯，自然是整個羅馬最熱鬧的街區之一。

⬤ 坐在階梯上享受悠閒

這階梯的造型與曲線尤如環抱的雙臂，優美線條連結而上，中間是一座花台，鮮花盛開之時甚為美麗。階梯連同廣場兩邊的優雅庭園住宅構成迷人畫面，悠閒氛圍讓這裡永遠聚集滿坑滿谷的人潮，無論是旅遊旺季或淡季，整天都可看到來自不同國家的觀光客在噴泉旁、在階梯上、在露天咖啡座中享受悠然時光。我們戲稱這是「春光階梯」，在階梯前往上仰望時……總有另類風景不經意地映入眼簾。所以當大家浸淫在這歷史古城中，和世界各地旅客一起坐在階梯上聊天、發呆、曬太陽、看人或什麼也不做之際，穿裙子短褲的可要特別注意一下坐姿喔！

⬤ 羅馬水災留下的記憶

階梯前的破船噴泉（Fontana della Barcaccia），是義大利十分著名又古老的噴泉，也是遊人高度熱愛的景點。噴泉雕塑是為了紀念 1598 年台伯河氾濫造成的大水災，當時的教宗委託了著名雕塑家彼得・貝尼尼和濟安・貝尼尼父子建造，於 1627 年完成。傳說濟安・貝尼尼在現在噴泉的位置看到一隻孤零零的破船，就以此為創作靈感，以紀念水災時人民互相扶持和無盡付出。噴泉的結構是先把泉水引入破船裡，再從船的四邊慢慢溢出，由於整座噴泉幾乎只和路面一樣高，感覺就真的很像是漏水的船即將沉入地底下。災難後傷感成為了過去，現場看到的只有是幸福與歡樂。除了階梯外，破船噴泉成了大家最愛圍坐的另一休息熱點，下次你還可以帶著寶特瓶或水壺，加入排在泉口旁的隊伍，裝載滿滿一瓶免費又解渴的「羅馬之水」。

左：遊客總喜歡拿著寶特瓶在破船噴泉裝羅馬之水，如果沒有瓶子的話便直接喝吧！
右：聖三一教堂前有不少畫家正在潛心繪畫風景畫，或者為遊客繪畫人物寫生。

登上137級台階，回頭看羅馬古城的好風光，非常值得。英國《每日郵報》曾經報導，建於文藝復興時期的聖三一教堂於「世界十大上鏡率最高的景點」中名列第二位呢，大概與西班牙階梯的關係吧。

🔵 登上 137 級的階梯

多數遊客都聚集在廣場上或站在階梯上，我們決定爬上西班牙階梯，到上面看看有什麼不一樣的風景。登上山坡是擁有兩座哥德式雙子塔的聖三一教堂，這是 1495 年時由法國國王查理八世下令所興建的。

來到階梯最頂端回頭看，不禁驚艷西班牙階梯層層疊疊的地勢之美，以及驚嘆人潮之洶湧。從廣場中央望去前方筆直的大街，就是康多提大道（Via Condotti），也是遊人刷爆卡的地方，這區集結了世界第一流的名店，附近縱橫的各街道也都被知名品牌佔據了。

總之，除了由下往上仰望西班牙階梯，不妨預留時間換個角度與視野，暫離人群、到山丘上俯瞰熙熙攘攘的風景。

▌特別說明：禁止遊客席地而坐

這座大理石階梯是羅馬甚至整個義大利的建築瑰寶，長久以來成為遊客坐下來歇腳的地方。不過為數不少的遊客卻在此大口吃著三明治、咕嚕嚕地喝奶昔。階梯因為多年汙染而褪色，四處可見黏在地上的口香糖，還被葡萄酒漬和咖啡漬弄髒。因此在階梯上野餐或吃雪糕曾經非常受歡迎的消遣活動早已禁止。
可是禁止在階梯飲食好像不太足夠。數年後，羅馬市政府進一步保護古蹟，現在已禁止任何人在西班牙階梯席地而坐、不得赤裸上身、禁止在噴泉中洗澡，以及拖著行李走下這座古蹟階梯。違者恐被處以高達 400 歐元罰款。

建築家構思西班牙階梯時，也是為了方便人們登上聖三一教堂，所以設計重點是階梯結合了弧線、直線、景觀和露臺的設計，並融合於四周的建築當中。

這一帶匯集了各種高級名店，當中咖啡館或餐廳的價位也是「高人一等」。我們在階梯前這家店吃到旅程中最貴但卻最不好吃的冰淇淋。

除了西班牙階梯坐滿人外，象徵同舟共濟的
破船噴泉也常是朋友互約的定點。

● 特萊維噴泉 Fontanadi Trevi

古蹟巡禮：氣勢磅礡的神話噴泉

男女主角在許願池旁邊，背向水池擲下硬幣誠心許願，然後凝視著對方，完美又甜蜜的一刻……幾乎每一齣在羅馬取景的電影或電視劇都會出現這一幕。

● 人山人海的許願盛況

羅馬人非常注重飲用水與浴場，早在兩千多年前便興建了非常龐大的地下水道網絡，很多至今仍在使用中。官方指出羅馬的大街小巷便有大大小小三千多座噴泉，無所不在的噴泉好比便利店般密集，而特萊維噴泉（Fontanadi Trevi）能排眾而出成為最有名最受青睞的噴泉，皆因它是經典愛情電影的場景，擁有「許願」這浪漫又迷人的功能。

● 每天遊客們都爭著投幣許願泉

特萊維噴泉，許多人會愛稱呼羅馬許願池，是羅馬最大、最著名和人氣最盛的噴泉，座落於羅馬市區的巷子裡。我們從西班牙階梯走過來約十多分鐘，來到現場，看到壯觀的雕塑噴泉的那一刻，感覺非常棒！此噴泉位於小廣場上，卻是羅馬最大的巴洛克式噴泉池，高 25.6 米、寬 19.8 米，面積之大，幾乎佔去小廣場一半的空間。正因為小廣場矗立一座如此巨大的噴泉，視覺上形成強烈的壯麗感。

跟西班牙階梯一樣，這個小廣場從早到晚都聚著許多背向噴泉擲硬幣的人。我們走出狹小混亂的巷子，眼前立刻出現開闊的許願池、和人山人海得讓人嚇了一跳的熱鬧盛況。天哪，這麼小一個地方竟然擠得水洩不通，想順利擠到池邊許願也真是有點難度啊！

特萊維噴泉，許多人會稱呼羅馬許願池。噴泉位在羅馬市的一處小廣場上，為羅馬最大的巴洛克式噴泉池。

中心的塑像是海神尼普頓。其左右各一雕塑代表著健康和富足，稱為健康女神和豐裕女神。整座雕塑的基座就好似海中一片象徵頑強生命的礁石，泉水從海神腳下的縫隙中源源不斷地湧出，背景建築是一座海神宮，上方的四位少女代表四季。

- ● 海神尼普頓
- ● 豐裕女神
- ○ 健康女神
- ● 春、夏、秋、冬的四季女神

海神尼普頓

⊜ 噴泉的誕生

第一代特萊維噴泉建於公元前 19 年，是古羅馬時代三條引水道其中一條「處女水道橋」（Acqua Vergine）的終點，被羅馬人使用了將近 400 年。話說古羅馬帝國的帝王認為「供應乾淨的水是一個國家的重任」，所以羅馬水道是帝國最重要的建設。只要是納入版圖的城市，一律進行水道的規劃，在工程師確認水質後，將城市周圍山區的水藉由水道橋引入城市裡，並在街道上密集設置出水口，以確保家家戶戶隨時都有水可用。因此羅馬帝國相當少傳染病的發生，大概就是致力興建水道橋的緣故。而處女水道橋就是在這樣的背景下產生，特萊維噴泉的水質被認為是羅馬最柔軟、品質最好的水。

公元 538 年爆發戰爭後，水道被毀。隨著 15 世紀文藝復興運動的展開，羅馬人的建築風格復興，因此有不少人主張在原址建造壯麗的噴泉，教宗尼古拉五世在 1453 年下令重建，結果最後建成的只是一個簡單的水池。

直到 1730 年，教宗克雷門特十二世嫌池子不夠華麗，便任命尼古拉‧莎維重新設計，修建期間兩人也先後離世，噴泉最後於 1762 年完工。第三代噴泉完工後，尼古拉‧莎維的好友伯拉奇雕塑的海神尼普頓便安設在噴泉的正中央。

第三代特萊維噴泉誕生後，成為羅馬最大的巴洛克風格噴泉。整個外觀設計成像是凱旋門的模樣，左右對稱，由四柱隔成三個空間，中間海神尼普頓駕駛飛馬戰車這一組是最主要雕像，兩側有代表豐裕與健康的兩位女神雕像。上方是象徵春、夏、秋、冬的四季女神。

● 第一男主角

海神尼普頓，毫無疑問是整座噴泉雕塑的「第一男主角」。他擁有一身強健結實的肌肉，站在巨大的海貝上駕馭著兩匹駿馬跨過凱旋門。這兩匹馬雕塑彷彿快跳出來，很有動感。不要以為牠們單純只是很有動感的馬匹雕塑，其實各自擁有不同的「功能」。仔細一看，左邊駿馬是抗拒被束縛，右邊駿馬則是溫馴地被繩索綁住，其實各自象徵著波濤洶湧與平靜無風的海洋兩種狀態。另外，兩匹馬旁邊均有一位海之信使特裡同（Triton），負責帶領馬匹，在希臘神話中特裡同是半人半魚的海洋護衛。

豐裕女神

健康女神

🔵 遊客瘋狂投幣，許願池的硬幣引出爭議問題

既然每天都有大量遊客們由早到深夜投幣到泉中許願，應該有不少人都關心池中到底有多少硬幣？以及如何處理？說到底不可能讓大量硬幣長期放在池中，除了造成嚴重的池水污染外，甚至可能引起一些許多人無法想像的其他問題。

🔵 一切由電影引起

事實上在 1954 年之前，扔硬幣許願並不存在，其起源不是宗教原因，也不是什麼「自古以來的傳說」，而是一部名為《羅馬之戀》的美國電影，帶來往後數十年至今無數人扔硬幣許願的熱烈風潮。電影英文名直譯就是「噴泉裡的三枚硬幣」，講述了「三位美國女子在特萊維噴泉扔硬幣許願，結果都在羅馬找到了各自真愛。再加上影片上映後的第三年，即是 1957 年，當時還是美國副總統的尼克森拜訪羅馬時就和夫人一起在此

噴泉扔硬幣，從此來到羅馬的旅客十之八九都愛來此處扔硬幣許願。

🔵 硬幣一開始是處於無規定管轄的狀態

回到最初提出的處理硬幣問題上，這些被扔進池水的硬幣一開始是處於無規定管轄的狀態，即就是任何人都可以隨時從水中撈硬幣帶走，可以想像出日後定必導致爭議問題。1997 年，有一名 46 歲女性因為從噴泉裡撈出來相當於現在 18 歐元金額的硬幣而被捕，可是法院最終宣判她無罪，因為當時的法律認為這些硬幣是「無主之物」，法律是允許任何人想撈走多少就撈多少走。

據說許願時須背向水池，右手拿著硬幣，默念願望後將硬幣越過左肩投入池中才算有效。也有傳說指投擲三枚錢幣會結婚或離婚，結果也太極端了吧！但不管靈驗與否，情侶夫妻都拼命的往池子裡拋錢。

噴泉擁有了「許願」這迷人功能，人氣就是不一樣！每天從早
到晚人潮絡繹不絕，池畔更是水洩不通，想擠進池邊拍個照也
很困難。不過務必看管好隨身物品，附近小偷非常多。

⊖ 一名當地人一共撈了 10 年，也被抓了 N 次

這件事成為案例，政府趕快修改法律，但不可能馬上通過「羅馬特萊維噴泉內硬幣歸屬權」新法律。就在這種模稜兩可的狀態下，便引出了一名稱為羅伯托 · 切爾塞萊塔（Roberto Cercelletta）的當地人。他從 2001 年開始經常走進噴泉撈硬幣裝進自己口袋，最多一次撈走了價值 600 歐元的硬幣。當時他的確引起許多人關注，《New York Times》於 2002 年還專門報導過他。其實他一開始的幾年內是完全合法，可是新法律確定「噴泉內硬幣歸屬市政府」於 2006 年通過後，他的撈錢行為就變成違法。直到 2011 年最後一次因為撈硬幣被捕，一共撈了 10 年，也被抓了 N 次，不過據說他一次罰款也沒有繳交過。而他是在 2013 年，年僅 62 歲時逝世（在 Google 輸入 Fontanadi Trevi, Roberto Cercelletta，便能閱讀到不少報導，事實上他的行為好像比較無厘頭，有時也很激烈，好像每次他都脫去上衣去撈錢⋯⋯）。

⊖ 每年硬幣的重量接近 6 噸

許願池早已變成聚寶盒，匯聚了世界各地的硬幣，據統計許願池中曾出現超過 60 個國家的硬幣。據說每天特萊維噴泉的人流量達到 3000 人左右，旅遊旺季甚至多達上萬人。占地面積又大的許願池，需要動用數十名工人每天在不同角落打撈硬幣。粗略估算每年硬幣的重量接近 6 噸。也因為經常有人嘗試從噴泉裡偷錢，所以池畔也長期有警察看守。

⊖ 每年超過 100 萬歐元的硬幣最終歸屬於⋯

2006 年的新法例通過後，市政府一直把全部硬幣捐給位於羅馬的天主教慈善社團國際明愛會，每年約超過 100 萬歐元。當時我們也入境隨俗加入投幣許願的大隊，一邊許願一邊想著投出硬幣能夠最終成為捐款也不錯啊！

> **▌特別說明：全部硬幣都用於市政用途**
>
> 哪料到，2018 年 4 月開始，羅馬市政府規定市內所有的噴泉，特別是最具人氣的特萊維噴泉，全部硬幣都用於市政用途。背後當然因為市政府長期的負債累累，如此一來，世界各國旅客救濟了羅馬市的經濟危機，但是國際明愛會也失去這一大筆的善款⋯⋯。

噴泉周圍圍繞著大量投硬幣和拍照的遊客，看著這人山人海的許願池，說它是世界上最受歡迎的噴泉首三位絕不為過。官方說每天在噴泉大約可以撈出 3-4000 歐元的硬幣，一年超過 100 萬歐元，這筆錢以往是全部捐給位於羅馬的天主教慈善社團，不過近年已改變了。另外經常有人嘗試從噴泉裡偷錢和很多小偷出沒，所以池畔和四周長期也有警察看守。

古蹟巡禮：二千多年歷史的古羅馬建築結晶

自己對於人多的大城市常常感到惶恐不安，很怕會迷路很怕上錯車，總覺得自己會被早晚到處都是的人潮埋沒，可是羅馬的確有一種此生非去一趟不可的魅力。羅馬帝國的興起與沒落，在歐洲歷史上留下了濃墨重彩的一筆，也讓世界認識和記住了羅馬這座城市。

● 唯一保存完整的羅馬帝國時期建築

兩千多年過去了，人們可以從羅馬市內各處遺址感到帝國當年的輝煌。相對羅馬市內的鬥獸場和古羅馬廣場等幾個古羅馬遺址，羅馬萬神殿（Pantheon）其實是至今完整保存的唯一一座羅馬帝國時期建築。

萬神殿，Pan 是指全部，theon 是神的意思，就是一個供奉羅馬諸神的地方，供奉天神烏拉諾斯、地神蓋亞、巨神泰坦在內的二十幾位神祇。所以萬神殿這個名字起得十分貼切。

● 古羅馬精湛建築技術的典範

這處不單是保存得最完整的古羅馬建築，同時也是古羅馬建築藝術的結晶，對後世建築甚具影響力，文藝復興時期的建築師們都曾在此取經，對西方的建築史發展有舉足輕重的影響。巴黎有一座建於 18 世紀末的先賢祠，俗稱巴黎萬神殿，因為其立面是仿照這座羅馬萬神殿。另外，美國維吉尼亞大學的圓形大廳、哥倫比亞大學的圖書館、澳洲墨爾本的維多利亞州立圖書館以及中國北京清華大學的清華大禮堂，都是明顯受其影響。

我們第一天抵達羅馬，在觀看完西班牙階梯和羅馬許願池後，最後才來到萬神殿。黃昏時早已過了開放時間，但萬神殿依然聚集了大量旅客。

萬神殿原是古羅馬多神教的奉祀場所，七世紀時成為教宗領地，改為基督教堂，稱「聖母與諸殉道者教堂（Basilica di santa Maria ad Martyres）」至今。廳內布置以基督教祭壇、宗教畫、雕像為主，另有幾座名人陵墓。

第二代萬神殿由國王哈德良下令重建

萬神殿就在特萊維噴泉附近，離開噴泉走一點路就可以抵達。其歷史可追溯到公元前 27 年，第一代萬神殿建於羅馬帝國首任皇帝期間，用以供奉奧林匹亞山上的諸位天神，但在公元 80 年時被焚毀。現在看到的第二代萬神殿是圓形的，有一個長方形門廊，是公元 125 年熱衷建築藝術的國王哈德良所建。他是羅馬帝國五賢帝之一，倡導人文主義，提倡希臘文化，還在羅馬城內新建了維納斯和羅馬神廟。

成為教堂才能保存至今

公元 609 年，拜占廷皇帝將萬神廟獻給羅馬教宗卜尼法斯四世，後者將它更名為聖母與諸殉道者教堂，這也是今天萬神殿的正式名稱。世事如棋，變身為教堂的萬神廟，在中世紀消滅羅馬異教的清洗行動中得以逃過一劫，成為古羅馬的建築物中保存得最好的一座。

16 根花崗岩圓柱

被米開朗基羅讚嘆為「天使的設計」的萬神殿，其整個設計是由一個矩形的柱廊，與一個大型的神殿所組成。站在前方從正面看去，只見 16 根花崗岩大圓柱與三角頂部組成的柱廊，寬 34 米、深 15.5 米的柱廊；每根柱子是用整塊的花崗石製成，高達 12.5 米，底部基座的直徑有 1.43 米，這個巨大圓柱陣不其然讓人聯想到古希臘建築。神殿入口處的兩扇青銅大門為至今猶存的原物，高 7 米，是當時世界上最大的青銅門。

16 根花崗岩圓柱組成的柱廊：
共有三排巨柱，最外面的一排有 8 根，
裡面的第二排及第三排均有 4 根。

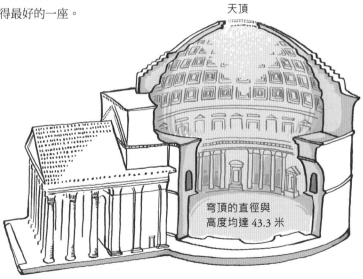

萬神廟的結構圖
整個設計是由一個矩形的柱廊和一個圓型的神殿所組成。

天頂

穹頂的直徑與
高度均達 43.3 米

正對著萬神殿大門，有一座轟立著方尖碑的噴泉 Fontana di piazza della Rotonda。噴泉本身建於十六世紀，據說屬於古埃及拉美西斯二世時期的方尖碑，則是十八世紀重新設計時移入。然而由於香火鼎盛攤販雲集，據說噴泉一度被魚販當做水缸。十九世紀當局把攤販趕跑，乾脆做了個複製品，把真蹟移入羅馬博物館收藏。

神殿的兩扇青銅大門（此乃其一）為至今猶存的原物，高7米，是當時世界上最大的青銅門。

⊜ 沒有任何支撐的穹頂

甫入殿內，就會發現大廳的巨大圓頂沒有任何支撐，直徑達43米，最高點也是43米，令人驚嘆古人的建築技術如此精湛。上薄下厚的穹頂在最薄的上部也達1.2米，用了不同物料與混凝土混合澆灌而成，最輕和最多氣孔的用在圓頂最上層的天花板，最重的材料則使用在最下層。

⊜ 二千年的日晷

頂部有一個直徑8.9米的圓形大孔，又稱為「天眼」，用於採光。這個天孔也是萬神廟唯一的採光點，這樣光線從頂部泄下，並會隨着太陽位置的移動而改變光線的角度，給予人一種神聖莊嚴的感覺。陽光可從洞口透進神殿裡面，遊客在不同時間到訪，更可看到不同的光影效果。

對於這個孔，現代的建築研究學者提出了一個引人好奇的解釋，認為萬神殿實際上是一個巨型日晷儀，用於讓陽光在重要場合照射到羅馬皇帝身上。另外，一些專家又指出神殿與一年內的太陽周期關係密切，它的一項主要功能就是將太陽與羅馬帝國聯繫在一起，鞏固羅馬皇帝的神授權力。進一步的解說是指出冬季時，陽光只能照亮圓頂，但在春分或秋分的正午，陽光卻可以穿過大洞，照射到地板上。一年之中，4月21日這一天很特別，陽光可完全照亮整個大殿。由於雨雪也會藉機湧入，所以萬神殿地坪上開鑿了一系列小洞，用於排水。

天眼

萬神廟的穹頂內部的五層凹格，面積逐層縮小，數量卻相同，視覺上營造出穹頂的巨大，並給人以向上的感覺。進萬神殿必定要看的，便是抬頭所見的龐大穹頂。天眼是唯一採光開口，而且沒有遮蔽，下雨便直接灑落在大廳地板上。直徑與高度均達 43.3 米的穹頂，相當驚人的數字。自建成以來，千餘年間保持世界最大紀錄，直到 1436 年，才被佛羅倫斯聖母百花大教堂的穹頂打破。

1.16 根巨大筆直的花崗岩圓柱，更襯托出萬神殿的宏偉與壯觀。　2. 站在柱廊下抬頭看到的柱廊內部。　3. 柱廊的山型石壁上刻上了「M·AGRIPPA·L·F·COS·TERTIUM·FECIT」的字樣，意即「呂奇烏斯的兒子、三度執政官瑪爾庫斯·阿格里巴建造此廟」。這段文字讓人們誤以為柱廊是阿格里巴時期遺留下來的，後來才證實整幢建築都是哈德良時期修建的。

每根圓柱重達 60 噸，高度是 12.5 米，其頂部刻有花紋裝飾，
而底部基座的直徑有 1.43 米。光是如何從產地將這 16 根巨柱搬
運過來就是一項難以想像的工程！

萬神殿是至今完整保存的唯一一座羅馬帝國時期建築，屹立不搖迄今已超過兩千年，堪稱是古羅馬建築藝術的結晶。它的結構與建築水平遠遠超過了它屬於的時代，即使在今天，以現今的建築學來看，仍是一座令人嘆為觀止的非凡建築，也是建築史上重要的一大里程碑！

在義大利媽媽的廚房學做傳統菜式

義大利很多城市都有為旅客而設的烹飪課，選擇多元，有些較正規的會在設備齊全的烹飪教室上課；也有較豪華較昂貴、在大飯店裡由五星級廚師來主持的；而我們最後選擇了較生活化的「跟義大利媽媽學做菜」。

● 廚師帶參加者一起去買菜和討論菜色

我們在羅馬一個名為 Fabiolous Cooking Day 網頁上瀏覽了不同類型的義式料理體驗活動，它們的活動最有趣的是廚師會帶參加者一起去買菜和討論菜色，這比單純由廚師備好料訂好菜色又來得更好玩更互動！這組織集合了不同的廚師，每個廚師都有他們自己各具特色的私人公寓作為上課場地，所以主要是按你喜歡的地方或場地作出選擇，大部分據點都在羅馬市區內，只有一個是在近郊小村莊裡……義大利的小村莊？是聽起來就令人覺得很有風情的小村莊耶！

最後因為無法抗拒「歐式鄉村風」，所以我們選擇了名為「Cooking day in Mazzano」的體驗活動，不過之後每次提起，我們都暱稱這活動為「媽媽廚房」，因為烹飪老師 Monica 的身分除了是廚師、也是一位媽媽，活動當天她唸國中正在放暑假的女兒 Victoria 也加入一起學做菜，感覺就像是週末時媽媽指揮著大大小小的孩子們一起在家裡的廚房幫忙，氣氛很棒呢！

圖中央是這次體驗活動的廚師，大家都叫她 Monica，也是我們的「義大利媽媽」。早上她駕車來接參加者，然後便一起去買新鮮的食材。

1. 肉店老闆槌肉後，還仔細地把皮和脂肪挑得乾乾淨淨。　2-3. 在肉店門口栽種的香草免費讓顧客自由採摘，Monica 一邊聊著它的好處，一邊摘下一些。　4-5. 買蔬菜自然少不了，番茄更加是義式料理的主角！　6.Monica 帶我們去的食材店都是她常去的，每一位店員就像相熟的朋友，大家都聊一聊家常便飯的日常事。

1.

2.

4.

3.

5.

6.

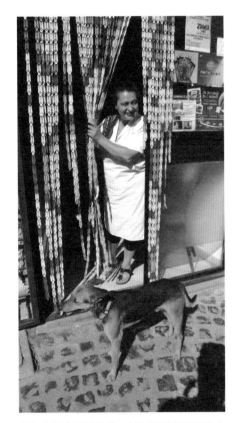

超市店員和她的狗狗。她知道我們兩個人來自香港，她特地請義大利媽媽幫她翻譯：「你們從那麼遠的城市來到義大利、再來到這條小村子的小店買東西，很開心看到你們啊！」

🥬 跟媽媽在中世紀小鎮買菜

當天參加者除了我們兩位香港代表外，還有來自澳洲的高壯帥代表 Nathan。早上 Monica 準時來到指定地方接載我們，在車上大家互相介紹過後便一起討論菜單，Monica 了解過各人的飲食習慣與喜好後高興地說：「太好了，你們都沒有不吃的東西，那我們的食材選擇就可以很有彈性了。」基本上 Fabiolous 烹飪課所教的都是經典有代表性的義大利料理，而當中一定會包括三種手工義大利麵及一種肉類主食，參加者可以按喜好決定醬汁、餡料或配菜等。由於當天天氣非常熱，所以我們一行五人在到達目的地前已就午餐的大方向取得共識：要開胃、要清爽、不要濃厚醬汁、也不要大魚大肉。至於實際要買什麼煮什麼，便仰賴專業的 Monica 挑選時令新鮮好食材了。

只花了約 20 分鐘，大家已經由羅馬市中心驅車來到馬扎諾羅馬諾（Mazzano Romano）。馬扎諾羅馬諾是個漂亮寧靜的中世紀小鎮，市鎮總面積約 2830 公頃，逾 8 成是農業用地和森林，全鎮只有三千名居民，除了一直住在這裡的居民，也吸引了一些在羅馬市區上班但不喜歡繁鬧的人，選擇隱居在這個其實與市中心近在咫尺的世外桃園。

🥬 肉店門口栽種的香草免費讓顧客採摘

進入村莊前我們先在小鎮路邊的肉店買肉，小小一家店集合了種種我們認得與認不得、已經清理皮毛宰乾淨的禽鳥與動物，肉骨內臟全都整齊地排列在玻璃櫃裡。Monica 選了一塊雞肉後，老闆除了幫忙槌肉、還仔細地把皮和脂肪挑得乾乾淨淨，我不禁讚嘆：「這裡的售後服務很細心呢！」Monica 自豪地說：「的確我們的肉店服務都很全面。」她指的全面可不只這樣，離開前她帶我們在店門口摘香草，原來很多肉店都會在門口栽種各式各樣的香草免費讓顧客自由採摘，Monica 說：「義大利人很重視香草，但都不用花錢買……除了羅勒，因為用量實在太大了！」

在三家食材店買完後，我們便去 Monica 的家。大家提著食材，在小村裡走著走著，望著這位義大利媽媽的背影，好有一種自己小時候跟著媽媽去市場買菜一樣的相熟感覺啊！

依山而建的中世紀小鎮

村莊依山而建，採購完畢，再開車一小段路後 Monica 領我們走坡路回去她的老家，也就是今天的烹飪教室，沿途邊跟我們介紹這個充滿歷史的地方，例如十七世紀的防禦城牆、凝灰岩山壁裡的避難所……。從高處俯瞰，原來這裡是一個被茂密綠林所包圍的美麗村莊啊！

在廚師家中動手煮美食

到了 Monica 老家，穿過小小的門口裡面是寬敞的居室，鵝黃色的牆壁、木頭家具與樑柱、石材地板，外面陽光燦爛但室內卻很舒爽，想到今天會在這氣氛溫暖環境舒適的山城房子裡，跟著義大利媽媽動手做義大利美食，太令人期待了！Monica 的妹妹兼助理早已駐守在廚房打點好用具迎接我們，大家也不敢怠慢，趕快洗手穿好圍裙，上課啦！

1-2.Monica 的陽台，每天可以在這處欣賞日出日落，實在太美好了。 3. 小鎮的廣場，我們在此下車然後走到 Monica 的家。 4-5. Monica 的客廳。

Cooking day in Mazzano 行程

❶ 8:30am 在市內集合
❷ 廚師 Monica 接載參加者往目的地
❸ 抵達
❹ 於小鎮中採買食材、徒步小旅行
❺ 抵達 Monica 的房子
❻ 一起炮製 10 道義大利美食
❼ 享受午餐、輕鬆聊天
❽ 3:00pm Monica 接載參加者返回市內

義大利媽媽的家是在馬扎諾羅馬諾，是個漂亮寧靜的中世紀山城。我們坐車子大約大半小時便到達。全鎮有三千名居民，除了常住土生土長的居民，這裡還吸引了一些在羅馬市區上班但不喜歡繁鬧的人。

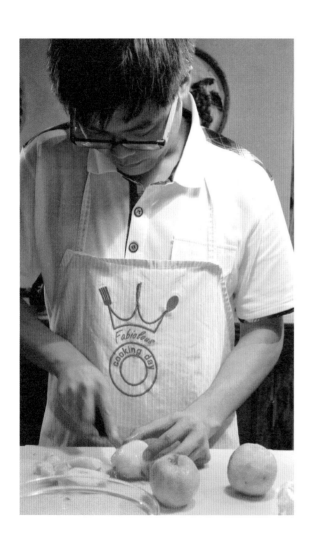

義式料理的精神：簡單就是好味道

今天待在廚房裡的時間大概可分為上下兩場，上半場主要是切切切切切，切好所有蔬菜煮醬汁、切水果冰好做甜點、切肉醃好串好當主菜。對於常用美工刀的美術老師 Jackman、常用菜刀喜歡做菜的 Erica、和常用手術刀的醫生 Nathan 來說，這部分無論是切丁切塊或切片，對各人來說都毫無難度順利過關了！

烹飪體驗是以分工合作的形式進行

下半場則是今天的重頭戲。從麵粉開始製作手工義大利麵，而上下場之間則以小酌和開胃菜作中場休息的分隔。雖然烹飪體驗是以分工合作的形式進行，但從中還是可以輕鬆掌握到不少簡單的不敗料理與百搭基礎，更重要的是全程就像媽媽煮菜般，不需跟從任何分量也不用緊張兮兮地量來量去，一切就如 Monica 說：「義式料理的精神就是簡單，簡單就是好味道。」學回去馬上就可以在親友面前有模有樣地賣弄一番了。為了答謝讀者支持，我們也來優惠大放送，與大家無私分享幾個一看就會的「義式料理一看就會食譜」。

上半場，我們就是合力切切切切，切好全部的食材。

☺ 兩種口味普切塔（Bruschetta）

這是義大利最經典的開胃菜，也非常適合在派對使用，因為它簡單、還能在短時間內做好大量以應付一群飢腸轆轆的人。在炎夏的中午，簡單的普切塔和羅馬地區的白酒確實是非常美妙的開胃搭配，而 Jackman 與 Nathan 也趁機酒不離手的邊做邊喝起來。

番茄羅勒口味普切塔

· 麵包切片，大蒜對切後直接在麵包上來回塗抹。

· 將小番茄與羅勒切碎加橄欖油、鹽混合，鋪在麵包上。

· 將麵包放進預熱 220°C 的烤箱烤 6 分鐘（沒有烤箱也可以用平底鍋或麵包機烘麵包，烘完才鋪配料，一樣好吃！）。

香草豬肉香腸口味普切塔

· 步驟與上面的一樣，只是餡料不同而已，買現成的香草豬肉香腸，拆去腸衣把內裡絞肉鋪在麵包上，簡單又能滿足食肉獸。

我們的 menu

餐酒：拉吉歐（Latium）白酒
開胃菜：兩種口味普切塔（Bruschetta）
　　　　番茄羅勒口味、香草豬肉香腸口味
麵食：櫛瓜瑞可達起司（Ricotta Cheese）
　　　義大利餃佐薄荷醬汁
　　　番茄羅勒茄子貝殼麵
　　　佐佩科利諾起司（Pecorino sardo）
　　　茄子辣椒扁麵
配菜：焗烤番茄、烤馬鈴薯
肉食：香醋烤雞胸、鼠尾草鑲生火腿
甜點：酒漬水蜜桃

番茄羅勒口味普切塔與香草豬肉香腸口味普切塔。完成了！

我們合力做出三種手工義大利麵，就義大利餃、扁麵、貝殼麵！

● 義大利生麵糰圖：

這次要做的三種義大利麵，分別是義大利餃、扁麵、貝殼麵，都是來自成分與做法一樣的生麵糰，再配合不同工具或手法做出不同造型的麵，在做麵過程中，當 Monica 看到 Erica 將麵糰搓成粗細一致的長條、再切成整齊均勻的小顆粒、壓出完美的貝殼形狀時，不禁大大稱讚「你是我看過做義大利麵最有天賦的學生！」Jackman 與 Nathan 聽罷不禁酸酸的說：「我們覺得大小不一的口感比較多變呢！」既然 Erica 是「義大利麵資優生」，我們便來做個百搭的麵糰，隨便你搭配壓麵機、齒輪滾刀、或是一雙手，不同造型的義大利麵都可搞定囉！

說到壓麵機，我們覺得這是增加一家大小團結精神、或是讓一群朋友聯誼的好玩意，看著麵皮愈來愈薄、愈壓愈長，現場會不自覺的彌漫起一股期待又緊張的氣氛，大家會自發等待適當時間伸出溫柔的「援手」，讓如布條般的麵皮安穩地被眾手承托起來！

義大利生麵糰（1人份）

1. 將一杯麵粉倒在桌上，中間挖一個洞。
2. 在洞裡打一顆蛋（不加蛋可用 1/3 杯水取代）。
3. 加少許鹽巴。
4. 用叉子由中間開始拌勻，慢慢把所有材料混合在一起。
5. 用手搓揉成光滑的多用途麵糰，太乾就加一點點水，完成！

壓麵機，真是讓人又期待又緊張的好玩意。見證大家一起把麵皮做得愈來愈薄、愈壓愈長，真有滿足感！

製作手工貝殼麵的步驟比較簡單，先把條狀麵團切成小粒，然後用手指逐一按一下，便輕易成為貝殼麵。我們用此煮成番茄羅勒茄子貝殼麵。

左頁：製作義大利餃較多步驟，可是過程很好玩。
1. 把麵皮切成長方形。　2. 把四分餡料放在麵皮左邊或右邊，每份餡料約一茶匙，餡料之間約間隔一根手指的寬度，餡料一般為火腿、羅勒葉、帕馬森乾酪、雞肉等等，重點是波菜的比例必須比其他配料高。　3. 把麵皮對折蓋上去，使用叉子壓合邊緣。　4-5. 切成方餃。　6. 烹煮義大利餃 6-8 分鐘至熟，加上其他配料，便做好這道義大利餃佐薄荷醬汁。

上：番茄羅勒茄子貝殼麵。　下：茄子辣椒扁麵。

😊 番茄醬汁

Monica 一再強調番茄醬汁是許多義大利佳餚的基礎，在沒有新鮮番茄的季節，罐頭是好選擇，而我們很幸福，因為夏天有數不清的番茄品種可讓我們互相搭配！

番茄醬汁

· 將橄欖油加熱，把切丁的洋蔥與大蒜炒至金黃色。
· 加入切碎的番茄以小火繼續煮至濃稠，最後加入黑胡椒、鹽、蘿勒調味，用來拌義大利麵或肉類簡單又開胃！

😊 酒漬水蜜桃

這道甜點是整頓午餐的亮點！很多烹飪體驗課都會教遊客做人人都知道的提拉米蘇，但這道酒漬水蜜桃（Pesche al vino）卻是一道義大利老饕都愛、但不是每個觀光客都知道的厲害甜點，它的厲害在於做法非常簡單，但口味卻是異常的清新又有深度。老實說，在暑熱又飽足的午後，提拉米蘇光是想便讓人覺得膩，但這天的酒漬水蜜桃卻是讓我們同心想喊 encore，而且一直追問 Monica 做法的 perfect ending！

酒漬水蜜桃（1人1顆）

· 新鮮水蜜桃去皮去籽切成大顆粒。
· 加細砂糖與蜜桃拌勻（多少隨個人口味調節）放進冰箱。
· 吃前 15 分鐘加入白葡萄酒拌勻，分量約為 4 顆桃 1 杯酒，然後再冰一下就好了。
· 以後看到熟得剛好的水蜜桃不要錯過喔！

😊 義大利媽媽對教養的想法

席間大家問有兩名孩子的 Monica：「義大利對喝酒的年齡有限制嗎？」因為她女兒 Victoria 今天全程都和我們一起喝著醇香順口的白酒，Monica 說：「義大利人愛品酒，每天晚餐也會搭配不同的酒，酒可以讓愉快氣氛更升溫，令餐點更完美，這是生活的樂趣，在家裡如果孩子想參與、我們也願意讓他們在不過量的情況下一起分享。青少年總會視限制為束縛，與其限制他們使他們一到法定年齡便相約朋友買一堆廉價劣酒亂喝一通、胡亂買醉，我寧可早點讓他們接觸、培養他們的品味與酒品。」那麼抽菸呢？Monica 雙手一攤：「抽菸對健康與發育真的不好，所以我請他們務必要等到成年後自己再決定，因為我本身也抽菸，所以根本沒立場叫他們不要抽。」

說到抽菸，我們發現義大利的菸民真不少，據媒體報導全義國有一千萬菸民。想提醒大家，如果要報名互動較緊密頻繁的活動如料理體驗，而本身又很介意活動負責人抽菸的話（其實他們都會在休息時段去戶外抽，不過身上可能還會沾染菸味），請務必在報名前查詢或清楚說明，也可以提前把個人的飲食需求、過敏食物等告知對方，雙方事前溝通協調好就更能全心全意地享受充實的體驗時光了！

網站：www.fabiolouscookingday.com
（活動名稱已改為 Cooking Class in a medieval town）

古蹟巡禮：血腥殘忍的人獸大戰

羅馬本身就是一座巨大的博物館！城市裡的每一寸土，每一粒沙，都值得你駐足停留！從羅馬競技場（Rome Colosseum）、君士坦丁凱旋門、到西班牙階梯，歷史與時間的交錯，讓人浮想聯翩、讓人恍惚。

如果說艾菲爾鐵塔是巴黎的象徵，那麼競技場一定就是羅馬的象徵了。

氣魄雄偉的羅馬競技場，就是一個暴力、血腥，卻又充滿了傳奇和塑造英雄的地方。古羅馬角鬥士與猛獸廝殺的競賽雖然早已落幕，但站在高處環視整個競技場時，我依然感受到宏偉的建築所帶來的震撼力。說實在，視覺上雖然充滿震撼力，心裡感受卻非常複雜，沒有半點興奮，因為很難想像 2000 年前曾有數不盡的人和動物死在血腥殘忍之下……

⚫ 角鬥士為著不同的目展開生死博鬥

羅馬競技場的 colosseo，是從義大利語 colossale（龐大）而來。此地方也擁有多個別名：羅馬鬥獸場、羅馬圓形競技場等。稱「鬥獸場」，因為這裡是角鬥士與猛獸搏鬥、以博取皇帝與權貴一笑與讚賞的地方。稱為「競技場」，因為除了廝殺外，這裡還有競技、比賽、歌舞和閱兵等等大型活動。角鬥士（又稱為鬥獸士，Gladiator）來自於死囚、奴隸、戰俘、角鬥士學校畢業的自由人、職業軍人或是想贏得地位聲名的人，為著不同的目的在場上展開生死博鬥。

羅馬的地標之一，既然到了羅馬就不得不去。旅客乘坐地鐵 B 線到 Colosseo 站下車，一出站，仰望著這千年古蹟。

圖的左方是羅馬競技場，右方是君士坦丁大帝凱旋門。

托皇帝為慶祝當時古羅馬帝國的最具代表性建築物落成，羅馬人在這裡舉行 100 天的慶祝活動。其間總共有 3000 位角鬥士與 5000 頭野獸喪命。直到公元 523 年才完全禁止這類殘忍血腥的表演。

羅馬鬥獸場，是古羅馬帝國專供奴隸主、貴族和自由民觀看鬥獸或奴隸角鬥的地方，建於公元 72-80 年間，是建築史上的奇蹟，代表了古羅馬文明的最明顯特徵。

⚫ 四萬名戰俘用 8 年時間建好

在目前的古羅馬遺跡中，羅馬競技場的規模是最大的，原名是弗萊文圓形劇場（Amphitheatrum Flavium）。競技場在羅馬共和末期已經出現，不過都是木造結構。到了羅馬帝國時期，維斯帕先皇帝為了慶祝耶路撒冷一戰，於公元 72 年在尼祿皇帝的黃金屋（Domus Aurea）原址上興建我們今日看到的最大的圓型石造競技場，材料包括洞石、凝灰岩及磚飾面的混凝土。

競技場施工速度之快也是個奇蹟（我猜想過程中應該受傷或死亡的人不計其數），當時動用八萬名猶太俘虜，僅用八年時間便建造起來。從功能、規模、技術和藝術風格等來看，競技場可說是古羅馬建築的代表作，但建築師是誰卻無從稽查。至於被喻為羅馬帝國最殘暴的皇帝尼祿曾經在競技場旁設了一個自己樣子的金色巨人像。

⚫ 100 天的人獸殘殺大戰

根據記載，托皇帝時期才建成並舉行啟用典禮，可謂一場財大氣粗的「大型」開幕式。統治者「精心安排」5 千頭猛獸與 3 千名奴隸、戰俘、罪犯輪流上場「表演」。這種人與獸、人與人的血腥大廝殺居然持續了 100 天，直到全部人命和猛獸同歸於盡為止……。最後一場鬥獸表演則於公元 523 年結束。

⚫ 表演區底下的密室設計

圓形競技場從外觀看呈現「正圓形」，俯瞰時卻是「橢圓形」，

占地面積約 2 萬平方米，長軸 188 米，短軸 156 米，圓周長 527 米，圍牆高 48 米（等於現代 19 層樓高）。中央鋪上地板的表演區同為橢圓形，長 86 米，寬 55 米，有一個足球場那麼大，正對著半徑的四點共有四扇大拱門，是競技場的主要出入口，分別通往東、南、西、北 4 個方向。

經歷長年累月的風化，表演區木製地板早已破損，露出一間又一間位於地下層、昔日用以存放道具和武器，以及安置野獸的密室。牆邊有 30 個通向地面的門洞，門洞是地下室的光源，那時候當野獸準備出場時，會用絞盤將獸欄門拉起、將階梯放下，牠們就會爬上階梯穿過門洞，走到地面展開一幕幕血腥的廝殺。

角鬥士

角鬥士與野獸平常不是住在競技場裡，而是住在競技場旁的方型屋子裡，直到要上場了，才會經由地下通道前往競技場裡。當年角鬥士有不同裝扮，主要以戴頭盔、手持劍或匕首及盾牌做保護。而表演平台採用木板，並在其上面鋪沙子，目的有二，一來止滑，二來吸血。

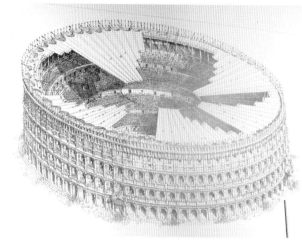

右上：羅馬競技場的完整圖（翻拍場內的展示圖）。　右下：二千年前的古羅馬模型，羅馬競技場在下方，紅色建築物指示線就是水道橋，就是從遠處引水到城市之內。（翻拍場內的展示圖）。

主建築結構共有四層高 48 米（相等於 19 層樓高），外圈長軸 188 米、短軸 156 米，是非常巨大的橢圓形建築。而看台分為五層，分別如下：

第 5 層看台：社會底層，包括婦女、奴隸
第 4 層看台：普通公民
第 3 層看台：有錢人
第 2 層看台：皇室貴族
第 1 層看台：元老、長官、祭司等。比起表演區高出 5 米，不怕發生意外。

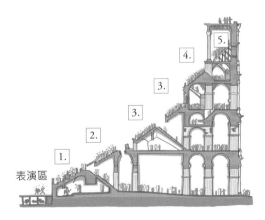

表演區

🙂 嚴分社會階級的觀眾席

文獻指出競技場可容納八萬多人，但以現今標準計算則可容納五萬人。觀眾席約有 60 排座位，逐排升起，分為五個區域，最下面前排是貴賓區，比起表演區高出 5 米，可入座人士包括元老、長官、祭司等；第二層供皇室貴族使用；第三區是給有錢人；第四區是普通公民；最後一區則是給社會底層，包括婦女、奴隸使用，全部是站立席。至於皇帝，當然有自己最華麗的包廂，享受最佳的觀賞角度。

🙂 憑票入場找自己的座位

雖然表演完全免費，但觀眾仍需憑票入場，按自己座位編號就座。方法是先找到自己應從哪個底層的拱門（共有 80 個巨大拱門）入場，每個拱門都標有數字；再沿著樓梯找到自己所在的區域，每一區設有大型出入口，上有座號標記，最後找到自己的位子。這種便利的入場安排，即使是今天的大型體育場依然沿用。競技場可容納數萬名觀眾，周到的設計使混亂和失控的人群能快速疏散，估計只需 15-30 分鐘就可清空人群。

🙂 最上層的牆剩下半圓圍牆

整棟建築物在 5、6 世紀時被兩次地震震壞了。競技場開始逐漸荒廢，一度當做碉堡，以及 15 世紀被拆部分石料做為蓋教堂或橋樑的材料。所以最上層的牆當初是圍競技場一圈，最後剩下半圓圍牆。直至 1749 年，羅馬教廷以早年有基督徒在此殉難為理由將此封為聖地，並對其進行保護，教皇約翰·保羅二世生前每年在此舉行儀式紀念殉難的烈士。

雖然自己參觀時心情有點複雜，可是競技場本身真是一場讓人驚嘆的風景，其跨時空的魅力足以讓人感受到羅馬帝國昔日的霸氣與輝煌！

如果說艾菲爾鐵塔是巴黎的象徵，那麼競技場一定就是羅馬的象徵了。羅馬競技場是建築史上的奇蹟，代表了古羅馬文明的最明顯特徵。它佔地面積約 2 萬平方米，長軸約為 188 米，圍牆高約 57 米，可以容納近八萬觀眾。圓形競技場是有史以來世界上最大的古典競技場，圓形、階梯狀觀眾席的基本結構也是日後體育館的雛形。

進到裡面，旅客可沿著路線參觀三個區域：平台、平台下層及第三層看台，視乎是持有基本門票或是參加導覽團。五層觀眾席是階梯式，最外層是拱廊，是觀眾進入場地前的休息區域，現代的體育館設計完全按此照搬的。厚實粗壯的拱廊裡展示著昔日的雕刻作品。競技場表演台下面是溝槽式的野獸區、搏鬥準備區、引水道等，現在完全暴露整理出來，以前上面鋪著寬大的搏鬥台。競技場雖只剩下半壁殘垣，其雄偉之勢依然給人留下深刻的印象。

⊖ 購票的要訣：一定要預訂門票或導覽團

千萬不要在現場才買票，一定要預訂門票或導覽團。首先要知道羅馬競技場基於安全考量，每個時段限制最多 3000 人入場，人數到達上限時便進行入場管制。而且旅客十分多，夏天前往的話建議自備好水、帽子跟防曬。最好在網路上購買門票，只要印出來後即可使用快速通關入場，不需要花時間排隊購票。

⊖ 競技場門票分類

門票分為兩種。第一種是單純門票，稱為 Colosseum, Roman Forum And Palatine Regular Entrance，這就是參觀競技場的平台。旅客亦可多付一點點錢，使用語音或影像導覽機。強烈推薦租用中文語音及影像導覽機，否則體驗會大打折扣，只會變成走馬觀花看一下。如果希望觀看更多，深入認識更多，那就一定要參加導覽團。

⊖ 參觀最下層＋第三層的唯一方法

第二種是導覽團，可選擇「競技場的平台＋平台下層」或「平台＋平台下層＋第三層看台」的導覽團，前者稱為 Colosseum, Roman Forum And Palatine Regular Entrance + Underground English Tour，後者稱為 Colosseum, Roman Forum And Palatine Regular Entrance+Undergrounds And Level III English Tour。

導賞團分成英文、西班牙文與義大利文三種語言。旅客在導覽員帶領下進入平台，這層的表演地方是採用木製，並鋪上沙子，角鬥士與野獸就是在此展開大戰。鋪上沙子，可以加速排乾場上競技者與野獸的血，以及防止滑倒。時至今日，地板當然早已崩壞。平台下層的自然顯露出來。

⊖ 平台下層的參觀

接著展開第二部分的導覽。旅客來到平台下層，這裡以石料、混凝土與磚頭建造 。在平台行走時，旅客可以向下望，見到下面隱藏著很多洞口和管道，但要真正看清楚裡面的設計，唯有跟著導覽員才可去到。

左：羅馬競技場看台插畫，展示當時人民觀看表演的情況（翻拍場內的展示圖）。 右：表演平台的透視圖，台上有角鬥士與野獸在大戰，台下是一間又一間用以存放道具和武器、以及安置野獸的密室。（翻拍場內的展示圖）。

自中世紀以來，民間持續不斷的掠劫、搬移、盜竊競技場的建材和石材等。1749 年羅馬教廷以早年有基督徒在此殉難為由宣布其為聖地，並對其進行保護。

經歷長年累月的風化，木製地板早已破損，露出一間又一間位於地下層，用以存放道具和武器、以及安置野獸的密室。

平台下層蓋出眾多隔間，用來存放道具或關囚犯與野獸。並透過地下機關，讓不同的人或野獸進入競技場中央。地下層有許多通道與隔間，小隔間用來存放物品，部分則是關死刑犯、野獸與角鬥士。表演進行的期間，人或野獸從這一層被推到平台進行戰鬥。透過競技場地下的設備，就能讓野獸或人從地下升到地面上。平台下層亦建築了水路，據說在競技場上曾進行過海戰模擬，但無法證實是否為真。

導覽團的最後一環節，就是登上看台的第三層，以往是有錢人的座位區。旅客前往途中，卻發現很多地方都用鐵門鎖起來，需要由導覽員逐一開鎖才能進入。走到位置較高的這一層，視野肯定格外開闊。從上俯瞰整個競技場，將景色盡收眼底的感覺真好！

⬤ 一天內逛完三個古羅馬遺跡的聯票

另外，還有一天去三個古羅馬遺跡的聯票，就是包括羅馬競技場（只限平面層）+ 古羅馬廣場 + 帕拉蒂尼山。事實上三個地方是同一區，串連一起遊覽比較方便。一天內逛完這三處景點，規劃行程上請多加留意。沒有規定哪個先參觀，但參觀過的不能重複參觀。需要注意，在競技場官方網頁是訂不到此聯票的，旅客是要在一些旅遊公司如 Klook 購買電子票，然後在現場換票；建議先到古羅馬議事廣場和帕拉蒂尼山取票。

▣ 特別說明：第五層的觀景台

競技場在數年前曾經開放過第五層的觀景台，這是最頂層的看台，其實已經關閉 40 年。經過多年修繕後，終於對外開放，所以當時全世界旅客也爭相訂購買門票，一時成為話題。閱讀當時的報導，旅客要到達最頂樓，需要經過陡斜的階梯，一次限制 25 人的小團體，需要事先預約。不過執筆修訂時，最頂層的觀景台又關閉起來。所以當它再度開放時，記得一定要去看一看，爬到最上層後再往下看一定是最棒吧！

▣ 注意事項

❶ 羅馬競技場基於安全考量，每個時段限制最多 3000 人入場，人數達上限時將進行入場管制。

❷ 入場前須作安全檢查，請在預定時間前 30 分鐘抵達。

❸ 禁止攜帶水瓶，玻璃容器、含酒精的飲料、噴霧罐、大背包、行李箱及推車入內。

❹ 建議穿著舒適鞋子。

羅馬競技場：www.coopculture.it

02-07　●君士坦丁大帝凱旋門 Arch of Costantino

古蹟巡禮：慶祝戰爭勝利的古羅馬建築

我們不難發現，當權者或當權者下面的人總愛做出一些頌德歌功的行為。在古今中外歷史之中，這是不變的現象。

離開羅馬競技場，便是要走到君士坦丁大帝凱旋門（Arco di Costantino），近距離觀賞一下。事實上在競技場裡面參觀時，當走到某些位置從拱門向外一望，亦能遠眺到這座象徵當權者勝利與光榮的古羅馬古蹟。它實際的位置是位於羅馬競技場與帕拉蒂尼山（Palatium 或 Palatine Hill）之間的凱旋大道（Via Triumphalis）。據說，這座凱旋門是法國巴黎凱旋門的藍本，就是當年拿破崙來到羅馬，大為讚賞君士坦丁大帝凱旋門，之後以此為藍本，打造了巴黎凱旋門。

● 凱旋門的作用

凱旋門是由古羅馬人創建，不外乎是發揮讚美當權者的頌德歌功作用，而君士坦丁大帝凱旋門就是為了紀念君士坦丁一世於 312 年 10 月 28 日的米爾維安大橋戰役中大獲全勝，並且統一羅馬帝國而建立的。因此石刻上有一些描繪此場戰役的圖畫，大致是君士坦丁的騎兵將馬克森提烏斯軍逐入河中的慘烈場景。

建於公元 315 年的君士坦丁凱旋門，是為了紀念君士坦丁大帝擊敗馬克森提皇帝，並統一羅馬帝國而建造的。古羅馬時代共有 21 座凱旋門，現今羅馬城中僅存 3 座，此門就是其中的一座，最為著名。

❷ 羅馬現存的古羅馬凱旋門

這種慶祝戰爭勝利而建造的紀念性建築物，通常是橫跨在大道上的獨立建築物。歷史記載，古羅馬時代建有 21 座凱旋門，除了君士坦丁大帝凱旋門，羅馬市現存的還有：提圖斯凱旋門（Arch of Titus）與塞維魯凱旋門（Arch of Septimius Severus），前者位於古羅馬廣場東南面的大道上，後者是位於古羅馬廣場之內的西北端。

凱旋門擁有 3 個拱門，中央的拱門高 11.5 米，寬 6.5 米；兩側的拱門則高 7.4 米，寬 3.4 米。

此圖是攝於羅馬競技場之內。當時君士坦丁凱旋門正在維護中。圖中的右邊，就是帕拉蒂尼山。

君士坦丁大帝凱旋門，沒有確切建造年分的資料，有指於公元312年開始建造，完成於315年；不論如何它是羅馬現存的凱旋門之中年代最晚的一座。

它橫跨在凱旋大道上，所以當時皇帝會從此大道路進入羅馬。這條路線是從戰神廣場開始，穿過馬克西穆斯競技場（Circus Maximus），隨後沿著帕拉蒂尼山前進。在通過君士坦丁凱旋門後，隊伍馬上在圓錐水泉（Meta Sudans）左轉，沿著神聖大道（Via Sacra）到達古羅馬廣場，最後登上卡比托利歐山，以朱庇特神廟為終點。

君士坦丁大帝凱旋門為三拱式的立面，中拱高大，側拱較矮。每個拱門上都雕刻了不同主題的故事。上方浮雕內容關於擁有豐功偉績的人物，如安東尼、哈德良等（意指君士坦丁也將會成為這些「優秀人物」的其中一員），不過這部分浮雕板是當時從羅馬其它建築上直接取來的，如圖拉真廣場建築上的橫飾帶、哈德良廣場上一系列盾形浮雕等等。下方則是關於君士坦丁大帝的戰事，這部分當然是新造的。因此此凱旋門並非一座風格統一的作品。

拱門正上方刻著「鼓舞神靈，拯救祖國」的讚語。傳說，君士坦丁在夢中受到神的感應，要他在士兵盾牌和軍旗上，使用由基督一詞的希臘文「ΧΡΙΣΤΟΣ」首兩字所組成的複合符號，因此他堅信自己是靠著神的保護和帶領而得勝，不過，在這座凱旋門上，並未有任何基督教的象徵。

兩側拱門都有兩個圓形雕刻，內容為歷代古羅馬皇帝的重要事蹟。

🔵 羅馬的起源

剛才提及帕拉蒂尼山，它其實是羅馬市內的七座山丘之中位處中央的一座。此山被喻為羅馬的最古老的地區之一，因為根據考古挖掘顯示，那裡大約在公元前 1000 年起已有人居住，所以一般人都稱帕拉蒂尼山就是羅馬的起源。

羅馬帝國開國君主奧古斯都，亦有證據指出其出生房子就在此山。到了羅馬共和國時期，很多富有的羅馬人皆在此地房子在此山上。

此山不高，約 40 多米，現在已經是一個大型的露天博物館，入口在提圖斯凱旋門附近。帕拉蒂尼山種植了許多雨傘樹，樹幹直挺挺的矗立著，除了像雨傘，也像是高高的香菇。旅客不單可以觀賞到一些古羅馬宮殿遺跡，也可在山頂往下望，一覽古羅馬廣場和羅馬競技場的組成的古羅馬古跡全景。旅客可以購買古羅馬遺跡的聯票，包括帕拉蒂尼山、羅馬競技場及古羅馬廣場。

帕拉蒂尼山是羅馬七座山丘中位處中央的那一座，亦是羅馬最古老的地區之一。旅人可在帕拉蒂尼山的露天博物館，欣賞古羅馬遺跡。

最後補充，語源學指出，Palatium 這一詞衍生出，英文的 Palace、義大利語的 Palazzo 及法語的 Palai，全部都是宮殿的意思。

🔵 基督教的君王

君士坦丁大帝是羅馬歷史上的一位傳奇帝王，在位時統一羅馬，其最為後人讚揚的是他頒令倡導信仰自由。

由於基督宗教的一神信仰和宣揚的平等、博愛為當時羅馬帝國的統治者所不容，屢遭種種迫害，可是公元 313 年君士坦丁大帝皈依基督教，次年頒布「米蘭赦令」，准許信仰自由，迫害基督徒的歲月才告終止。

他又統一了東、西羅馬，基督宗教成為羅馬帝國的國教，成為政教合一的開始。

君士坦丁大帝

這個長方型大型建築物為 Stadio di Domiziano 體育場，兩旁被兩層樓的門廊包圍，主要用於比賽競技。

● 古羅馬廣場　Foro Romano

古蹟巡禮：埋葬在廢墟中的古羅馬人城市中心

我猜想不少人一開始都被古羅馬廣場／古羅馬議事廣場／古羅馬市集／古羅馬廢墟幾個名字搞得莫名奇妙，原來其實都是指同一個地方，而古羅馬廣場（Foro Romano）應該是最多人使用的。從中文譯名來看，古羅馬廣場的「廣場」當然不只是一個廣場這麼簡單，實際是「古羅馬時代的城市中心」，即是由多座宏偉古羅馬建築物組成，是羅馬七座小山丘的共同交集。

● 最繁忙擁擠的中心樞紐

「Foro Romano」完整呈現西元前後羅馬人公共生活區域的遺址，「Foro」意即「公共廣場」。此地不僅是古羅馬帝國的發源地及市中心，更是古時羅馬帝國市民聚集的場所。各種政治集會、演說、公民選舉等等都在此舉行，以及凱旋門、神殿、元老院、大會堂、演講台……等等，古羅馬最重要及最古老的建築都在這裡。

● 殘缺不全的斷牆與敗瓦

經歷二千年的漫長時間，再加上人為因素和天災破壞等等，時至今日這個曾經輝煌的城市中心只剩下斷垣殘壁。這真是要有心理準備，「斷垣殘壁」的程度是相當之高，市政府保留這個最古老最重要建築遺址「原汁原味的一面」，所以現場看到的都是殘缺不全的斷牆與敗瓦。

我們是先參觀帕拉蒂尼山，然後才進入古羅馬廣場。此處沒有遮蔽物，要是在夏天的豔陽下參觀，記得要有心理準備和帶備飲用水。

古羅馬廣場每一道斷牆與每一塊敗瓦，都見證過華麗光輝的歷史。旅客置身昔日古羅馬人曾經努力經營的繁榮城市，眼前看到、腳下踏到的，都是歷史洪流與自然的沖刷痕跡。目前發掘古蹟的工作還在進行中，許多人都相信這片廣大地方仍有不少尚未挖掘的古蹟。

這片古羅馬廢墟猶如大露天博物館，不僅吸引著全世界慕名而來的遊客一探究竟，還吸引著眾多考古工作者和歷史學家前來探尋古羅馬當時的生活百態。

🍩 一張門票兩個地方

結束羅馬競技場的參觀後，我們依序觀看了君士坦丁大帝凱旋門、帕拉蒂尼山和古羅馬廣場。帕拉蒂尼山和古羅馬廣場表面上雖然是兩個地方，實際上連結在一起，旅客只需使用一張門票。首先進入帕拉蒂尼山範圍，這處是羅馬七座山丘之一，被喻為羅馬的起源。根據記載，公元前十一到前八世紀左右，人們已經在此山密集地活動。就在公元前八世紀創建羅馬，這個區域成了政治及宗教的中心。我們途經一處大平台，可以俯瞰古羅馬廣場的全景。事實上這山是當時的豪宅區，有錢人都在一些高處俯視著平民百姓。

🍩 遺跡在 18 世紀末發掘出來

從帕拉蒂尼山一路往下走，便看到君士坦丁大帝聖殿 （Basillca of Maxentlus），在僅存北側遺跡的 35 米高的三座巨型拱頂下，遊客們顯得相當渺小，尤其以小型拱窗及拱頂天花板的紋路值得一看。Basilica 指的是古羅馬一種公共建築形式，發揮法院、議會廳等功能。

🍩 最繁盛的建築群於公元 2 世紀完成

古羅馬廣場作為古羅馬帝國的政治經濟中心，現今出土的遺跡，都是在 18 世紀末後陸續發掘出來的一個小角落。史書記載了兩個說法，公元前的古羅馬廣場只是一個沼澤地，經過多年的排水改良工程，變成市場及集會之地。另一說法，最初這裡只是一個伊特魯里亞墓地，周遭山坡上的居民都在此埋葬親人。到了羅馬共和國時期，攤販、妓院、神廟和參議院等等在沒有特別規劃下開始出現。隨著羅馬帝國的繁榮昌盛，皇帝、商人和政治家爭先恐後地在這塊土地上大興土林，宮殿、凱旋門、神廟、商店、法庭、貴族住宅等等，之後廣場就成為古羅馬帝國政治、宗教、商業和公眾活動的中心。直到公元二世紀，最完整最繁盛的建築群才完成，維持了長達 200 年的時間。

古羅馬廣場經歷長時間、人為因素、天災破壞，現在遍地只是殘缺不全的塑像和浮雕，遊客可以在充滿歷史痕跡的廢墟探索，想像古羅馬人的繁榮景象。

28 座建築遺跡於 19 世紀才重見天日

此處大概於公元四世紀才逐漸沒落，後來又經歷大地震，造成甚大的破壞。中世紀時，廣場石塊被大量地劫掠去蓋教堂和宮殿。最後，此地建築隨著歲月流逝被埋在八米深的破瓦殘礫下，直到19 世紀才重見天日。

根據目前的資料，證實這個古墟共有 28 座建築（有專家推斷很大可能還有更多，目前還在進行挖掘），包括 10 座可以公開參拜的神廟、4 座多功能會堂、4 個讓市民舉辦慶典活動或表達意見的廣場、4 座凱旋門等。按古羅馬的歷史劃分，共和國時期（公元前 508-27 年）有九座建築物，最早是建於公元前 6 世紀前的古羅馬廣場。帝國時期（公元前 27- 公元 476 年）的建設有十九座，最後一座是佛卡斯圓柱（Column of Phocas），建於公元 608 年。

最大的古羅馬神廟

維納斯及羅馬女神廟（The Temple of Venus and Rome）是已知最大的古羅馬神廟，位於古墟的最東端，正對著競技場。它經過二十多年重修，於 2010 年才開放。神廟崇拜對象是愛神維納斯和象徵共和國的羅馬女神，與萬神殿同期，也是哈德良皇帝興建的，於 141 年完成。由於同時供奉兩位天神，所以一廟內隔開東西兩殿，入口也分別設有東西兩個門廊。

聖道與提圖斯大帝凱旋門

旅客走到整個廣場中央的一條大直路，這就是當年軍隊凱旋歸來所走的聖路（Via Sacra），想像一下勝利的彩帶與歡呼，花瓣如雨，陽光灑在聖道上。聖道的盡頭就是塞維羅大帝所建的提圖斯大帝凱旋門（Arco di Settimio Severo），背後高高聳立的是羅馬市政廳及鐘樓。這個拱門算是比較完整的，寬 25 米，深 10 米，高 20 米。浮雕上，提圖斯皇帝親自駕著四馬戰車浩浩蕩蕩從耶路撒冷返回，勝利女神為他戴上勝利的花冠，他的軍隊則抬著從耶路撒冷掠奪來的戰利品，興高采烈地走在象徵勝利的凱旋門前。

馬克森提烏斯和君士坦丁巴西利卡（Basilica of Maxentius and Constantine）
這是古羅馬廣場上最大的建築物，馬克森提烏斯於公元 308 年開始建造，君士
坦丁一世皇帝於公元 312 年在米里維橋戰役中擊敗馬克森提烏斯後，此建築才
完成。雖然只剩下三座大圓拱，但現場看真的很雄偉。這除了有教堂功能外，
也具備商業與審判所等其他用途。

⬒ 不做功課看到的只有廢墟

這個古墟如同一座大型露天大型博物館，走在其中，才發現其面積之大與建築物之多遠超出我們想像。正如前文所說，觸目皆是殘缺不全、面目全非的塑像、斷柱、碎石，不看指南或旅遊手冊根本不知道眼前滿布青苔的碎石原來就是一座宏偉宮殿或神廟。

眼前的一個又一個遺跡，是神廟？大會堂？劇場？廣場？如想認真了解各座建築物的背後故事，真需要多一點時間。相對參觀一些已修復好的古老建築，古羅馬廣場所帶來的就是另一種撼動。

哈德良皇帝是羅馬帝國重要皇帝之一，117 年～ 138 年在位，倡導人文主義，提倡希臘文化。重要事蹟包括：興建了哈德良長城、劃定了羅馬帝國在不列顛尼亞的北部國境線、重建了萬神殿。羅馬古墟中的維納斯和羅馬神廟，也是他下令建造的。日本暢銷漫畫與電影《羅馬浴場》也曾提及他的故事。

帝國興衰的印記
古羅馬廣場是共和國和帝國興衰的印記，遍地是殘缺不全的塑像和浮雕，遊客可以在充滿歷史痕跡的廢墟探索，想像古羅馬人的生活。

許多人的第一眼看到古羅馬廣場，會覺得這裡只不過是堆著大量石塊，處處斷壁殘垣的地方，但如果多一些耐心，和手上有一些參考資料，你會發現處處都是厚重的歷史，大有看頭。

古羅馬廣場

昔日的古羅馬市中心所在，政治、宗教、商業、娛樂等建築均集中在這一帶。目前古墟如同一座露天大型博物館。圖示為部分建築遺蹟：

1. 羅馬競技場（Roma Colosseum）
2. 君士坦丁大帝凱旋門
（Arco di Costantino）
3. 維納斯和羅馬神廟（Temple of Venus and Rome）
此廟是已知最大的古羅馬神廟，位於廣場的最東端，崇拜對象是幸運女神維納斯和永恆的羅馬。建築師是哈德良皇帝。神廟始建於 121 年，135 年哈德良皇帝正式揭幕。307 年毀於大火，馬克森提皇帝加以重建。
4. 賽維諾凱旋門（Arch of Titus）
5. 馬克森提烏斯和君士坦丁巴西利卡
（Basilica of Maxentius and Constantine）
6. 羅慕盧斯神廟（Temple of Romulus）
7. 安東尼與法斯提娜神殿（Temple of Antonlnus and Faustina）
8. 卡斯托爾和波呂克斯神廟（Temple of the Dioscuri）
9. 提圖斯凱旋門（the Arch of Septimlus Severus）
10. 元老院（Curia Julia）
11. 農神廟（Temple of Saturm）
12. 帕拉蒂尼山（Palatium）

右：提圖斯凱旋門是羅馬現存的三座凱旋門之一，位於古羅馬廣場之內的聖道盡頭。為了慶祝羅馬帝國戰勝帕提亞人，羅馬皇帝賽維斯下令於公元 203 年興建。浮雕上皆是歌頌皇帝豐功偉業與戰績。

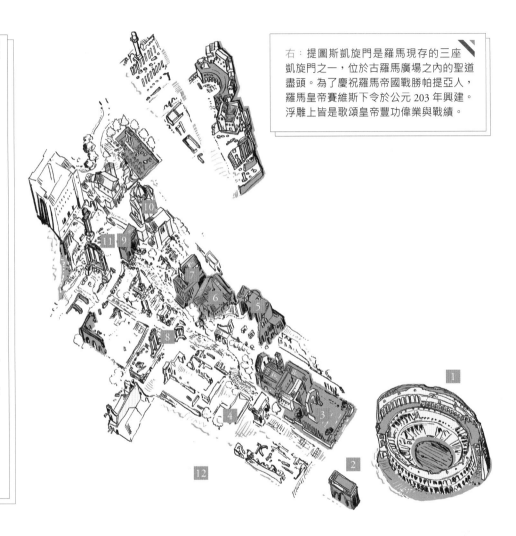

●奧爾維耶托　Orvieto

出走羅馬登上山城、來一趟地下古城探險之旅

羅馬市周邊的老城鎮有好幾個很值得走一走，我們特意安排其中一天出走羅馬，來一趟近郊小旅行（如果時間更多，應該會多出走幾天）。奧爾維耶托（Orvieto）是義大利中部、位於翁布利亞大區（Umbria）西南的城鎮。過去是控制著往來羅馬與佛羅倫斯要道的大城，甚至教皇都曾居住在此。此地方一直到十九世紀義大利統一後，才脫離教廷統治，奧爾維耶托的舊城區並不是一般依山而建的山城，而是以高懸垂直火山岩峭壁的險峻姿態聞名，所以相對其他觀光小鎮來說，它算是很特殊的觀光城鎮。

距離羅馬不到兩小時，列車徐徐駛進翁布利亞境內，窗外四周盡是鄉村田園的純樸景色。奧爾維耶托鎮是興建在擁有巨大凝灰岩臺地的山上，三面都是刀削斧砍般的筆直峭壁，僅一面有山坡道路登上山城。不過坐火車的旅客是無法觀看到這幅山城建在巨大的凝灰岩臺地的畫面，只有自駕遊的朋友，從遠處的平原開始駕近時才能夠觀看這特別的景致。

⊖ 登上山城的方法

關於奧爾維耶托的發展，說得準確一點，因高低落差將此地方分成「山上舊城」與「山下新城」，自駕的朋友過了火車站再往上走，把車停在卡恩廣場進入古城會比較近。搭火車的人則是先抵達山下新城，再轉搭纜車上山，欣賞最精采的舊城風光。不過，纜車不是唯一登山的方法，在古城的另一端，有從山壁挖出來的扶手電梯，那邊山腳亦有公共停車場。

1-2. 大清早，我們從羅馬中央火車站出發。離開大城市的高樓大廈，開闊平原的景色出現，令人分外心曠神宜。　3. 步出奧爾維耶托火車站便可搭纜車登上山城。

奧爾維耶托古城，彷彿在石海中的一座島嶼，
與世隔絕般居於懸崖之巔。

☺ 羅馬教皇的逃難重地

步出纜車站，可不要急於走進古城的小巷裡。纜車出口旁有一個古堡公園 (piazza cahen)，是全城的最低點，走進去可看到建於 14 世紀的城牆以及山下的田園風光。這座山城在中古世紀歷史上占有重要的地位，被列入羅馬教皇的領地，甚至避難時會走到這兒。1527 年羅馬遭入侵時，當時教皇曾避難於此，為了確保水源而挖掘了聖派翠吉歐水井 (Pozzo di San Patrizio)，井深 60 米，有 248 個階梯迴旋而下，當時花了十年時間才完成。井內的兩個梯子盤旋，一個用來下井，另一個用來出井，此設計方便人們與驢子直接往下走到水邊，而上來時又不會擋著下來的人們。

☺ 慢食運動城市的重要成員

說到奧爾維耶托，可能喚起你一些印象，原來這兒是赫赫有名的「慢城」，不是「凡事都要慢下來」，而是要找自己的節奏感。慢城，就是「有自己生活節奏的城市」。多年前，義大利發起了「慢食文化」，就是對速食文化和連鎖店說不，強調傳統食物的特色與重要，於是這種新城市哲學在歐洲一些小城逐漸誕生和擴展，「慢城運動」也由此興起。奧爾維耶托是慢食運動城市的核心成員，很多推廣的運動都從這裡推展至其他地方，城裡有不少遵從古法料理的慢食餐廳、巷道間有隱藏的傳統手工藝坊……

但可別以為慢城會因而與世界脫軌，或誤會這只是老化落伍的地方，快速且完善的網路資料及資訊科技正是支持奧爾維耶托慢活樂活的重要因素，有人因此可以在家工作而無須每天舟車勞頓去大城市上班，既環保也能享有更好的生活品質。

山上纜車出口旁有一個古堡公園，可觀賞到建於 14 世紀的城牆以及山下的田園風光。

奧爾維耶托古城擁有不為人知的一面，只因其懸崖由凝灰岩和火山灰構成，形成脆弱的石質。三千年前開始，居住在山上的人們為了生活，都在此挖掘、打洞、開闢一個又一個、乃至成百上千個的石窟、隧道、水井和水庫等，因而組成了龐大的地下迷宮。

143

● 在慢城的轉角遇上驚喜

雖然憑纜車票可免費搭公車，直接到訪古城的主要景點，不過我們還是享受在慢城散步，喜歡沿著小圓石鋪成的古老街道慢慢走，跟隨其他遊客在小道上尋尋覓覓，轉角隨時就是驚喜、心儀的小店，小巧美觀的小房子都可以讓我們駐足、仔細欣賞一番。這裡果然是慢城的典範，城內沒有速食店，只有一間又一間具本地特色的餐廳，食店賣的多是產自當地、由當季食材製成的食品，如有機香腸、手工釀造的葡萄酒，甚至一些自家少量製作的起司，每一樣都顯現出手作的可貴。

到達山城的著名地標之前，我們遇上 Gelateria Pasqualetti，店前有西瓜造型的木椅，常常出現人龍，這店每天以本土的新鮮水果與食材製作 Gelato，我們當然不會錯過了！隨感覺一直走，不知不覺間，抬頭便看到高高的奧爾維耶托大教堂（Duomo di Orvieto）。

絕對不能錯過 Gelateria Pasqualetti，這家店的無添加 Gelato 每天都可以賣光、所以每天都是新鮮製作的。除了 Gelato，店門口的西瓜造型木椅同樣很受歡迎！

這是遊人不太多的一天,從纜車站開始隨意散步,見到喜歡的東西和建築,便停下腳步拍拍照,或著拿出寫生本進行三分鐘速寫。遇上友善的當地人,一個笑臉一個點頭,都為旅程添上小感動。

隨感覺一直走，不知不覺間，抬頭便看到高高的大教堂。

⊖ 山城裡的華麗大教堂

奧爾維耶托大教堂以華麗見稱，有「大教堂中的金百合」（the Golden Lily of Cathedrals）之美喻。規模龐大的教堂，混合羅馬與哥德風格，主體是黑白相間的大理石，立面有四座尖塔及三角形馬賽克鑲嵌畫裝飾，當中最耀眼的是金色馬賽克和三扇巨大的青銅門，可說是中世紀後期的輝煌傑作。

據說在 1263 年，附近的博爾塞納鎮有位牧師，發現祭餅流出很多血，並流入了祭壇的亞麻布，於是 1290 年教皇下令建造這座教堂，以紀念這個「聖體布」的神跡。教堂花費了 30 年直到 1320 年才完成設計。最初打算建成羅馬風格，但是隨著工程的進展與建築師數度易人，哥德式風格便開始融入，至 17 世紀才大致完成，最後又等到 1970 年，巨型的青銅門安置完成後，教堂才真正完工。

教堂內部名氣最大的聖體布禮拜堂（Cappela di S.Brizio），除了收藏了聖體布外，還有路卡·希紐列力 （Luca Signorelli）於 1499-1504 年間繪成的濕壁畫《最後的審判》，據說米開朗基羅在西斯汀禮拜堂的《最後的審判》其創作靈感也是源自此處。

教堂廣場邊有鐘樓及餐廳，可以點杯咖啡坐在這裡欣賞華麗的教堂。

走進中世紀的古鎮，穿過一條又一條古老的街道，華麗堂皇的奧爾維耶托大教堂突然展現眼前，帶來視覺上的極大落差。

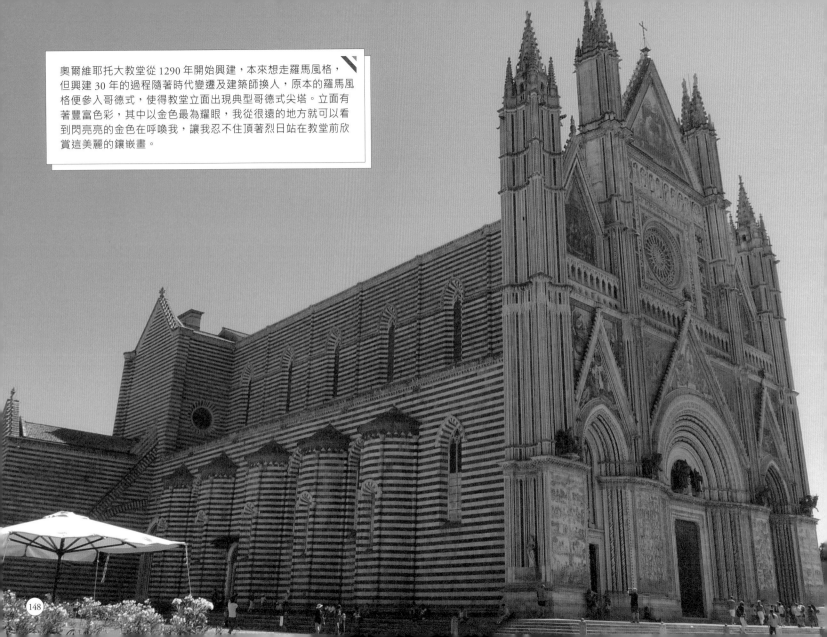

奧爾維耶托大教堂從 1290 年開始興建，本來想走羅馬風格，但興建 30 年的過程隨著時代變遷及建築師換人，原本的羅馬風格便參入哥德式，使得教堂立面出現典型哥德式尖塔。立面有著豐富色彩，其中以金色最為耀眼，我從很遠的地方就可以看到閃亮亮的金色在呼喚我，讓我忍不住頂著烈日站在教堂前欣賞這美麗的鑲嵌畫。

1. 色彩鮮豔的馬賽克與大理石，覆蓋的教堂正立面，十分壯觀。大銅門刻有精細浮雕，是在 1970 年才安裝的。　2. 正門上面是 Andrea Pisano 於 1347 年雕刻的《聖母與聖嬰》。　3. 繞到教堂兩旁才驚喜地發現，牆身是由黑白條紋的大理石構成，讓人一見難忘。4. 精緻的浮雕將聖經新舊約的重點故事呈現於眼前，讓我們駐足觀賞許久。　5. 螺旋柱實屬罕見，簡單的三角形或菱形，加上金、白、黑、紅，就可以拼合成複雜的馬賽克拼圖！　6-7. 入口兩旁的天使雕塑。

🔵 地下古城探險之旅

奧爾維耶托吸引我們的原因之一，一開始已說過就是其「地下城」。不說不知，山上舊城區可分成「地上城」和「地下城」兩部分，地下城規模之大，幾乎就是「地上城有多大，地下城就有多大」的狀態！

其實，旅客現在可以看到的是地面上的城區，是從公元9世紀開始由羅馬人興建的奧爾維耶托城；另一個就是比羅馬人更早但已經荒廢、並隱藏在地底下的伊特魯亞地下古城，因而形成奧爾維耶托上下兩層的城市，展現獨特不同的時空與歷史。

🔵 最早定居在義大利的民族

文獻指出，伊特魯亞民族是最早定居在義大利的，大概住在今日的義大利中部。早在公元前9世紀，那時候的懸崖頂有一座伊特魯亞地下古城：威西尼城，是伊特魯亞文明的一座重要城邦。居於山上，「水」自然是非常重要的。由於懸崖是由凝灰岩和火山灰構成，形成脆弱的石質。所以當時人們就通過挖地洞和鑿井，來尋找地下的泉水。

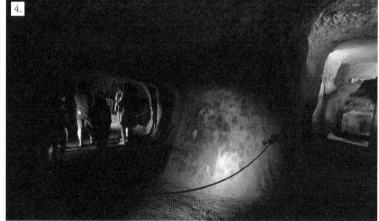

1. 我們從炎熱的世界進入涼快的洞穴，展開2000多年洞穴探索之旅。　2. 我們的導覽員。　3. 地下城的生產與生活機能一應俱全。　圖中是磨坊，其他還有水井、採石場、小廣場等等。　4. 洞穴一角。因為規模龐大、維護不易，現時開放的只是地下城的一小部分而已。

導覽團一開始便展示這幅分布圖，清楚地展示古城區的「地上城」（黑線）和「地下城」（紅線）兩部分。地下城規模之大，真是讓我瞠目結舌，幾乎就是「地上城有多大，地下城就有多大」的情形。現時已找出多達1200個大小洞穴，地質專家認為真實數量絕不只這樣。

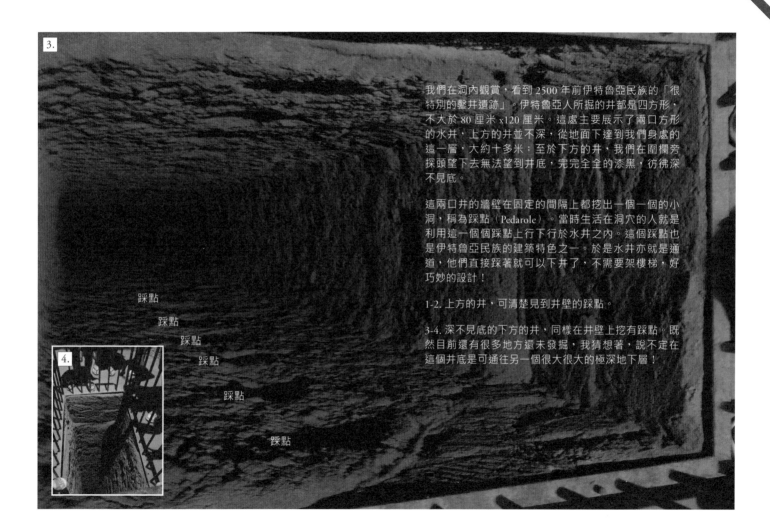

3.

踩點

踩點

踩點

踩點

踩點

踩點

4.

我們在洞內觀賞，看到 2500 年前伊特魯亞民族的「很特別的鑿井遺跡」。伊特魯亞人所掘的井都是四方形，不大於 80 厘米 x120 厘米。這處主要展示了兩口方形的水井，上方的井並不深，從地面下達到我們身處的這一層，大約十多米；至於下方的井，我們在圍欄旁探頭望下去無法望到井底，完完全全的漆黑，彷彿深不見底。

這兩口井的牆壁在固定的間隔上都挖出一個一個的小洞，稱為踩點（Pedarole）。當時生活在洞穴的人就是利用這一個個踩點上行下行於水井之內。這個踩點也是伊特魯亞民族的建築特色之一。於是水井亦就是通道，他們直接踩著就可以下井了，不需要架樓梯，好巧妙的設計！

1-2. 上方的井，可清楚見到井壁的踩點。

3-4. 深不見底的下方的井，同樣在井壁上挖有踩點。既然目前還有很多地方還未發掘，我猜想著，說不定在這個井底是可通往另一個很大很大的極深地下層！

1.

官方導賞團：www.orvietounderground.it

◒ 供水自給自足

伊特魯亞人所掘的井都很深，而且都是四方形，不大於 80 厘米 x120 厘米。最長的兩面井牆，在固定距離上都有小洞，方便人們依靠這些踩點上下水井。同時他們也建造了蓄水池來收集雨水，並將其連接成傳輸水的隧道網絡。由此，威西尼城成為了一個擁有 1200 個石窟、隧道、水井和水庫的山上城市，能夠供水自給自足，完全不依靠外來水源。

後來到了公元 265 年，羅馬帝國軍隧隊圍堵此城，伊特魯亞人堅守了兩年才被征服，從此伊特魯亞人的地下世界漸漸地被埋沒，千年過後更加無人知曉此城。直到 1970 年代，發生巨大山體滑動的意外，使得此地方的整個岩石結構受到破壞，人們意外地發現有個裂口；考古學家往下一探才發現這是一個通往地下城的入口，內有完整的洞穴結構，有著隧道、水井、採石場、鴿舍、磨坊、地窖、酒窖，甚至還有小廣場，大小洞穴多達 1200 個，規模相當驚人，這才讓地下城重見天日。

◒ 官方經營的導覽團

目前，被發掘的地洞遍布在舊城各處，但大部分都是本地居民擁有不開放給人參觀的。遊人有兩種途徑參觀到地下古城的遺址。首先是地下古城導覽（Orvieto Underground），是官方經營的，可在大教堂廣場的旅客中心付款報名，導賞團設有英文導遊的。由於一天只有數團，所以來到舊城區，最好先報名這個團，然後再分配時間進行其他行程。集合點是在旅客中心前，導覽員就會帶著大家走一段路，來到《伊特魯亞地下古城》的入口，穿過狹窄的通道便開始深入地底，展開神祕探險之旅。

私人擁有的國家古蹟

除了官方的地下探險團外，還有一個私人經營的，是義大利唯一一個由家族修復經營的國家級古蹟。卡瓦井（Pozzo della Cava）是一個地下洞窟和水井的遺跡，裡面有同樣有伊特魯亞人的洞穴、儲藏雨水或泉水的儲水槽、墳墓、用來丟垃圾的洞穴、還有用來飼養鴿子的巢穴。餐館老闆也是意外地發現餐館地窖有一個很深的洞口。後來洞窟學家們沿著繩索朝黑洞下爬去，大約下降了30米才到達觸底部，原來這是一口大井，井底布滿曾經居住過人使過的物件。其後，更發現井壁從上到下都刻著踩點，這樣才確定伊特魯亞人的井口。自此，這家人便繼續出錢發掘及維護這個遺跡，並開放給其他人觀看。

參觀卡瓦井的時間較容易安排，只要前往現場付款進入便可，而且其位置位於主教座堂後方的一段路。

4.

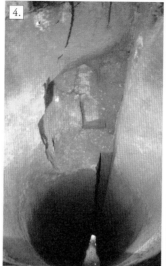

5.

6.

2.

3.

1-3. 這些數量很多的小洞並不是上頁提及井牆的踩點，原來是鴿子窩。生活在地下城的人自古以來都是愛吃鴿子肉，這是他們的主食，所以是在洞穴裡飼養數量甚多的鴿子，而這些小洞就是鴿子的家。真是意料之外，果然生活在洞穴的人與地面的人的生活與設備是大有不同！

卡瓦井的規模雖然不大，依然很值得參觀。 4. 水井。 5-6. 當時人們所用的生活用具。

CHAPTER 3

Vatican City State

—— 梵帝崗城國 ——

「轉眼間又是廿多年，六十歲的米開朗基羅經歷人生種種無常後，重回西斯汀禮拜堂。有開始也有最後。他應邀創作祭壇背面的壁畫，歷時九年多，《最後的審判》巨作誕生了！」

Vatican City State

世界最小卻擁有舉足輕重地位的國家

一提到國家，常見的印象都會覺得面積很大，人口很多，才能算得上國家。其實，世界上存在著很多小國家。它們面積很小，人口也不多，都是被全世界承認的國家。

罕見的宗教立國

這種迷你國家，又以宗教立國更加罕見。這是絕無僅有的事情，佛教、伊斯蘭教等等也沒有類似情況出現，唯獨是天主教的梵蒂岡城國（Vatican city state），簡稱梵蒂岡。明明只是一個宗教組織（姑且勿論信奉人數或影響力），但卻擁有一個國家該有的東西：國土、主權、人民、領袖，甚至衛隊。

全球領土面積最小

梵蒂岡，作為世界六分之一人口的信仰中心之最，也是全球領土面積最小、人口最少的國家之一。國土面積僅僅只有 0.44 平方公里，領土包括聖彼得廣場、聖彼得大教堂、梵蒂岡宮、梵蒂岡博物館及西斯廷禮拜堂等。國土大致呈三角形，除位於城東南的聖彼得廣場外，國界以梵蒂岡古城牆為標誌。

絕對忠誠於教宗的最後防線：瑞士近衛隊。

梵蒂岡的建築群之中，最為重要的就是聖彼得大教堂，前方為方尖碑。

從教宗國到梵蒂岡國

在千多年前因諸多巧合與因緣際會下，梵蒂岡國才得以誕生。古羅馬時期，基督教備受迫害，直至羅馬皇帝君士坦丁大帝給予其合法地位，基督教才得以普及，教會也收到豐厚的捐贈，累積的地產更擴及到義大利很多地方。

公元 756 年，那時羅馬帝國早已滅亡，由倫巴底人統治。法蘭克王國國王丕平在羅馬教宗不斷的「鼓勵」下，最終把倫巴底人趕走，並把羅馬及附近一帶送贈教宗，就此出現「教宗國」，管轄範圍廣及義大利半島中部的大部分地區。

拉特蘭條約

1860 年義大利統一，教宗國失去絕大部分的土地。直至 1929 年 2 月 11 日，掌握義大利政權的墨索里尼，與教宗庇護十一世簽訂了「拉特蘭條約」(Patti Lateranensi)。墨索里尼承認教皇的地位，梵蒂岡城堡亦成為獨立的梵蒂岡國，而教廷也承認義大利的統一。

此外，條約還規定了天主教及教會在義大利的政治地位。由此，延續了 11 個世紀的教宗國在這一天正式滅亡，由梵蒂岡國取而代之，開始屹立在小小的土地之上，鑄造自己的錢幣、發行自己的郵票，出版自己的報紙……

遊覽梵蒂岡國的規劃

梵蒂岡位於羅馬西北角高地，我們坐地鐵在 Ottaviano 站下車，首先前往廣闊的聖彼得廣場展開旅程。這個世界最小的國家，主要有三個地方開放參觀，分別是聖彼得大教堂、梵蒂岡博物館及西斯廷禮拜堂，我們便逐一參觀，花上一整天的時間跑不掉。至於午餐，因為人潮實在很多，建議準備乾糧和充足的飲用水。在參觀後，遠離這一帶才補充一份完整的午餐，比較好。

進入聖彼得大教堂的人潮，天天都是絡繹不絕。

資料館：梵蒂岡

❶ 誰最大？

梵蒂岡的元首當然是教宗，由 80 歲以下的樞機在西斯廷禮拜堂內舉行選舉而產生，任期可達終身。樞機是教宗主要的助手或顧問，由教宗親自冊封，地位僅次於教宗的職位，因而常被外界視為教會親王。

❷ 誰是近 600 年來首位非因逝世而去職的教宗？

第 265 任的本篤十六世（Papa Benedictus XVI），於 2013 年 2 月宣布因健康理由辭職，退位後，改名為榮休教宗（Pope emeritus）。

❸ 駐教廷的外交使館不在梵蒂岡之內？

由於梵蒂岡腹地很小，無法容納世界各國的外交使館，所以大使館都設在羅馬市內，以致於產生義大利駐教廷使館是設在義大利國境內的有趣現象。

❹ 梵蒂岡的收入？

主要靠教徒捐款、旅遊和在其他國家的資產投資而來。

梵蒂岡，全球十億多天主教徒的信仰中心，影響力之大絕不遜於任何一個大國。堪稱是全球面積最小、人口最少但又影響深遠的國家。它位於羅馬城內，被城牆包圍，城牆其實就是國界，剛好劃分出梵蒂岡與義大利的國土。梵蒂岡沒有官方語言，義大利語是最為常用的。梵蒂岡與歐盟簽訂特別協議，擁有自己的專屬硬幣，用以市場流通和收藏。

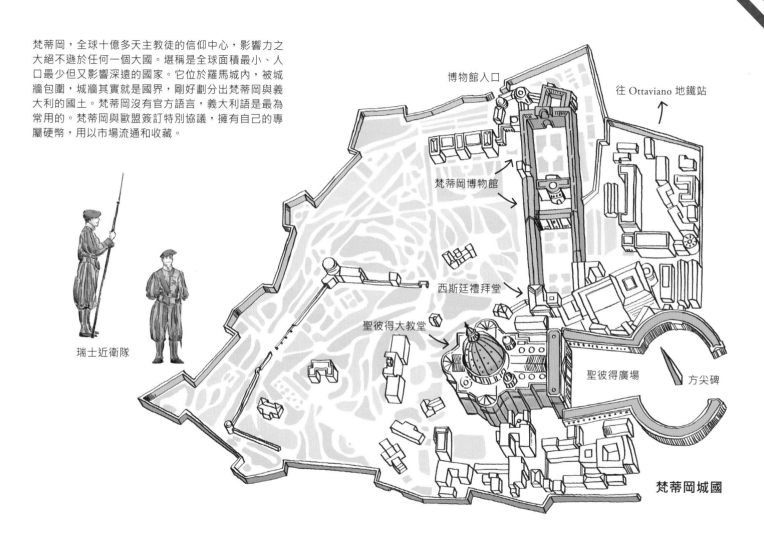

博物館入口

往 Ottaviano 地鐵站

梵蒂岡博物館

西斯廷禮拜堂

聖彼得大教堂

瑞士近衛隊

聖彼得廣場

方尖碑

梵蒂岡城國

⊖ 義大利四個國中國

梵蒂岡作為的義大利國中國，意思處於被義大利包圍的狀態，非常特別。事實上義大利共有四個國中國，是世界上擁有國中國最多的國家。

⊖ 歐洲最古老的共和國

聖馬利諾（San Marino），是第二個義大利國中國，靠近佛羅倫斯，較為知名，因而吸引不少旅客特意前往。此小國是歐洲最古老的共和國，早在 15 世紀就以共和國的身分存在。面積 61.2 平方公里。這是一個國家，山上加山下的國土面積是台北市的 1/5，人口是台北市的 1%，是全世界第五小國，歐洲第三小國（僅次於梵蒂岡、摩納哥）。

另外兩個不為人熟知的國中國。第三個為「馬爾他騎士團」，隱身在羅馬市非常小的國家，其全名為「耶路撒冷、羅得島及馬爾他聖若望獨立軍事醫院騎士團（Sovrano Militare Ordine Ospedaliero di San Giovanni di Gerusalemme）」。這個看似在以歐洲中世紀為主題的 RPG 遊戲或電影才會出現的組織，其實是「國家」就在羅馬市西班牙廣場附近的 Via Condotti 68 號。組成國家的領土、人民、主權三要素，「馬爾他騎士團」都具備，但領土只有在羅馬市的兩棟房子，居民雖不到百人，卻有 1 萬 2 千名國民散居世界各地。行政、立法、司法機構一應俱全，還和世界 96 個國家建立正式外交關係。

最後是塞波加公國（Comune di Seborga），是一個位於義大利西北部利古利亞的小城鎮塞波加的半獨立的親王國，面積不到 5 平方公里。塞波加於 1963 年建國，有自己的國旗、憲法和軍隊，與世界上 46 個國家有著外交關係，國際上認為它是一個私人國家，但義大利認為它是屬於自己的一條村莊，並不承認其國家身分。

上：方濟各（Papa Franciscus）
現任教宗，於 2013 年 3 月 19 日就任。義大利裔阿根廷人，是一千二百年來首位非歐洲出身的教宗。2001 年成為樞機。
每逢星期日，教徒都聚集在聖彼得廣場等候教宗出現。教宗在大教堂樓頂正中窗口向信眾發表演說時，不少歐洲電視頻道都會即時轉播。

右：聖天使堡（Castel Sant' Angelo）是羅馬帝國皇帝哈德良於 135 年為自己及其家人所興建的陵墓，目前闢為國立聖天使城博物館。建築頂部設有一座 1753 年完成的大天使銅像，他居高臨下統領著橋上十二座天使雕像。
聖天使堡就在梵蒂岡附近，所以不少旅客把此地納入前往梵蒂岡之前的景點。走過天使之橋後，繼續走便進入協和大道。此為一條直通梵蒂岡的大道，東由台伯河西岸的聖天使堡，西到梵諦岡的聖彼得廣場，長約 500 米。

滙聚世界上最精湛藝術與建築的神聖之地

我很有信心地說，毫無疑問是聖彼得大教堂，是世界上最宏大、最壯麗的天主教教堂，沒有人會有異議！

梵蒂岡這個世界上最小的國家，又是義大利國中國，國土雖小，建築物數量也算少，但幾乎每一座都擁有世界級的無可取代地位，其中最主要最重要的建築物當然是聖彼得大教堂，正名為聖伯多祿大殿（St. Peter's Basilica）。所以我們沒有理會網上的什麼參觀路線，就是第一時間先走到人群最多的聖彼得廣場，排隊進入聖彼得大教堂！

名列人類歷史上最偉大的建築之一

聖彼得大教堂是一座義大利文藝復興與巴洛克藝術的殿堂，為全世界最大的教堂及羅馬天主教的中心教堂，是歐洲天主教徒的朝聖地。教堂能夠同時容納六萬人，大殿長 187 米，寬 140 米，而中殿至頂最高點為 46 米，即相等高 15 層樓的建築。從 1506 年動工，總計蓋了 120 年。期間投入了大量財力和人力，最初的方案由布拉特（D.Bramante）設計，後經拉斐爾和米開朗基羅等反覆修改，並凝聚了許多工程師、設計師和藝術家的心血結晶，才能成就今日大家所見到的聖彼得大教堂，可說是那時期的藝術集體創作，也是人類歷史上最偉大的建築之一。

紀念聖彼得的教堂

教堂之由來當然與彼得有關，彼得是耶穌最初的門徒之一，也是門徒中的首領，他從加利利 (Galilee) 來到羅馬，最後卻於公元 64 年為主殉道，遭羅馬皇帝尼祿釘十字架處死。公元 324 年，君士坦丁大帝下令以彼得的墓地為中心，興建舊聖彼得大教堂以紀念聖彼得，並終於在公元 349 年建成。十五世紀中葉，教堂歷經一千多年早已破爛不堪，教宗儒略二世決定重建教堂，於 1506 年 4 月 18 日動工，前後歷經 20 位教宗。教堂佔地 23,000 平方米，從此重要的宗教儀式幾乎都在這裡舉行。

途中遇見穿著色彩繽紛制服的人，很多人馬上舉機拍照，他們是誰呢？

● 由貝尼尼操刀的聖彼得廣場

走進巨大的圓形廣場，宏偉的氣勢深深吸引我們，這裡就是在電視上常常看到數十萬使徒聚集的地方了！概念上，站立在廣場等於進入了教堂的範圍，兩邊的柱廊上共有140尊聖人雕象，並與主教堂相接。當舉行大型宗教儀式，數以萬計的信徒擠不進教堂裡面，就可以留在廣場觀看兩旁的大電視直播，一同參與教堂內的宗教儀式。

聖彼得廣場（Piazza San Pietro）於1656年1667年間由貝尼尼負責設計和建造，重點在於如何運用廣場的空間，以表達出天主教的精神與使命，廣場由兩部分組成：第一部分是通向大教堂的梯形，梯形能營造透視效果令廣場空間看來更深遠與開闊；第二部分是橢圓形的空間，是左右兩邊環繞起來的橢圓形迴廊，迴廊由四排共284根13公米高的古羅馬風柱子建構而成。整個廣場深340米，橢圓直徑240米，可容納50萬人。廣場外觀就像從教堂兩旁伸出雙臂，象徵歡迎所有教徒的涖臨。

左：從地鐵站步行過來，十多分鐘便走到外圍，看見了嗎？這就是梵蒂岡城的城牆了，那圓型的建築物就是我們的目的地。　右：廣場中央就是41米高的方尖碑，其後方就是聖彼得大教堂。當日湛藍的天沒有半片雲，偌大的廣場也沒有任何遮蔽，太陽正照著頭頂，溫度高達42度，在廣場上真的熱死了！

梵蒂岡是世界最小的國家，邊界由 1929 年 2 月 11 日的拉特朗協議確定，
承認教皇擁有對其領土的統治權。雖有邊界、但並無管制，人們不知
不覺就踏進了梵蒂岡的國土。

聖彼得廣場的左右外圍的兩座四重列柱迴廊，感覺就像母親（教堂）伸
出的雙臂迎向每個來訪的朝聖者。迴廊設計由大師貝尼尼操刀的，而
列在迴廊上的 140 尊聖人像則是其弟子的作品。

迴廊是通往大教堂的隆重入口，原先設計是人們穿過這個足以通行四
輪馬車之闊的迴廊。現在，一般觀光客是在右迴廊前方排隊進入，然
後在左迴廊前方離開。

1. 聖彼得大教堂
2. 41 米高的方尖碑
3. 聖彼得廣場，深 340 米，橢圓直徑 240 米
4. 左右兩邊環繞起來的橢圓形迴廊
5. 迴廊上方設有 140 尊聖人雕像

⊕ 來自埃及的方尖碑

廣場中央矗立著羅馬帝國時期由埃及帶回來的方尖碑，方尖碑於1世紀時由紅色花崗岩建成，底部由青銅獅子雕像支撐，41米高，方尖碑沒有宗教意義，卻是到訪者的第一個焦點，當你走進廣場，視線自然而然會被高高的方尖碑吸引。

方尖碑源自埃及，原本矗立在神殿入口的兩邊，用意是紀念法老功績和歌頌神祇功的建築物。後來，埃及被外敵入侵，方尖碑被當作戰利品，移送到外地。由於其造型獨特，含意又深遠，故都安放在重要的地點，成為地標。根據記載，流失到世界各地的方尖碑約有20座，義大利共有11座，是擁有的國家之中最多的一個，單是羅馬便有8座。聖彼得廣場的方尖碑，建於公元前1835年，其後羅馬帝國第三任皇帝卡里古拉於公元前37年從埃及運來的，最後於1586年安置在廣場的中央。

左圖為聖彼得大教堂正立面上方的雕像和圓鐘
1. 馬提亞 St. Matthias 2. 右方的圓鐘 the Oltramontano clock 3. 西門 St. Simon 4. 巴多羅買 St. Bartholomew 5. 雅各 St. James 6. 約翰 St. John 7. 安德烈 St. Andrew 8. 耶穌基督 Christ the Redeemer 9. 聖若翰洗者 St. John
10. 雅各 St. James the Elder 11. 多馬 St. Thomas
12. 腓力 St. Philip 13. 馬太 St. Matthew 14. 左方的圓鐘 the Italian clock 15. 達太 St. Thaddaeus

方尖碑頂部

⊃ 守護在教堂外的聖人雕像

教堂門前的左右兩邊豎立了高大精緻的聖人雕像，聖保羅雕像（Statue of St. Paul）位於右方，左方是聖彼得雕像（Statue of St. Peter）。進入教堂時是從右邊，因此會先遇上聖保羅雕像，他的視線「巧合地」向著到訪者；出口則在教堂的左方，這時才會見到聖彼得雕像。

左手持劍、右手披卷的聖保羅雕像，是雕塑家 Adamo Tadolin 的作品，完成於 1838 年。保羅是耶穌的重要使徒，但他曾是在耶穌回天國之後，逼迫基督徒的罪魁之一，後來在去大馬士革的路上，被耶穌用光芒罩住並與之對話，從而得以重新認識耶穌，知曉耶穌原來是真神。從一個禍害基督教的人轉變為基督教最重要的使徒，保羅是基督教除耶穌基督之外最重要的傳道者。

聖彼得雕像，是雕塑家 GiuseppeDe Fabris 的作品，完成於 1840 年。看聖彼得多麼神情自若、面帶微笑，右手握著兩把鑰匙是耶穌送給他的，可以通向天堂的金鑰匙，左手拿著一卷耶穌給他的聖旨。他頭上的縷縷捲髮、臉上的根根皺紋，雕琢得細膩又逼真。

教堂正門左方的聖彼得雕像

教堂正門上方一排的安德烈、耶穌基督、聖若翰洗者雕像（參考上頁）。

教堂正門右方的聖保羅雕像

教堂的古羅馬風的大柱，高 13 米，非常壯觀，石柱上還豎立了多位聖人雕像。

☻ 教堂的正立面

教堂正面是由十七世紀早期巴洛克建築代表馬代爾諾（CarloMaderno）設計，他在 1607-1615 年間接替米開朗基羅未完成的工作。教堂正面寬 114.69 米，高 48 米，共有 8 根巨大的圓石柱和 4 根方石柱，5 個入口上方有 9 個窗戶，其中 3 個設有陽台，中央最大的名為祝福陽台 (Benediction Loggia)，它是教宗在新上任、每年聖誕節和復活節向世界祝福的地方。

正立面上，是手持十字架的耶穌基督雕像，其兩旁各有 6 個約 6 米高的門徒雕像。兩端上方各有一個大圓鐘，鐘旁的天使雕飾充滿動感，是義大利建築家朱塞佩（Giuseppe Valadier）的作品，完成於 1790 年。右方圓鐘為格林威治標準時間，稱為「the Oltramontano clock」，左方為本地時間，稱為「the Italian clock」。每逢佳節和重要儀式，銅鐘和教堂的鐘聲一齊鳴起，響徹全城。

☻ 免費進入教堂與付款登上觀景台

我們由右迴廊進入，在盡頭可以看到很多人在排隊買票。凡欲登上大教堂圓頂一覽梵諦岡美景者都需在此購票，樓梯共 551 階，若全程靠雙腳登頂也要付款，旅客也可以多付一些錢搭電梯到天台省爬一小段路，可是天台到圓頂還有 320 階也是得靠自己。若不登圓頂，可直接進入免費參觀教堂。

左：衣冠整齊並通過安檢才可以進入教堂，不能穿拖鞋、太短的短褲短裙、露肩衣服，所以進入教堂前常常看到這些有趣情景！ 中：沒有準備合宜衣服更換的人，唯有向小販求救了吧。 右：有準備或是向小販求救的女士。

教堂正立面上面兩端各有一個大圓鐘，鐘旁的天使雕飾的造型充滿動感。此圖為右圓鐘。每逢佳節和重要儀式，銅鐘和教堂的鐘聲一齊鳴起，響徹全城。

➡ 米基朗基羅的圓形穹頂

高聳的標誌性圓頂設計出自米基朗基羅，他由 1547 年從大殿開始施工，1564 當工程達到穹頂時，89 歲高齡的他離世。最終由米開朗基羅的學生波爾塔（Giacomo della Porta）和方塔納（Domenico Fontana）接手，並於 1590 年完成。

➡ 世界上最高的教堂圓頂

從圓頂上的十字架到地面有 136.57 米，是世界上最高的教堂圓頂，從下面上來要爬 323 階台階，相當於 30 多層樓高。內徑有 42.56 米，僅次於古羅馬的萬神殿和佛羅倫斯的聖母百花主教座堂，圓頂內徑位列世界第三大。

除了這個位於正殿的最大圓頂外，教堂還有 12 個圓頂。其中有 2 個中型圓頂，是為陪襯大圓頂而建的，只能從空中或站在大堂陽台上窺其外貌。10 個小圓頂則分布在左右兩廊的頂上，在堂內可以看到。

穹頂下方由四面方形牆柱支撐整個穹頂，每根牆柱的上方各有一個圓形壁畫，底下各有一尊聖者雕像。四面圓形壁畫中是四部福音書的作者及其代表物，分別是馬太和「牛」、馬可和「獅子」、路加和「鷹」、約翰和「天使」。

事實上，米開朗基羅亦有參考了萬神廟的圓頂，但圓拱改為拋物線狀，天眼上加了透光亭。天然光從圓頂進入內部，為教堂帶來了一片聖潔氣象。穹頂用鼓狀柱牆支撐，被分成十六等分，每等分內均有聖者的圖像，並使用 100 公斤以上的金箔貼和馬賽克裝飾。

沿著穹頂內的底部有金色的拉丁文題詞，內容大意為：你是彼得，在這磐石上我要建立我的教會，我會給你上天堂的鑰匙。

上：教堂頂部的特寫，旅客可登上去觀看景色。　下：進入教堂時，會先遇見巨大的聖保羅雕像。

除了坐地鐵在 Ottaviano 站步行前往，不少旅客亦喜歡選擇以聖天使堡為起點，走進協和大道。此大道直通梵蒂岡，人們可以邊走邊觀賞到一幅協和大道直通聖彼得大教堂的經典畫面！

每 25 年開啟的聖門

大教堂一共有五道大門，最右邊的一道稱為「聖門」(Holy Door)，極為重要。它高 3.65 米，闊 2.30 米。每隔二十五年，即「聖年」(Jubilee Year) 之時才會開門一次，上一次開門的年分就是 2000 年。第一次開啟聖門儀式是 1500 年，往後的數百年有幾次因為政治事件而暫停。按照規定，聖年的第一天，教宗領頭打開聖門進入，意為「走進天堂」。聖門會在聖年的最後一天由教宗關閉。

至於這道大門也經歷過數代，大家現時見到由青銅鑄造的聖門是雕塑家維科・孔索爾蒂的作品，於 1950 年裝上，取代了上一代木製的舊聖門（始於 1749 年）。這道青銅聖門的特色是設有四行、每行有四塊聖經故事的浮雕，總數十六塊浮雕，以「護天堂大門的天使」開始，「教皇開聖門儀式」作結（詳細可看下方）。

聖門又稱為「赦免之門」（Door of the Great Pardon），穿過聖門的人，其罪可獲得赦免。上天堂而得永生，如果你想穿過這道聖門，就要等待到 2025 年。想一想，這一年不用很久啊！

已關上長達二十年的聖門，還有數年便可打開。

1. 守護天堂大門的天使
2. 亞當、夏娃被逐伊甸園
3. 瑪麗亞默默祈禱
4. 報喜的天使
5. 耶穌受洗
6. 迷途知返
7. 浪子回頭
8. 耶穌為患者治愈病痛
9. 聖女淚洗耶穌足
10. 耶穌教導門徒寬恕他人
11. 三次否認耶穌的彼得
12. 耶穌被釘十字架
13. 聖托馬斯對耶穌復活的質疑
14. 聖神降臨
15. 耶穌給掃羅顯靈
16. 教皇開聖門儀式

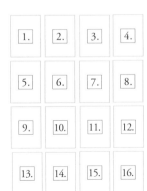

QVOD HEVA TRISTIS ABSTVLIT

TV REDDIS ALMO GERMINE

V VENIS AD ME?

SALVARE QVOD PERIERAT

NVERSVS DOMINVS RESPEXIT PETRVM

TOLLE GRABATVM TVVM ET AMBVLA...

ER PECCAVIM O DEVM ET CORAM TE ...

REMITTVNTVR EI PECCATA MV...

SEPTVAGIES SEPTIES

HODE MECVM ERIS IN PARADISO

STO AD OSTIVM ET PVLSO

BEATI QVE ... REMVERVNT

ACCIPITE SPIRITVM SANCTVM

JESVS QVEM TV PERSEQVERIS

中門是聖彼得大教座堂最古老的門，今時今日所有到訪者都是從這門進入教堂。

⊃ 其他四道門

右邊第二道門是「聖事門」（Door of the Sacraments），門上雕刻了天主教的七件聖事。它是克羅切蒂（Venanzo Crocetti）1966 年完成以替換原有的木門。

⊃ 聖彼得大教堂最古老的門

第三道門是「中門」（Filarete），它是以前舊聖彼得教堂的大門，由費拉來特（Antonio Averulino Filarete）於 1445 年完成，因此也叫費拉來特門，門上刻有聖彼得和聖保羅的殉道場面，是聖彼得大教堂最古老的門。而我們也是從這道最古老的大門進入教堂。

右邊第四道門叫作「善惡門」（Door of Good and Evi），是義大利雕塑家名古奇（Luciano Minguzzi）耗費 7 年時間，為教宗保羅六世 80 歲那年（1977 年）完成的。

最左邊的門是「死門」（Door of Death），是 20 世紀義大利最著名的雕塑家馬祖（Giacomo Mamzu）在 1964 年製作完成的銅門，之所以叫死門，是因為它是專門為送殯進出而設置的。

到了 2025 年，不曉得那時會由哪一位教宗負責打開聖門呢？

教堂內部呈現「前長後短、左右對稱」的十字空間，一條大直路走到兩條主廊殿交會點，就是米開朗基羅的大圓頂。

上：歷代教堂的雕像。按照梵蒂岡天主教的喪葬傳統，神職人員去世後，大多安葬在教堂的墓地或教堂內，環繞在聖彼得寶座的兩旁便是不同教宗的紀念碑及長眠的石棺。　下：米開朗基羅的《聖殤》。

⬤ 歷代多位大師一起貢獻而成的建築奇蹟

每一位參與教堂工程的建築師都值得令人萬分敬佩，有些在歷史上留下名字，有些則是默默付出的無名貢獻者，都在不同程度上給予它不朽的建築諾言和風格。最為知名就是這幾位大師，布拉曼特給教堂感性的裝飾、文藝復興的拉斐爾和米開朗基羅則加以結構化、貝尼尼則將宗教的神聖性昇華至極致，毫無疑問聖彼得大教堂由裡面到外面充滿著「集體而成的建築奇蹟」！

⬤ 滿布文藝復興晚期與巴洛克式的作品

教堂內部長度達 186 米，中央殿廊高 46 米，共有 11 間圓頂小祭室、45 座祭壇、700 多根立柱和 3 百多尊雕像。走在其中，人們無不被教堂內滿布的雕塑、浮雕、壁畫、大理石雕刻鑲嵌的巨柱與天花板，深深吸引著，這大量目不暇給的瑰寶大多是文藝復興晚期與巴洛克式的作品。

⬤ 前長後短、左右對稱的十字空間

特別要說內部的空間設計，是呈現「前長後短、左右對稱」的十字空間，或許直接地稱呼為「十字架」形結構更洽當。兩條主廊殿在米開朗基羅的大圓頂下交會，由四根巨型大方柱來支撐圓頂。四大方柱的壁龕中皆安置著貝尼尼的聖體傘（Baldachin），著名的「聖彼得銅像」則安坐在右前方柱旁。

雖然此教堂貴為「最大的天主教教堂」，可是放眼望去好像沒有顯得十分龐大，為何？原來多位大師好像都持有同一看法，就是要把所有藝術品的尺寸設計得比一般實物更大，使得建築物與藝術品的比例很協調，即是「大型建築物」配上「放大版本的藝術品」。

米開朗基羅的世界最大圓頂。

極為壯觀的聖體傘，由四根異常華麗的螺旋絞鏈形銅柱圍成。

⊖ 五件必看的驚世之作

來到全世界最大的天主教堂自然有所謂必看的「景點」，最惹人關注的五件驚世傑作，依出現次序分別是米開朗基羅的《梵蒂岡聖殤》、米開朗基羅的圓頂、貝尼尼的聖體傘和聖彼得聖座（Chair of St. Peter），以及聖彼得銅像。

⊖ 驚世之作：米開朗基羅的《梵蒂岡聖殤》

《梵蒂岡聖殤》，米開朗基羅年輕時便完成這件驚世之作。它在靠右側入口處第一間小聖堂的祭台上。米氏以精湛的技術呈現「聖殤像」這個作品。聖母慈悲的表情，抱著基督的每根手指，膝蓋上躺著沉睡中的基督軀體，一種莊嚴肅穆的氣氛籠罩著，同時又有一股悲傷的情緒裏住她那美麗的身軀。自 1972 年裝上玻璃以保護這傑作，雖然隔著玻璃欣賞，但是仍然能打動任何人的心。（詳細內容見於下一篇）

⊖ 驚世之作：米開朗基羅的世界最大圓頂

世界上最大的圓頂位於兩條主廊交會之上，長度比足球場還大。此穹頂被視為米開朗基羅生前的最後一件作品，他雖然只來得及完成圓頂底座，但之後由兩位建築師參考他遺留的設計圖完成穹頂，前後耗費近百年的時間。大圓頂的美跟藝術品一樣，我站在其下駐足良久，抬頭凝視，直到脖子痠痛得不得了。大圓頂在前面談了不少，不重覆。

銅柱分為三節，中節和上節由橄欖葉裝飾，小蜜蜂穿插點綴在枝葉間，是當時的教皇烏爾班八世的徽章和象徵。

聖體傘頂部由青銅鑄做，其四角各有一位守護天使，天使之間有一對小天使：有的高舉彼得的三層皇冠和兩把鑰匙，有的在嬉戲。

⊖ 驚世之作：貝尼尼的聖體傘

大圓頂下方是貝尼尼於 1624-1632 年設計和建造的聖體傘，屬於巴洛克風格，是教宗的大祭台，也是他為聖彼得大教堂創作的第一件作品。聖體傘高達 29 米，重達 3.7 萬公斤，是全世界最大的銅鑄物。

巨大的聖體傘，彷彿一座教堂裡另一棟「建築物」般宏偉，由四根巨大的螺旋形青銅柱支撐，每根螺旋圓柱粗到要兩個大人才能環抱。柱以極優雅的橄欖樹和月桂枝雕刻作裝飾，四周有綴以蜜蜂（貝尼尼家族的象徵，象徵著他們的勤勞）的流蘇掛飾，裡面的金鴿子代表聖靈。聖體傘前的半圓形欄杆上永遠點燃著 99 盞長明燈，晝夜不息。教宗在這座祭壇上，面向東昇的旭日，當著朝聖者舉行彌撒。聖體傘之下是通往地下墓室的階梯，可抵達聖彼得長眠之地但不對外開放。

貝尼尼的聖體傘。

⚊ 驚世之作：貝尼尼的聖彼得寶座

正殿最裡面是貝尼尼的另一傑作：聖彼得寶座。傳說有一張聖彼得用過的木製椅子，它因年代久遠而破爛不堪。貝尼尼被委託設計將其鑄進青銅寶座裡。貝尼尼的聖彼得寶座由此而誕生，如今我們看到不再是一張古老木椅，而是一把寬大的鍍銅木椅和金光四射的青銅雕塑群所組成。寶座上方是由許多小天使圍繞著代表太陽的橢圓形窗口，這處上面以薄石膏板作屏蔽，營造出光芒四射的效果，正中心鑲嵌著象徵聖靈的鴿子。每當陽光經圓窗透射進來，聖靈鴿子便彷彿閃爍著金光迎面飛至。不過，這張古老木椅子後經考證它是國王查理二世於 875 年贈送給當時教皇的禮物。

⚊ 驚世之作：聖彼得銅像

聖彼得銅像安放於洗禮堂內，手握兩把可上天國的鑰匙，由甘比奧（Arnolfo di Cambio）於 1300 年完成，比起聖彼得大教堂還早完成。據說，人們觸摸他的右腳能得到神的保佑。所以看看現在他的右腳，早已被磨損得明顯小於左腳，因為每天都有數之不盡的朝聖者和觀光客排隊來摸他的右腳。

最後是溫馨提示，第一，部分小禮拜堂只提供祈禱之用，請保持安靜，也不能進去拍照。第二，參觀人潮眾多，特別留意夥伴，很有可能一閃神就找不到人。除非彼此都有手機可以即時聯絡，否則這一失蹤隨時耗上許多時間，在茫茫人海中真的很困難找人啊！

聖彼得銅像。大家排隊要摸摸聖彼得的右腳，傳說可以治百病喔。記得留意他的右腳，已被磨損得明顯小於左腳了。

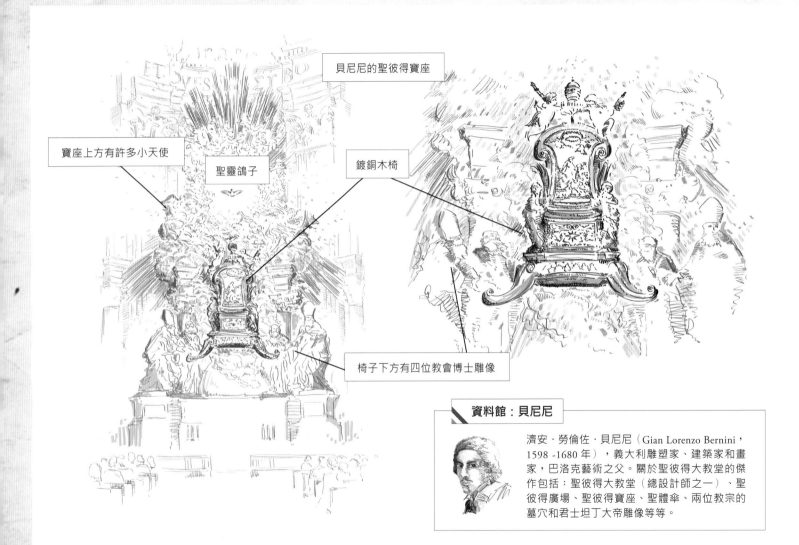

貝尼尼的聖彼得寶座

寶座上方有許多小天使

聖靈鴿子

鍍銅木椅

椅子下方有四位教會博士雕像

資料館：貝尼尼

濟安‧勞倫佐‧貝尼尼（Gian Lorenzo Bernini，1598 -1680 年），義大利雕塑家、建築家和畫家，巴洛克藝術之父。關於聖彼得大教堂的傑作包括：聖彼得大教堂（總設計師之一）、聖彼得廣場、聖彼得寶座、聖體傘、兩位教宗的墓穴和君士坦丁大帝雕像等等。

寶座上方是由許多小天使圍繞著代表太陽的橢圓形窗口，這處以薄石膏板作屏蔽營造出光芒四射的效果。正中心鑲嵌著象徵聖靈的鴿子。每當西斜陽光經圓窗透射進來，展翅飛翔的聖靈鴿子便彷如閃爍著金光迎面飛至。

聖靈鴿子

寶座上方有許多小天使

● 米開朗基羅 Michelangelo

從聖殤到聖殤，看大師的一生

我站在聖彼得大教堂的走廊上，直視著《梵蒂岡聖殤》這座雕塑，雖然不能靠近，雖然四周充滿嘈吵聲，但心裡好像被一種哀傷所籠罩，久久不能平復⋯⋯

聖彼得大教堂、梵蒂岡博物館與西斯廷教堂，都與米開朗基羅有莫大關係。米氏盛名始於完成於年輕時完成的《梵蒂岡聖殤》雕像，充分展現出大師的技藝與風範，從此踏上「舉世聞名」的藝術家之路。

⊖ 文藝復興三傑

米開朗基羅在 1475 年生於佛羅倫斯，是文藝復興時期傑出的雕塑家、建築師、畫家和詩人，與達文西和拉斐爾並稱「文藝復興三傑」。這三人中達文西最年長，比米開朗基羅大 23 歲，拉斐爾最小，比米開朗基羅小 8 歲，而米開朗基羅卻是在世時間最長的，他活到了 89 歲高齡，在其他兩位都去世後，他還獨自活了 44 年。

米開朗基羅留名青史的曠世鉅作有許多，包括大衛雕像、摩西雕像、梵蒂岡西斯廷禮拜堂的《創世紀》與《最後的審判》，其中《聖殤》他在人生各個重要階段裡，便創作了不同造型卻是同一主題的雕塑，各有各背後的故事。

米開朗基羅與達文西、拉斐爾被世人譽為「文藝復興三傑」。他是三人之中在世時間最長的，他活到了 89 歲高齡。在生命最後一天，他依然在雕刻，展現最後的光芒。

🌑 23 歲的聖殤是青春與美的合體

《梵蒂岡聖殤》是米開朗基羅在 23 歲的成名作品，又稱為《聖母憐子》、《哀悼基督》，是 1496 年他應法國紅衣主教之邀而創作的雕塑，作品高 175 厘米，以金字塔的結構刻劃了聖母懷抱著被釘死的耶穌時悲痛萬分的一刻。只有 23 歲的年輕藝術生命如何充分和深刻地表現出帶著沉重感情的宗教主題呢？米開朗基羅認為聖母是純潔、神聖，又象徵永恆的青春，所以一反傳統，將聖母刻畫成一位優雅又美麗的少女。耶穌也是很年輕，彷彿訴說著這麼年輕不應接近死亡，應該是很遙遠的事情。

🌑 唯一一件簽名的作品

米開朗基羅一生作品眾多，唯獨這件刻有自己的名字。據說，有一次他聽到觀賞者誤以為是別人的作品，令他十分生氣，當晚就在聖母胸前的肩帶上刻上「MICHAELA[N]GELUS BONAROTUS FLORENTIN[US]FACIEBA[T]」（Michelangelo Buonarroti，Florentine，made it），意思是說「這是佛羅倫斯米開朗基羅的作品」。不過，後來他很後悔自己的魯莽，發誓以後不再在自己作品上簽名。因此，這件小插曲無意間導致了《梵蒂岡聖殤》成為唯一一件署名的作品。

🌑 相隔 50 年重回成名作

完成於 1553 年的《佛羅倫斯聖殤》是第二件，當時的米開朗基羅已經 78 歲了，意想不到地重回「聖殤」這個主題。距離《梵蒂岡聖殤》超過 50 年，毫無疑問他的人生歷程豐富和深刻了許多許多，對於生命與死亡的種種有著個人的獨特領悟。青春美麗早已消逝，雕塑深深散發著沉重又哀痛。所以正確來說，《佛羅倫斯聖殤》應該稱為「卸下聖體」（Deposition），耶穌剛從十字架上卸下來，無力的垂著頭、屈著膝，肌肉結實的聖體從未如此沉重過。此作品置放在佛羅倫斯大教堂博物館。

1972 年，一位精神失常的遊客爬上《梵蒂岡聖殤》，用錘子重捶雕塑十多下，損毀了聖母的面部和打斷了其左臂。後來經過很長時間的修復，才恢復了它的外形，原有的美感卻已經無法彌補。現在，它被放置在教堂聖門右手第一個禮拜堂中，前面加裝了防彈玻璃。

雕像的線條更抽象更模糊

然後又過了兩年，《巴勒斯屈那聖殤》誕生了。這件作品應該稱為「入墓」，只剩下兩個容顏模糊並且身體線條抽象的女性雕像，聖母與抹大拉的馬利亞，支撐著耶穌的身體，聖母誇大的右手穿過耶穌巨大的右手，結實的上半身與無力的雙腳，使向下的力量更見沉重。不過，也有學者懷疑這並不是他的作品，現存放在佛羅倫斯美術學院。

遺體被送回故鄉

米開朗基羅最後的幾年，百病纏身，行動不便，於 1564 年在羅馬去世，終年 88 歲。後來，他的遺體被送回故鄉佛羅倫斯，埋葬在他童年住處的聖塔克羅齊教堂。

陪伴人生最後一刻的作品

最後一件《米蘭聖殤》來不及完成，相對第一件，捨棄了作品外觀的形體之美，只見耶穌和聖母兩人緊緊依靠在一起，有待最後修改的痕跡處處可見，現存於米蘭斯佛薩古堡。直至最後一天，有人目睹他仍拿著刻刀和錘子，叮噹噹、叮噹噹的用力鑿打石塊的聲音響遍整個工作室，展現出這位藝術大師最後的光芒！

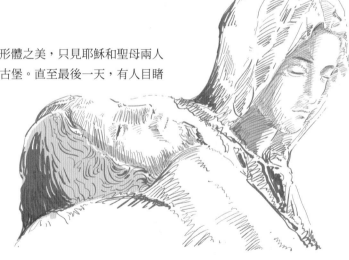

梵蒂岡聖殤　1500 年（局部）

> ### 資料館：Pietà
>
> Pietà（聖殤）是義大文，是 pity 或 compassion 的意思，大寫的 Pietà 則專指耶穌被釘在十字架上，卸下聖體後，聖母瑪利亞懷抱著他哀慟的狀況。
> 長久以來，這個字成為基督教最重要的符號學，許多畫家、雕塑家都處理過這一主題，各領風采，也擴大成為「親子之痛」的意思。

沒有沉重的悲痛，
只有淡淡的憂愁。

年輕的米開朗基羅，認為聖母是
純潔、神聖，又象徵永恆的青春，
所以一反傳統，將聖母刻畫成一
位優雅又美麗的少女。

梵蒂岡聖殤　1500 年

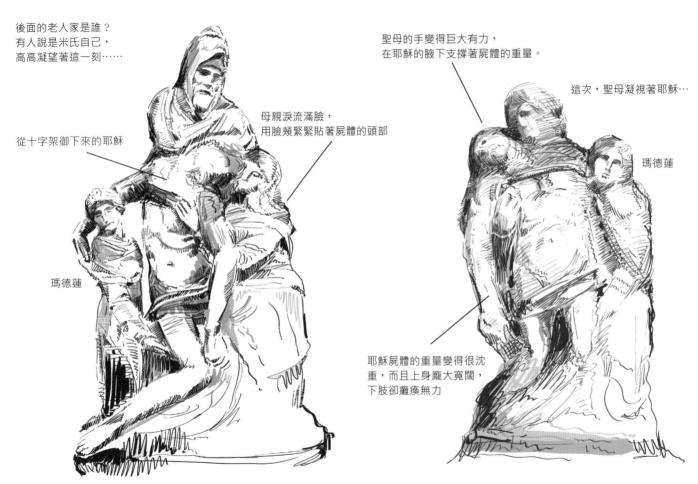

後面的老人家是誰？
有人說是米氏自己，
高高凝望著這一刻……

從十字架御下來的耶穌

母親淚流滿臉，
用臉頰緊緊貼著屍體的頭部

瑪德蓮

聖母的手變得巨大有力，
在耶穌的腋下支撐著屍體的重量。

這次，聖母凝視著耶穌…

瑪德蓮

耶穌屍體的重量變得很沈
重，而且上身龐大寬闊，
下肢卻癱瘓無力

佛羅倫斯聖殤　1553 年

巴勒斯屈那聖殤　1555 年

最後的「聖殤」，瑪德蓮不見了，
只剩下耶穌（前）和母親（後）緊
緊依靠在一起。
米開朗基羅離世前，仍在打造⋯

米蘭聖殤　1564 年

我們離開聖彼得大教堂後，便拜訪第
二站：梵蒂岡博物館。正門之上有米開
朗基羅與拉斐爾的宏大雕像，是表揚他
們對此館作出偉大藝術價值的貢獻。左
方為米開朗基羅，拉斐爾位於右側。

稀世珍品數之不盡，彷彿置身 16 世紀的文藝盛世

離開聖彼得大教堂，我們便繞著梵蒂岡城牆走到大教堂的北面。來到博物館大門就會遇見米開朗基羅與拉斐爾這兩位大師。他們是成就梵蒂岡博物館（Musei Vaticani）偉大藝術價值的兩位大師，為表揚他們的貢獻，他們巨大的雕像立於博物館大門之上。左側手持鐵鎚和鑿子的就是米開朗基羅，右側手拿調色盤和畫筆的就是拉斐爾。

● 原是教皇宮廷，16 世紀時開始朝博物館方向打造

梵蒂岡博物館，早在文藝復興時期便出現，不過那時只是教皇宮廷，擁有幾個小禮拜堂、花園、藝術陳列品。到了 16 世紀，隨著舊聖彼得大教堂改建，當時的教宗也把這一區納入重要規劃，朝著龐大的博物館方向逐步打造。

直到 18 世紀，此處正式被視為是博物館。那時羅馬教宗雖然是宗教領袖，但也是藝術品收藏家，保存了從古埃及、文藝復興到現在 20 世紀、橫跨五千年的珍貴藝術品，館藏已經有數十萬件，內部還有文藝復興大師 —— 米開朗基羅和拉菲爾在牆上的濕壁畫，幾乎集文藝復興之大成。如此經過數百年不斷累積藝術品，此館堪稱可與倫敦大英博物館和巴黎羅浮宮媲美。

米開朗基羅　　拉斐爾

Musei 在義大利文中是 Moseo 的複數，這表示梵蒂岡博物館是由多個小的博物館所組成，結構上再以走廊或階梯相連結。博物館的總面積多達 5.5 公頃，分為 27 個部門、3 個庭院、13 個陳列館、5 條藝術長廊與 1 個空中花園，全部觀賞路線加起來有 7 公里之長。目前總共收藏 4000 多件雕塑、5000 多幅畫作，還有許多史料文獻，典藏非常珍貴與豐富，租用中文導覽機對於了解這裡浩瀚如海的藏品非常有幫助。

🖢 鎮館大作

最著名的鎮館三大雕塑作品是：《拉奧孔》（Laocoon）、《阿波羅》（Apollo del Belvedere）和《戰神迪托》（Marte di Todi）。鎮館畫作是拉斐爾諸室中拉斐爾最著名《雅典學派》（La scuola di Atene）、西斯廷禮拜堂中米開朗基羅的巔峰之作《創世紀》（Ceiling）和《最後的審判》（The Last Judgement）。

《雅典學派》是拉斐爾最有名的作品，以古典建築大廳做背景，畫中央有柏拉圖、亞里斯多德、蘇格拉底，中央前方倚著階梯是米開朗基羅（畫中唯一穿著靴子的人），右下角則有拉斐爾自己。拉氏藉由不同時期的哲學家聚首一堂，以表達自己對於文藝復興時期宗教與哲學的理想。

🖢 松果庭院

博物館內動線有點複雜，但基本上標示很清楚，想找特定的展區不難。我們一開始先來到松果中庭，大型的青銅松果站在壁龕中心。博物館內有三個庭院，包括圖書館中庭、美景中庭，以及開放遊人觀看的松果庭院 (Cortile della Pigna)。

寬大而幽靜的松果庭院，建立於 1506 年，其得名於庭院內的一棵青銅製大松果，約 4 米高。大松果原本放在萬神殿旁，於 1608 年移動到現在博物館內的位置。半圓形的松果壁龕，於 1565 年建造，是仿造萬神殿的拱頂模式。此外，噴泉兩側各有一座青銅孔雀，是古羅馬皇帝哈德良陵墓裝飾的複製品，原來的孔雀在新翼博物館之內。這兩隻孔雀，雖然說這種比例在現實中不會出現，但畫面卻意外地很和諧。

1.

1.4 米高的青銅製大松果，兩側各有一座青銅孔雀。 2. 松果壁龕。 3. 庭院另一焦點是立於庭院中央處的巨型現代藝術品：同心雙層球體（Sphere）。這個可旋轉、直徑達 4 米的金屬球象徵世界和平，1990 年由雕刻家波莫多羅打造。

梵蒂岡博物館在歷代教宗用心規劃之下，幾乎每個角落都是藝術品，處處可以看到文藝復興時期作品，美到目不暇給。簡單列出幾個重點展廳：

❶ 皮奧克萊門蒂諾博物館（Pio Clementino Museum）：收藏以希臘、羅馬時代的雕刻為主。

❷ 格里高利伊特魯里亞博物館（Gregorian Etruscan Museum）：公元前四世紀以前的收藏品。

❸ 格列高利埃及博物館（Gregorian Egyptian Museum）：古埃及的收藏。

❹ 梵蒂岡畫廊（Pinacoteca）：展示以繪畫作品為主，包括拉斐爾、達文西和卡拉瓦喬等人作品。

❺ 地圖廊（Galley of Maps）：描繪了十六世紀時義大利各地區地形地貌的華麗走廊。

❻ 拉斐爾畫室（Raphael's Rooms）：由拉斐爾及其徒弟們的壁畫裝飾的館室，「雅典學院」是必看。

❼ 西斯廷禮拜堂（Sistine Chapel）：米開朗基羅的兩件驚世之作—創世紀與最後的審判。

⊜ 西斯廷禮拜堂：創世紀與最後的審判

參觀博物館最後一站，在我看來也是最大的高潮。西斯廷禮拜堂（Cappella Sistina）最為人所知的兩件作品，就是米開朗基羅的《創世紀》與《最後的審判》，展現出舉世無雙的藝術才華。相信不論是否有藝術背景，絕大多數的人一定都看過這兩幅畫，尤其是「創造亞當」經常出現在平面廣告或是網路上的惡搞圖。不過親眼所見真跡的震撼度，絕對是紙本、網路資料不能比擬的！

索羅門王神殿

西斯廷禮拜堂是教宗西斯廷四世委託杜爾奇 (Giovanni dei Dolci) 建造，始建於 1445 年，完工於 1481 年。堂內沒有柱子，為長方形磚石建築物，長 40.25 米，寬 13.41 米，高 20.73 米，是依照「列王紀第 6 章」所描述的索羅門王神殿比例（60:20:30）所建。側牆的高處有 6 扇半圓拱形窗戶，房頂呈穹窿形狀，面積接近 600 平方米。

教宗選舉的舉行處

這裡也是教宗選舉的舉行處，選舉進行時，樞機團會關在這邊直到選舉完畢。選舉教宗過程中，如果指定的煙囪冒出黑煙則表示教宗還沒選出來，當冒出白煙則是教宗已經推選出來了。

西斯廷禮拜堂內部是不能拍照的，那兒有好幾位警衛監看遊客，不時會發出噓聲，提醒遊客安靜欣賞。雖然如此，仍然有人偷拍，其實現場的光線昏暗，又不能用三腳架，不管用什麼相機，也不可能拍出好照片。另外，官方網站上有現場的虛擬導覽，十分精采，推薦大家上去瀏覽。

《創世紀》（局部）
創造亞當最為人熟知
上帝用指尖將生命富於亞當

氣勢磅礡的創世紀

《創世紀》是米開朗基羅在繪畫創作方面的最大型傑作，它佔據了整個長方形大廳的屋頂，長 36.54 米，寬 13.14 米，平面達 480 平方米，取材於聖經舊約開頭部分的故事，從開天闢地到洪水方舟，場面宏大，人物眾多，絕對是氣勢磅礡、震撼人心之作。

巨型穹頂壁畫創作始於 1508 年，那時候，米氏應教皇朱力阿斯二世之請而繪畫，其實剛開始他不太願意接受這工作，因為認為自己專長是雕刻。出乎意料的是當創作真正啟動時，他竟一頭栽進其中忘我地創作，整個過程均為單獨一人進行與完成。

參觀者走過大部分展區後，終於來到西斯廷禮拜堂。穿過這條窄小的通道，便正式進入。注意在裡面不可拍照。

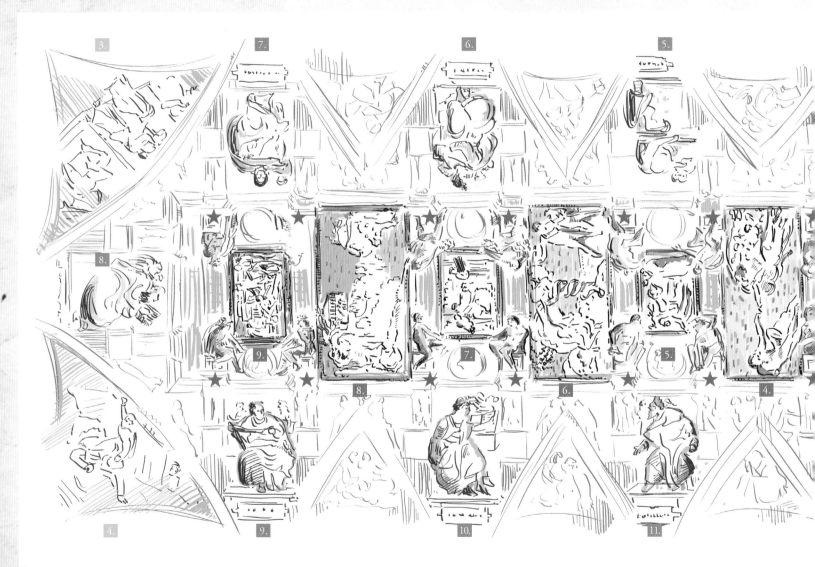

《創世紀》分析圖

中央九段壁畫

1. 將光暗分開（Separation of Light from Darkness）
2. 創造日、月、星宿（Creation of the Sun, Moon, and Plants）
3. 將陸地與水分開（Separation of the Earth from the Waters）
4. 創造亞當（Creation of Adam）
5. 創造夏娃（Creation of Eve）
6. 亞當、夏娃被逐出伊甸園（Temptation and Expulsion）
7. 挪亞獻祭（Sacrifice of Noah）
8. 大洪水（The Deluge）
9. 挪亞醉酒（Drunkenness of Noah）

七位先知與五位女祭司

1. 先知耶利米（The Prophet Jeremiah）
2. 先知約拿（The Prophet Jonah）
3. 利比亞女祭司（The Libyan Sibyl）
4. 先知但以理（The Prophet Daniel）
5. 古梅恩女祭司（The Cumaean Sibyl）
6. 先知以賽亞（The Prophet Isaiah）
7. 岱爾菲女祭司（The Delphic Sibyl）
8. 先知撒迦利亞（The Prophet Zechariah）
9. 先知約珥（The Prophet Joel）
10. 艾瑞斯瑞女祭司（The Erythraean Sibyl）
11. 先知以西結（The Prophet Ezekiel）
12. 波斯女祭司（The Persian Sibyl）

四幅角落圖的故事

1. 哈曼之死（The Death of Haman）
2. 摩西與銅蛇（Moses and the Serpent of Brass）
3. 朱蒂絲殺霍洛豐（Judith and Holofernes）
4. 大衛與哥行亞（David and Goliath）

★ 二十名赤裸的男體：曾經一度被加上內褲，
不過這些「內褲」在 1980 年被清理了。

🔵 從最初的 12 個人物，到最後多達 343 個人物

歷時長達四年多的《創世紀》終於完成，據說米氏在這四年都沒有脫過靴子，使得四年後要脫靴子時皮已經黏著肉……。歷來教堂的穹頂畫多以簡單的日月星辰為主題，而他最初的任務也只是「繪製十二個人物」，哪料到最後多達 343 個人物，如此龐大又複雜的穹頂畫，完全成就了一幅驚世巨作！

🔵 20 個巨大的男體裸像

整幅壁畫分為三部分：中央九段壁畫、七位先知與五位女祭司、四幅角落圖的故事。除此之外，有二十個完全赤裸的巨大男性裸體像，切入在九段壁畫之間很顯眼的位置，到底他們是誰？沒有人曉得，但有人說這群男體裸像才是米氏的真正主題。置身現場抬頭觀看，每具裸體呈現出不同姿態與表情，與眾多聖經人物交織在一起的場面，雖然令人摸不著頭腦，卻也引發觀者的無限想像。

上面提及米氏竟然出現在《雅典學派》，現在要說明。那時他在繪畫過程不准別人看，但教宗實在是很想知道他的進度。後來直至教宗下令把他作畫的鷹架拆除，才讓教宗和拉斐爾見識到他在畫作上的那種肌肉線條分明及人物的神韻。拉斐爾甚至在還未完成的《雅典學派》上將米開朗基羅畫進去，繪畫赫拉克利特（Heraclitus）時用上米氏的臉，而畫中的米氏穿著靴子，呼應他在繪畫《創世紀》的四年裡都沒有脫鞋子。

《最後的審判》（局部）驚慌恐懼的罪人，被可怕的鬼卒驅趕著，小船徐徐地航向無盡的地獄深淵。

🔵 有開始也有最後《最後的審判》

轉眼間又是廿多年，六十歲的米開朗基羅經歷人生種種無常後，重回西斯廷禮拜堂。有開始也有最後。他應邀創作祭壇背面的壁畫，歷時九年多，《最後的審判》巨作誕生了！

此畫作以《瑪竇福音》中描述的「最後的審判」為題材，分為三個空間，從最上層開始，描繪的主題分別為：以耶穌基督為中心的天堂、死過的人受福而升天、受詛咒的人下地獄三個空間。據說，「地獄」部分的創作，靈感來源於但丁敘事詩「神曲」之地獄篇。

巨大的壁畫，呈現了 400 多個人物，佔滿了祭台後方的整幅牆壁。他為了解決人物從下面仰視時所呈現的比例這一難題，便將上方的人物畫得大些，底部的小些，以發揮自下而上的觀賞效果。

這幅巨作於 1541 年揭幕，引起轟動，人們爭相去觀賞；但畫中的裸體人物同樣引起爭議。米氏去世不久，教皇即下令給兩幅畫所有裸體人物畫上腰布或服飾。受命的畫家們於是被謔稱為「內褲製造商」。不過這些「內褲」在 1980 年被清理掉，人們「無緣」觀看那些穿著內褲的裸體人物了。

《最後的審判》（局部）
此部分是耶穌基督為中心的天堂。踏入年老的階段，經歷人生種種後的米氏，選擇了「最後的審判」這一主題，展現他對人生的體驗與領悟。

1. 施洗約翰
2. 聖安得烈與十字架
3. 聖勞倫斯與刑架
4. 聖母
5. 耶穌基督
6. 聖巴托洛莫
7. 聖保羅
8. 聖彼得
9. 聖巴托洛莫人皮（米開朗基羅形貌）

《最後的審判》分析圖
場面壯觀，佔滿了西斯汀禮拜堂祭台後方的整幅牆壁，人物眾多，分為天上、人間、地獄三個空間。

▨ 耶穌基督為中心的天堂
▨ 死去的人受福而升天
▨ 受詛咒的人下地獄

1. 以耶穌基督為中心的人物及天使
2. 天使正在吹號角
3. 受福靈魂升天
4. 死者復活
5. 受詛咒者下地獄
6. 鬼卒駕著小船，把人帶到地獄之河

⊝ 雙向螺旋樓梯

最後的最後，離開博物館前，經典的雙向螺旋樓梯便出現。這實用又優美的樓梯於 1932 年由 Giuseppe Momo 打造。它原本被設計為博物館入口，現在則成了大家離開時可以欣賞且親身體驗的最後一件作品，更成為了博物館的地標，螺旋樓梯旁邊都鑲了各個代表教宗的牧徽。

迴旋樓梯特別之處在於看似是一個螺旋，實際是雙層階梯組成，館方只開放一個出口，因此只會看到一層是有遊客，另一圈是沒有人的。大家就這樣繞著旋轉樓梯走出這藝術殿堂。不忘要說，這處也是天天都很多人，建議不妨多花一點時間事前購買不用排隊的門票。

螺旋樓梯旁邊鑲了多位教宗的牧徽。

梵蒂岡博物館：www.museivaticani.va

絕對忠誠於教宗的最後防線

到訪梵蒂岡時，便有機會遇上一群穿著色彩鮮艷造型又特別的人，遊人會爭相舉機拍照，他們是誰？教宗，作為世界上最重要人物之一，保護其安全如此的重要任務就是落在這群瑞士近衛隊（義大利語：Guardia Svizzera Pontificia、英語：Pontifical Swiss Guard）身上了，他們擔任這個任務至今已歷經 500 年。

⊖ 誓死保護教皇而獲高度評價

早在 14 世紀瑞士人就以勇敢善戰和忠貞聞名，許多外國元首都招募他們作為自己的侍衛。1506 年，當時教皇尤利烏斯二世為了保護教廷和自己，一支為數 150 人的瑞士護衛隊便進駐羅馬。1527 年 5 月 6 日發生「羅馬之劫」，死亡危機逼近教皇，近衛隊誓死保護教皇，結果在這場慘烈戰事中，189 名士兵中有 147 人陣亡。多得近衛隊的奮勇作戰，最後使教皇得以從祕密通道安全逃出。從此，近衛隊得到了絕對忠誠的高度評價，時至今日，更成為梵蒂岡最重要的保護團隊，甚至是宗教儀式的象徵。每年 5 月 6 日，也因此被列為瑞士近衛隊的紀念日。2006 年 5 月 6 日瑞士近衛隊成立 500 周年，梵蒂岡舉行了盛大的紀念活動。

⊖ 獲特權繼續擁有近衛隊

法國和英國之前也曾出現瑞士僱傭兵團，至 1927 年，瑞士聯邦憲法正式禁止自己國民參加外國的軍事僱傭。不過，梵蒂岡的瑞士近衛隊卻是「例外」，因為這支近衛隊數百年來一直都是梵蒂岡的重要軍事力量，評價極高，瑞士也視之為國家的榮譽，故同意繼續服務。目前，瑞士近衛隊人數約為 110 人，其月薪是 1300 歐元，另包含住宿及交通的津貼，薪水雖然不高，但仍然有許多人視之為崇高的榮譽而紛紛加入。

瑞士士兵團在數百年前，其實只是一群為了尋求生計而離開瑞士家園的年輕男子，「傭兵」成為當時他們的生計來源之一。由於他們嚴守紀律、忠心耿耿，加上還會精於長槍戰略布局，這讓他們在 15 世紀成為最強的兵團！

瑞士近衛隊於 1506 年建立，主要工作是保護教宗的安全，因此在典禮儀式或教宗住所都能看到他們的身影。

因應時代變遷，金屬頭盔也要進化

夏天的羅馬十分炎熱，瑞士近衛隊得戴著金屬頭盔站在猛烈的太陽下好幾個小時，對頭皮來說總是備感煎熬的一件事。因此近年，梵蒂岡為了解決隊員頭上負擔，便決定使用「3D 列印頭盔」。

可抗紫外線 快又便宜

以往，梵蒂岡是請奧地利鐵匠訂製盔甲，而光是要打造一個金屬頭盔就得花上好幾天才能完成，每個 2 公斤重。現在，整個頭盔是由工程師波特曼（Peter Portmann）和瑞士企業 3D-Prototyp 共同打造，他們先是掃描了 16 世紀頭盔的原型、再用塑膠材料製作，最後再塗上抗紫外線的塗層。整個製作過程只需要一天，而且成本大約 1000 瑞士法郎，比傳統製法還要便宜。至於重量，則大大減輕，新版頭盔只有 570 克重！魔鬼藏在細節裡，不說不知，新版的頭盔暗藏了通風孔，這樣涼快不少。

近衛隊的制服

色彩鮮艷的制服，充滿文藝復興時期風格，每件依隊員身材量身訂做，重約 8 磅，1914 年由當時隊長 Jules Repond 所設計。
一般出現在大眾面前的近衛隊多半是身穿紅色、黃色、藍色的鮮豔制服，有時還會視場合配戴白色輪狀皺領、盔甲，以及裝飾著鴕鳥羽毛的頭盔，不過在他們值勤時都是穿藍色素面制服、配戴貝雷帽、配有現代武器，並和梵蒂岡憲兵保持合作關係。

資料館：梵蒂岡的瑞士近衛隊

職責：保護教宗、顯要人物及所有屬於教宗的建築。
條件：由於任務重大，故甄選標準與其他國家的憲兵無異。
1. 單身男性。　2. 瑞士公民。　3. 年齡介於 19 歲至 30 歲之間。　4. 需要有一個專業的學位，或者是高中的文憑。　5. 身高至少 174 公分。　6. 天主教徒。　7. 完成瑞士軍隊的基本訓練，並獲得良好行為證書。
最高軍階：上校是最高級的軍階，是唯一一名指揮官。
宣誓：合格的候選人，於每年 5 月 6 日在聖達馬索庭院（San DamasoCourtyard）宣誓就職。

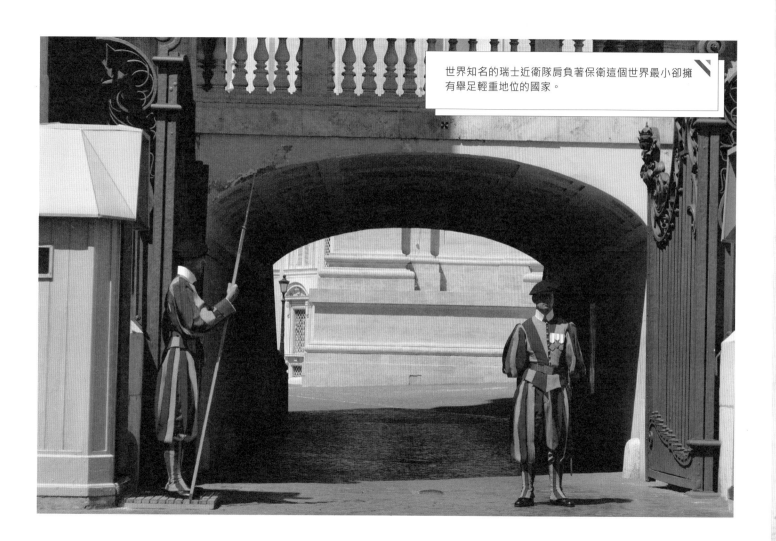

世界知名的瑞士近衛隊肩負著保衛這個世界最小卻擁有舉足輕重地位的國家。

CHAPTER 4

Florence

── 佛羅倫斯 ──

「這兒真是一個很舒服的小城市，有些景點雖然遊客很多，但也有些地方可以慢慢徒步，悠閒自在。特別喜歡這一段可以遙望老橋的散步路段，遠看這一座風情萬千的老橋，看著看著橋和兩旁的房子在河上的倒影，微風吹過，小鳥低飛，自自然然地成為這次旅程中難以忘懷的畫面之一！」

Florence ●

我在文藝復興古城的美好時光

雖然只在佛羅倫斯（Florence，義大語為 Firenze）住了幾天，但我們已經深深愛上這裡的一切。城市不大，不用搭乘任何交通工具，只需慢慢逛，就可以充分感受到古城的魅力。累了，隨便在路邊找一家咖啡館，喝杯 Expresso、聊聊天、寫一寫筆記。過一陣子，又精神抖擻繼續旅程。

下一站去哪兒？有時候真的不太在意，在街頭輕鬆漫步，由清晨到夜晚，從不同角度、不同地方去欣賞佛羅倫斯的美吧！最後別忘了來一客佛羅倫斯丁骨牛排，保證飽滿、滋味十足，夜晚睡得特別甜！

◐ 佛羅倫斯、佛羅倫薩、翡冷翠

佛羅倫斯，又譯為佛羅倫薩，翡冷翠是另一個常見名稱，來自徐志摩在此地度假時，因飽覽美景有感而發，便將 Firenze 翻譯成翡冷翠，並寫下《翡冷翠的一夜》及《翡冷翠山居閒話》兩篇散文。而我們最喜歡佛羅倫斯這個譯名。此地方是文藝復興運動的誕生地，藝術與建築的搖籃之一，在此誕生的名人有但丁、達文西及米開朗基羅等等。

◕ 歐洲城市中最有藝術氣息的城市

有人稱讚佛羅倫斯在眾多歐洲城市中是最有藝術氣息的地方，漫步在石版路上，兩旁盡是中古世紀建築。我們在走訪多個歐洲城市後，便發覺佛羅倫斯的建築真與歐洲其他地方明顯不同，比較能感受到文藝復興建築嚴謹的秩序與比例，這一切其實就是麥第奇家族（義大利語：Medici）這個強大的名門望族三百年的功勞！

麥第奇家族，又譯為麥地奇家族、梅迪奇家族、梅迪契家族、麥第奇家族等等，從 15 世紀開始統治佛羅倫斯，長達三世紀，家族中曾產生了四位教宗、多位佛羅倫斯統治者及托斯卡尼大公，以及兩位法國皇后的成員。此家族會名留青史，除了有錢有權外，最特別的是對於藝術、建築的開發投資與贊助不遺餘力，受贊助眾多人之中，米開朗基羅就是其中一名，而烏菲茲美術館也是由此家族出錢興建，因而促進文藝復興時期的燦爛成就。另外，在科學方面此家族也有突出貢獻，贊助了達文西和伽利略。

佛羅倫斯。這座被麥第奇家族成就的文藝復興城市,由聖母百花大教堂(本圖)、烏菲茲美術館、學院美術館、老橋等等串連並座落在托斯卡尼省中心。

215

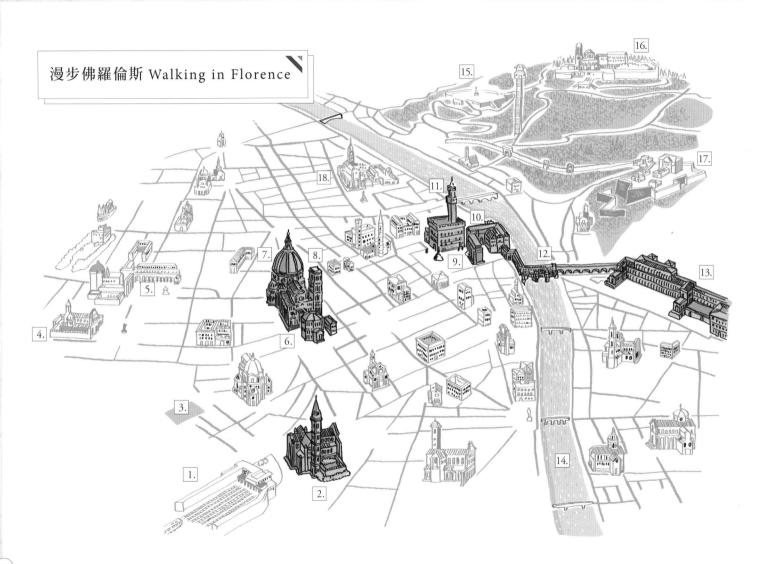

⊃ 漫步在佛羅倫斯的大街小巷之間

佛羅倫斯是極為著名的世界藝術之都，歐洲文藝復興運動的發祥地，這座世界各地藝術家不斷追尋、讚賞的城市讓未到者心馳神往，魂縈夢牽，讓到訪者念念不忘。

佛羅倫斯的三大旅遊區，分別是：聖母百花大教堂、領主廣場及阿諾河上的老橋。從火車站出發，經過新聖母教堂，跟著人潮和指示牌，不知不覺便到達聖母百花大教堂，只需十多分鐘。再走遠一點來到領主廣場，也只是十多分鐘。佛羅倫斯就是一個即使不用地圖也可放鬆自在的散步城市。

1. 佛羅倫斯中央火車站 (Firenze Santa Maria Novella)：遊客中心不在火車站裡面，是在正門的對面馬路。
2. 新聖母教堂（Santa Maria Novella）：建於 13 世紀中，是佛羅倫斯第一座宗座聖殿，也是道明會在佛羅倫斯的主要聖堂。我們酒店前方就是它。
3. 中央市場：想尋找親民價錢的地道美食、蔬果、特產和伴手禮，便來這裡挖寶。從火車站走過去不到十分鐘。
4. 聖馬可修道院（Museo di San Marco）。
5. 學院美術館（Academy）、佛羅倫斯聖母領報大殿及佛羅倫斯大學。在前者可觀看到米開朗基羅的傑作「大衛像」真跡，以及他的其他經典之作。
6. 洗禮堂 (Battistero di San Giovanni)：是佛羅倫斯最古老的建築物之一。
7. 聖母百花大教堂 (Santa Maria del Fiore)：佛羅倫斯的第一名勝。
8. 喬托鐘樓（Giotto's Bell Tower）。
9. 領主廣場（Piazza della Signoria）。
10. 烏菲茲美術館（Galleria degli Uffizi）：佛羅倫斯最重要的美術館，歐洲最古老的美術館之一，裡頭有很多麥第奇家族的蒐藏品，文藝復興時期的重要作品都放在這裡，也是世界文藝復興藝術

集大成的地方。
11. 舊宮 (Palazzo Vecchio)：昔日皇宮，外觀彷如城堡的，現在是市政廳。
12. 老橋（Ponte Vecchio）：橫跨在阿諾河河道最狹窄的地方。
13. 彼提宮（Pitti Palace）：規模宏大的宮殿，建於文藝復興時期，也是昔日麥第奇家族的居所。曾成為拿破崙的權利中心，以及義大利皇室也曾在此短暫居住。現時是為美術館。建築師巧妙地利用長廊建築，將舊宮、烏菲茲美術館、經過舊橋上的長廊，連接到領主的私人住宅彼提宮，規劃出一條領主專用道。
14. 阿爾諾河 （Arno）。
15. 米開朗基羅廣場（Piazzale Michelangelo）：可俯瞰全市的美景。
16. 聖米尼亞託大殿（Basilica di San Miniato al Monte）。
17. 波波里花園（Giardino di Boboli）：古羅馬式花園，屬文藝復興式的佳作。
18. 聖十字教堂（Basilica di Santa Croce di Firenze）：這裡安葬了但丁、米開朗基羅、伽利略名人，有「義大利先賢祠」之稱。

上：走在佛羅倫斯大街小巷經常能看到餐廳門口都擺放著丁骨牛排，此牛肉其實是來自當地名物。　中：旅客中心。
下：佛羅倫斯中央火車站。

佛羅倫斯的酒店

那天早上我們在羅馬搭乘高鐵，不到十一點便來到佛羅倫斯。Hotel Rosso 23 是在古城區初段，距離火車站數分鐘，拉著行李走過新聖母教堂便抵達，放下東西便開始文藝復興古城第一天旅程。由於佛羅倫斯是著名的觀光城市，大大小小各種價位的酒店均有，散落各處，不過還是以火車站一帶比較多，另外在阿諾河河旁亦有不少高價位的酒店，只因擁有的河景。

佛羅倫斯城內與城外的旅程規劃

旅程規劃大致分三部分：古城遊覽、參加托斯卡尼松露團和五鄉地遊覽。後兩者屬於離開古城範圍的行程，佛羅倫斯就是在托斯卡尼艷陽下的地方，周邊有很多值得玩的，比如五鄉地、比薩斜塔，都是從佛羅倫斯前往最方便。

佛羅倫斯古城的觀光景點正如一開始所說非常密集，點到點之間步行都不太遠，即使不用地圖也可放鬆尋覓，而且中間都有很多地方可以邊走邊逛不會無聊。火車站開始跟著人潮和指示牌，一路從北邊逛到聖母百花大教堂、然後走至古城心臟地區，包含舊宮、領主廣場與烏菲茲美術館、再一路往南過老橋、彼提宮及米開朗基羅廣場。走過這三大旅遊區，旅客都能認識到佛羅倫斯最精華的部分。

佛羅倫斯安不安全？

佛羅倫斯是義大利讓我感覺最安全的城市之一，因為大部分的人會住在市中心，而市中心真的是很安全，唯一比較複雜一點的應該是火車站附近，但是跟米蘭、羅馬、拿坡里混亂感對比真的小

巫見大巫，佛羅倫斯半夜走在路上也相當舒服安全。

購買快速入場門票或佛羅倫斯卡

佛羅倫斯大部分的觀光景點都要排隊排很長，如果是在 4 至 10 月的旺季前去，基本上最著名的聖母百花大教堂、烏菲茲美術館、學院美術館等都要排隊一個小時以上。所以，一定要在網絡預先購買，甚至多付一些錢買那種不要排隊的快速入場門票。

另外，如果你有三個整天可以待在古城內，不妨考慮購買佛羅倫斯卡（Firenzecard），有效期為 72 小時，價錢超過 80 歐元，可免費參觀約 80 家博物館，最知名的那幾家都包含在內。如果一天逛到兩至三間博物館，這張卡就值回票價了。話說回來，如果認真慢慢欣賞，最知名那幾家美術館都大到很有可能一天都無法消化。這樣看來，是否購買佛羅倫斯卡的確是令人傷腦筋的問題……自助旅行就是要花時間去研究，總而言之，千萬不要到現場才買票啊！

左：我們入住的 Hotel Rosso 23，是在古城區的初段。　右：酒店前方有新聖母教堂。

歷來關於佛羅倫斯的影視作品十分多，這次要介紹兩部都是在近十年間誕生，在亞洲區均可觀賞到。

首先，是由 Netflix 播映的《Medici: Masters of Florence》，演繹中世紀時義大利麥第奇家族發跡與興盛的歷程。此歷史劇在佛羅倫斯實地取景，美不勝收的廣袤原野風光、連綿不盡的古典紅磚屋瓦與壯觀雄偉的建築皆讓人目不轉睛。劇情節奏算緊湊，但動作戲不多，可一窺當時商場、政壇、宗教界、藝術建築發展之百態外，著墨較多的是麥第奇家族與宿敵間權勢的角力。

另一齣影片應該更多人認識，是改編自美國作家丹‧布朗（Dan Brown）的同名小說《地獄 Inferno》，這是繼《天使與魔鬼》、《達文西密碼》、《失落的符號》之後，以羅柏‧蘭登為主角的第四部小說。此電影同樣是實地拍攝，最著名景點包括聖母百花大教堂、烏菲茲美術館等都在電影出現，對於到訪過此地的旅客分外有親切感。至於電影內容，就是關於男主角於有限時間之內必須在但丁《神曲》所創作的《地獄》圖尋找到線索，以解除足以消滅地球一半人口的病毒危機。

新聖母教堂
鄰近旅客中心的那一座教堂，就是佛羅倫斯的第一座教堂。

佛羅倫斯旅遊中心：www.firenzeturismo.it
佛羅倫斯卡：www.firenzecard.it
酒店：www.hotelrosso23.com

天才之作，世界上最大的圓頂大教堂

走在佛羅倫斯的街頭，不管任何角落都不難發現聖母百花大教堂（Basilica di Santa Maria del Fiore）的蹤跡。它是佛羅倫斯市最醒目的地標（沒有之一），這幾天在古城之內轉啊繞的，都脫離不了它！

佛羅倫斯，這座被麥第奇家族成就的文藝復興城市，最矚目的建築包含了聖母百花大教堂、烏菲茲美術館、學院美術館及老橋等等，通通都屬於文藝復興式建築。

● 文藝復興式建築

文藝復興式建築，其實是伴隨著 14 至 17 世紀的文藝復興而誕生的建築風格。這場文化運動就是發源於佛羅倫斯，因此也稱為義大利文藝復興，後來擴展至歐洲各國。文藝復興表面上是「單純地主張恢復古典文化」，其實它並不是真正要「恢復」古典的文化，而是藉此抨擊當時被視為不好的文化和制度，以建立新的文化與社會制度。

至於文藝復興式建築，其精神是希望借助古典的比例來重新塑造「理想中古典社會的協調秩序」，所以最大特色是講究「秩序與比例」，擁有嚴謹的立面、平面構圖，以及從古典建築中繼承下來的柱式系統。

● 標誌文藝復興的開端

從火車站開始旅程的話，首先見到的是橘紅色磚瓦鋪成巨大拱頂的聖母百花大教堂，從遠處看來相當耀眼。正好它是文藝復興的第一個標誌性建築，標誌著文藝復興的開端，很適合成為漫遊文藝復興古城的第一站。眾所周知義大利的教堂都是無比壯觀，在「全世界五大教堂」中便擁有其中三座，聖母百花大教堂就是第四名，1982 年被列入世界遺產，另外聖彼得大教堂則名列世界最大、米蘭大教堂為第二名。

聖母百花大教堂，又稱為花之聖母大教堂、佛羅倫斯大教堂，實際上是三座建築構成一體的建築群，以大教堂為中心，配上喬托鐘樓（Campanile di Giotto）及聖約翰洗禮堂（Battistero di San Giovanni），顯得格外雄偉壯觀。

聖約翰洗禮堂

當我們走到人山人海的大教堂廣場（Piazza del Duomo），先映入眼簾的是八角形拜占庭風格建築：聖約翰洗禮堂，7世紀前已建成，也是佛羅倫斯現存最古老建築之一，直至11世紀才改建成現在的模樣。聖約翰是這個古城的守護神，其前身是古羅馬時期遺留下來的小廟宇。佛羅倫斯的傳統，千年以來，土生土長的孩童都在此處受洗，包括但丁、馬基雅弗利等名人。

天堂之門

洗禮堂的每一面縱向及橫向都呈現三三制結構，設有三個銅門分別在北、南及東方向。面向聖母百花大教堂的東門，是最有名的，由義大利雕塑家洛倫佐·吉貝爾蒂 (Lorenzo Ghiberti) 於1452年製造，是文藝復興時期最著名的傑作之一。金光燦爛而且雕功細緻的東門，是此洗禮堂最引人目光的傑作之一。門上分為十個部分精緻浮雕，訴說十個舊約故事，被米開朗基羅讚譽為天堂之門（Porta del Paradiso）。 佛羅倫斯曾遭遇大洪水，原作在修復後，保存在主教座堂博物館。

聖母百花大教堂是佛羅倫斯最醒目的地標（沒有之一），其巨型穹頂為世界最大。這幾天在古城內轉啊繞的，都脫離不了它！

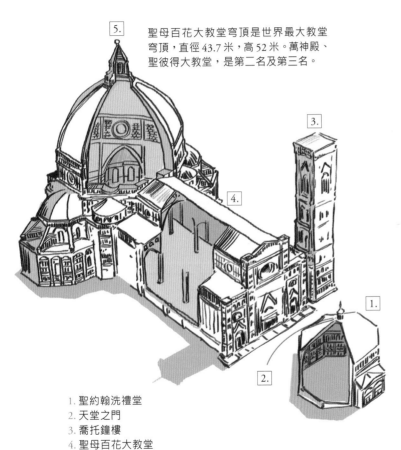

5. 聖母百花大教堂穹頂是世界最大教堂穹頂，直徑 43.7 米，高 52 米。萬神殿、聖彼得大教堂，是第二名及第三名。

3.

4.

1.

2.

1. 聖約翰洗禮堂
2. 天堂之門
3. 喬托鐘樓
4. 聖母百花大教堂
5. 世界最大教堂穹頂

聖約翰洗禮堂的天堂之門，與聖彼得大教堂的聖門一樣，也是每 25 年才開啟，下一次開門時間是 2025 年。

1.

4.

5.

3.

布魯內列斯基雕像位於廣場一角，凝視著教堂穹頂。成就這個世界最大穹頂的天才，就是他了！

223

☺ 喬托鐘樓

喬托鐘樓，高 85 米，由建築師、畫家喬托‧迪‧邦多納 (Giotto di Bondone) 設計而得名。1334 年，佛羅倫斯王國聘請他設計，花了三年時間，蓋起第一層後不久便去世。第二至四層則由另外兩名建築師完成，第五層是後來加蓋的。四方柱鐘樓，每邊長 14.45 米，高 84.7 米，共有五層樓，教堂大鐘懸掛在第五層。四面由彩色大理石及浮雕塑像裝飾，內容描繪了人類的起源和生活，如亞當夏娃的故事、狩獵、農耕等等。

旅客亦可徒步登上喬托鐘樓，由東側進入，爬上 414 級階梯，每登一層都會看到不同高度的佛羅倫斯和教堂景色。在最頂端的露台，重點是可以近觀大穹形屋頂沉穩地矗立在一片紅色屋頂上，以及眺望整個佛羅倫斯市區景觀。建議要登上鐘樓，可以選在下午來，因為下午上來時看向聖母百花大教堂這一面是順光。如果沒有持有佛羅倫斯卡，可以考慮購買聖母百花圓頂、喬托鐘樓與洗禮堂的三合一套票。

☺ 聖母百花大教堂的大圓頂

高 106 米的聖母百花大教堂，第一眼看到便發現它跟歐洲許多尖塔、尖拱、肋拱、飛扶壁等風格的教堂相當不同，外部由白、綠、粉等彩色大理石鋪設而成，而建築比例計算上，呈現一種非常和諧的古典感，而建築最大的特色便是大紅圓頂，想欣賞圓頂外觀，最棒的角度便是下午登上旁邊的鐘樓。這個由八角肋骨支撐而起的龐大砂岩穹頂，絕對是此教堂最具代表性的標誌，話說一開始的建築草圖上是並沒有的。

到了 1418 年，整座大教堂只剩拱頂沒有完工，原因是圓頂規模實在太大。

我在來到佛羅倫斯之前，對聖母百花大教堂的
規模其實沒有實際概念。一直到親自站在它精美
的彩色大理石立面前，才真正被它的大小衝擊！

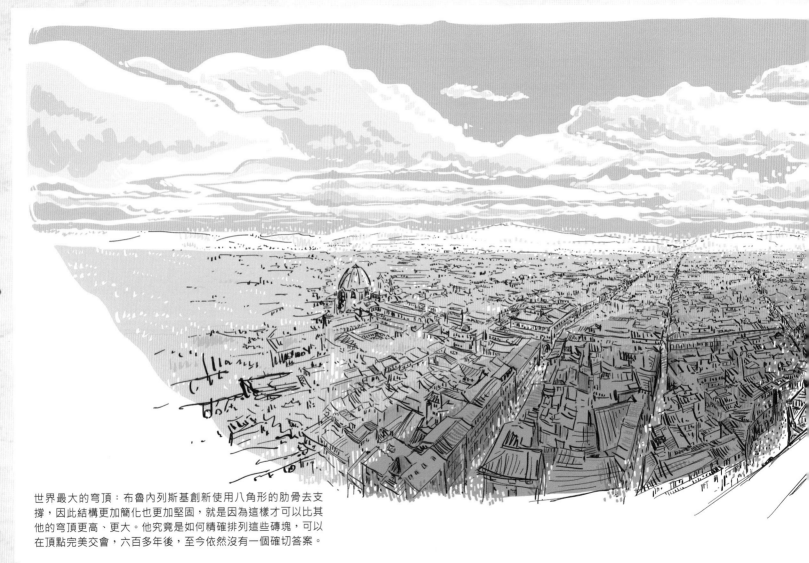

世界最大的穹頂：布魯內列斯基創新使用八角形的肋骨去支撐，因此結構更加簡化也更加堅固，就是因為這樣才可以比其他的穹頂更高、更大。他究竟是如何精確排列這些磚塊，可以在頂點完美交會，六百多年後，至今依然沒有一個確切答案。

比萬神殿穹頂還要巨大

聖母百花大教堂的複雜歷史我不贅述，只能說是最具代表性的穹頂。此教堂工程始於 1296 年，1347 年遇上黑死病大爆發而工程中斷。1367 年繼續工程，在全民投票下，教堂中殿十字交叉點上加建一個「巨大的八角形圓頂」。

「巨大圓頂」有多大？這個穹頂的直徑 43.7 米，高 52 米，這兩個數字也許無法清楚說明，用古羅馬萬神殿的穹頂作比喻便容易明白許多，就是它比起萬神殿穹頂（直徑與高度均達 43.3 米）還要大，而且回顧建築歷史，自萬神殿以來再沒有建造過更大的穹頂了。因此，佛羅倫斯這個當世最巨大的穹頂絕對是建築學的超級難題，所以穹頂設計圖雖然完成，可是沒人知道如何建造！

就這樣數十年過後，直到 1418 年，市政府公開徵集建造此圓頂的方案。眾多方案之中，最後由文藝復興享負盛名的建築師菲利波 ‧ 布魯內列斯基（Filippo Brunelleschi）勝出。他主張不採用以往正圓的設計，而是創新的使用雙層拱頂結構以八條懸鍊拱作為支撐，並以石製與木製的鎖環結構抵銷圓頂因為重量而崩塌的力量。再以磚塊水平、垂直交錯的螺旋排列方式支撐磚塊自身的重量，解決建造時沒有中央支撐結構的問題。整個穹頂總共使用了400 多萬塊磚。

一切都在神祕地進行

在整個建築過程中，布魯內列斯基並沒有公開圓頂的設計圖。為了向工匠說明，便請雕塑家使用木材和磚材造了一個圓頂模型作為指導。不過這個模型是故意不完整的，目的是他要確保對整個工程的掌控。直至今天，這個不完整的模型在大教堂的博物館展出。

他為了將建築材料運送到高處，發明了一種起重機，據說是受到維特魯威在《建築十書》的啟發，因為書中描寫了興建萬神殿時曾經用到的特殊機械。為防止他人剽竊自己的成果，布魯內萊斯基為起重機申請了專利。除了穹頂外，大教堂的採光亭與耳堂，也是他的作品。

最後聖母百花大教堂的圓頂終於在開工後的 140 年完成建造，大教堂終於在 1436 年舉行獻堂典禮。百年之後，米開朗基在聖彼得大教堂建造了的一個直徑 42.56 米的大圓頂，雖然廣受好評但自嘆不如。

至今沒有一個切確答案

這座文藝復興時期最偉大的建築傑作，在完工將近六百年後，依然是今日世界最大的磚造圓頂。而布魯內列斯基究竟是如何精確排列這些磚塊，讓他們即使有著非正八邊形底座，卻依然在頂點完美交會，至今沒有一個切確答案。

最後要說，進入教堂不需門票，但人龍通常很長很長⋯⋯而最受歡迎的當然是登上教堂穹頂，是一定要上網預約。

米蘭大教堂，雄踞於米蘭市中心。走出 Duomo 地鐵站出口，抬頭便可望見這座世界第二大的教堂。它給我的第一印象就是
極其繁複華麗的外表，甚至讓人感到眼花繚亂，到底它有多少個尖頂呢？尖頂上又放置了什麼呢？（它又稱為尖塔之林，
大概就是這個原因）它前後歷經了 600 多年才真正完工，帶給我們震撼的程度，真是可以列入這次旅程難以忘懷的情景之
一。

艾曼紐二世拱廊，與米蘭大教堂為鄰，建於 1865 年，擁有「世界上最漂亮的迴廊之一」的美譽。從氣派十足的長廊入口開始，便是一條寬47 米、高也是 47 米的十字形長廊，其中的一條長廊長 196 米，另一條略短則長 105 米，廊頂是拱圓形的設計，頂上裝有彩色繽紛的玻璃棚，四面延伸的走道盡頭是四個出口。

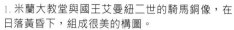

1. 米蘭大教堂與國王艾曼紐二世的騎馬銅像,在日落黃昏下,組成很美的構圖。

2-3. 夜間與白天的米蘭大教堂,散發出不同的氛圍。

4. 教堂內部以 52 根圓柱撐起可容納三萬多旅客的巨大空間。

5-6. 教堂的左方是艾曼紐二世拱廊,是高消費的購物區。透光的圓頂十分漂亮,即使不打算入內購物,也要欣賞一番。

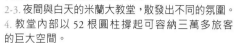

不用付錢，在露天雕像博物館看大衛像

6.

4.

離開聖母百花大教堂後，我們往阿諾河方向前去，穿越窄道便來到領主廣場（Palazzo della Signoria）。此廣場自古以來列為佛羅倫斯政治中心，也是「佛羅倫斯共和國起源與歷史的焦點」，今天成為遊客必去的地方之一，舊宮、傭兵涼廊與烏菲茲美術館為三大重點建築。

宏偉氣派的領主廣場，豎立多座巨型雕像，個個栩栩如生，彷彿一個免費開放的露天雕像博物館。呈「L」形的廣場，從早到晚充滿愉快的遊客、馬車、咖啡廳等等，但自古以來，這個城市各種殘忍、重大政治事件都發生在這廣場上，不曉得多少人在此地方上掉丟性命呢？

● 佛羅倫斯的三座大衛像

若是沒有時間排隊進學院美術館（Galleria dell'Academia）看大衛像等藝術作品，這裡也有許多經典的複製雕像可以免費觀賞，不過看過真跡後再看複製品，就能很明顯發現兩者的差異，無論線條的雕刻、表情的真實度和肌肉的線條真的都差異很大啊！

米開朗基羅的大衛像，絕對是佛羅倫斯的至寶，在城內總共陳列了三座大衛像，真品當然只有一座，其餘是仿製的。真品於 1504 年完成後，一直放在舊宮門前，直到 1873 年才被移至佛羅倫斯學院美術館。青銅的仿大衛像被放在山上的米開朗基羅廣場，仿大理石的大衛像就是現時大家在舊宮門前看到的那一座。

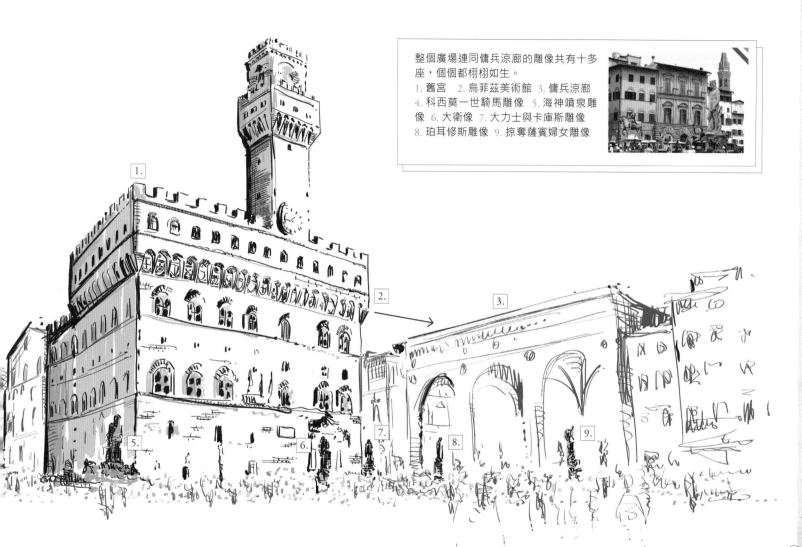

整個廣場連同傭兵涼廊的雕像共有十多座，個個都栩栩如生。

1. 舊宮　2. 烏菲茲美術館　3. 傭兵涼廊
4. 科西莫一世騎馬雕像　5. 海神噴泉雕像　6. 大衛像　7. 大力士與卡庫斯雕像
8. 珀耳修斯雕像　9. 掠奪薩賓婦女雕像

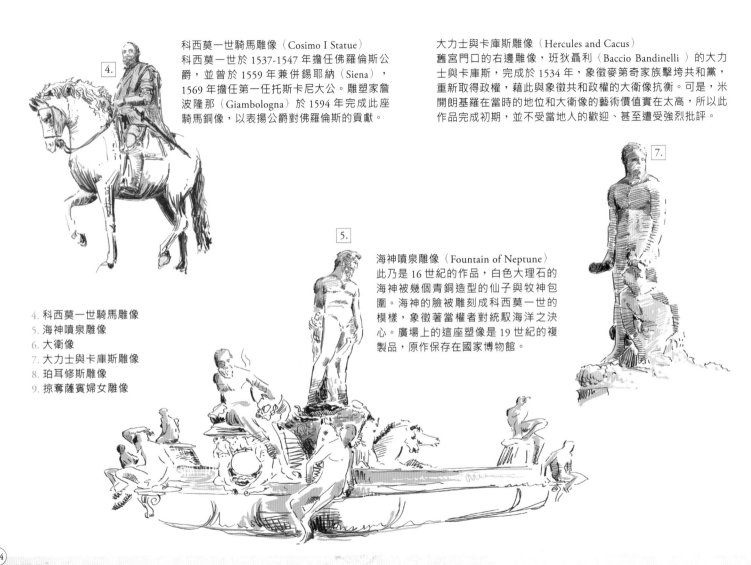

科西莫一世騎馬雕像（Cosimo I Statue）
科西莫一世於 1537-1547 年擔任佛羅倫斯公爵，並曾於 1559 年兼併錫耶納（Siena），1569 年擔任第一任托斯卡尼大公。雕塑家詹波隆那（Giambologna）於 1594 年完成此座騎馬銅像，以表揚公爵對佛羅倫斯的貢獻。

大力士與卡庫斯雕像（Hercules and Cacus）
舊宮門口的右邊雕像，班狄聶利（Baccio Bandinelli）的大力士與卡庫斯，完成於 1534 年，象徵麥第奇家族擊垮共和黨，重新取得政權，藉此與象徵共和政權的大衛像抗衡。可是，米開朗基羅在當時的地位和大衛像的藝術價值實在太高，所以此作品完成初期，並不受當地人的歡迎、甚至遭受強烈批評。

4.

7.

5.

海神噴泉雕像（Fountain of Neptune）
此乃是 16 世紀的作品，白色大理石的海神被幾個青銅造型的仙子與牧神包圍。海神的臉被雕刻成科西莫一世的模樣，象徵著當權者對統馭海洋之決心。廣場上的這座塑像是 19 世紀的複製品，原作保存在國家博物館。

4. 科西莫一世騎馬雕像
5. 海神噴泉雕像
6. 大衛像
7. 大力士與卡庫斯雕像
8. 珀耳修斯雕像
9. 掠奪薩賓婦女雕像

掠奪薩賓婦女雕像 (Rape of the Sabine Women) 作品是詹波隆納以整塊大理石雕成的，也是歐洲雕塑史上第一次表現超過一個人物的作品。每個角落都有不同的欣賞點。雕塑自 1583 年就安放在這座涼亭。取材自羅馬的建城傳說：士兵劫奪鄰邦薩賓婦女為妻的情節。

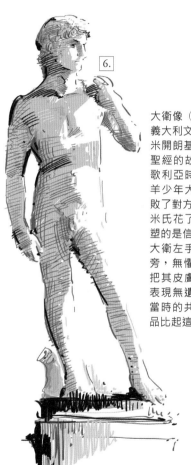

6.

大衛像（Statue of David）
義大利文藝復興時期雕刻的代表作，米開朗基羅 26 歲時的作品。大衛是聖經的故事，當以色列人遇到巨人歌利亞時感到害怕而退縮，唯獨牧羊少年大衛勇敢地挺身，並最終打敗了對方。

米氏花了三年多的時間完成，所雕塑的是信心滿滿又從容不迫的形象，大衛左手拾起石塊，右手垂放在一旁，無懼地打量著敵人。還精巧的把其皮膚血管的張力，肌肉的健壯表現無遺。此偉大作品同時也象徵當時的共和國推翻專制之勝利。真品比起這座仿製品還要大許多。

8.

9.

珀耳修斯雕像 (Perseus Statue)
此青銅像是由精本韋努托‧切利尼（Benvenuto Cellini）於 1554 年完成，耗上十幾年的時間。這位希臘神話英雄是宙斯的兒子，右手持劍，左手耀武揚威的高舉蛇髮女妖美杜莎被斬的首級，鮮血從頭部和頸部湧出。雕像比例勻稱、肌肉發達，用右腿支撐站立。真品現藏在巴傑羅美術館。

外觀如無堅不摧的舊宮，高聳的鐘樓面對領主廣場，周圍的傭兵涼廊、烏菲茲博物館，雕像星羅棋布，形成義大利最重要、精采的戶外藝文空間。

舊宮

舊宮（Palazzo Vecchio）的外觀如無堅不摧的堡壘，上方的鐘塔約高 94 米，聳立在廣場間，曾是麥第奇家族的宮殿，於十三世紀末建造的，是佛羅倫斯中古世紀時期的代表建築。

羅馬風的舊宮相當宏偉，典型圓拱形的窗戶、搭配鑲在牆垣上的盾牌型市徽，表示每個不同的主政時期、城垛與炮口結合抵禦外敵功能的設計，純白色大型時鐘就在鐘塔牆上，看起來沒有過多華麗的風采，卻多了一層堡壘般的威嚴。

現在是市政辦公室，遊客可上樓參觀各廳室的收藏，其中最富麗堂皇的房間是「五百人大廳」，長 52 米，寬 23 米，興建於 1494 年，現時大廳兩旁的巨型壁畫是佛羅倫斯戰勝比薩和錫耶納的戰爭畫。

傭兵涼廊

傭兵涼廊（Loggia dei Lanzi）建於 1376~1382 年，開放的拱形空間深受當地人的喜愛。最早期是舊宮的執政涼廊，給官員遮風擋雨或是接待外賓用的。在科西莫一世統治時期，當時這裡駐紮外國僱傭軍，以對抗共和國的傭軍。涼廊的屋頂後來也加以修建，成為一個可讓麥第奇家族站在上面的階台，方便觀看廣場上的典禮。現在成為文藝復興時期藝術品的露天展場。

烏菲茲美術館

烏菲茲美術館（Galleria degli Uffizi）在舊宮隔壁，是佛羅倫斯最有歷史及最有名的博物館。它建於 1560 年，原本是麥第奇家族的辦公室，Uffizi 在義大利語是「辦公室」的意思，收藏許多文藝復興經典作品。直到此家族在 1737 年絕嗣，家族最後一位後裔在簽訂藝術品遺產移交協定時，規定這些珍貴藝術品必須留在佛羅倫斯，且必須為公眾服務，於是將收藏品捐給佛羅倫斯政府。

烏菲茲美術館參觀攻略

此館目前收藏了超過 1700 幅的名家畫作和 300 多座具代表性的雕塑藝品等，是全球接待遊客量排名前三的美術館，內有米開朗基羅、達文西、波提切利等偉大藝術家的作品。每年 3 月到 10 月尾為旺季，強烈建議事先預約以確保順利入場，淡季則當天現場購票即可。此外預約時會額外收取數歐元的費用。

烏菲茲美術館的鎮館作品
❶ 維納斯的誕生（Nascita di Venere）：波提切利　❷ 春（Primavera）：波提切利　❸ 三博士來朝（Adorazione dei Magi）：波提切利　❹ 聖母領報／天使報喜（Annunciazione）：達文西　❺ 聖家庭與聖約翰（Doni Tondo / Doni Madonna）：米開朗基羅　❻ 聖母、聖嬰及兩位天使（La Madonna col Bambinoe angeli）：菲利普・利皮　❼ 烏爾比諾的維納斯（Venere di Urbino）：提香　❽ 寶座上的聖母（La Maestà di Ognissanti）：喬托　❾ 聖母瑪利亞（La Madonna del Cardellino）：拉斐爾　❿ 年輕的酒神（Bacchus）：卡拉瓦喬

MVSEO di Palazzo Vecchio

烏菲茲美術館：www.uffizi.it

● 漫遊古城 Part 3：維琪奧橋 Ponte Vecchio

彷彿數個彩色箱子層層相疊，但丁的初戀所在

阿諾河（Arno）就像佛羅倫斯古城的命脈，不管怎麼走一定看得到，河面不寬，橋卻密集，每一段不遠的路就出現一座橋，佛羅倫斯重要地標老橋就在此河最窄的地方；遠遠看起來一點都不像橋，反而蓋在河面上的一排兩、三層老房子，更像多個彩色的大箱子層層疊著！

● 不會感覺自己身處河上

回想起來，逛老橋給我的感覺跟稍後會去的威尼斯雷亞托橋（Ponte di Rialto）有點相似，橋上都有一堆店家；不同的是，老橋橋體是平面的、沒有弧度，而且兩邊都被建築物包圍，所以在橋上的人們通常不會感覺到「自己原來已經身處在河上的橋梁」，反而像是轉進了一條人潮洶湧的小巷弄內。全橋只有中間一小部分是開放式，放了一座文藝復興時期金匠大師韋努托‧切利尼的半身像（領主廣場的珀耳修斯雕像就是他的手筆），這裡永遠人山人海，因為也只有這處可以觀看到河岸景色。

● 佛羅倫斯最古老的大橋

一般旅客的路線，多數在參觀領主廣場後，便往南走一小段過了烏菲茲美術館，就會遇上一個拱門走廊，那就是這條古色古香的老橋入口。維琪奧橋（Ponte Vecchio）是此橋的正式名稱，Vecchio 含有「古老的意思」，而事實上此橋不單是此城市現存最古老的大橋，亦是義大利現存最古老的石造封閉拱肩圓弧拱橋。

佛羅倫斯老橋蓋在阿諾河最窄處，雖然不長但真的太有特色，外觀與周遭的房子沒太大差異，左看右看也不像橋，活像多個彩色的大箱子層層疊著。不同的時間點、角度觀看這座知名的老橋，總有不同的感受，每一回都是一番滋味！

239

早期橋上皆是販賣蔬菜、魚類和肉類的店鋪

這座橋首次出現在歷史文獻上是在 996 年，目前我們見到的這座不是第一代，在這之前的橋被洪水沖垮，於 1345 年重建，從此橋上兩邊出現許多房子。最早期這些房子是一間間販賣蔬菜、魚類和肉類的小店，店家習慣把垃圾通通扔到河水裡，臭氣熏天，並產生嚴重的衛生問題。後來，科西莫一世下令驅趕他們，改由珠寶店及金匠來承租，從此這座橋煥然一新，逐漸變成今日的模樣。

老橋上的珠寶玉石金飾商店

所以與其說它是橋，倒不如說商店街更為貼切，橋的兩邊現時都是金飾珠寶店。細心留意，店家仍保留著中古世紀店鋪模樣，外觀就像保險箱，店面依舊使用看起來有數百年歷史的古老木門板。開店時，老闆就把這些老舊門板吊起來，打烊時候又一塊一塊關上。走近目測這些門板，我發覺仍完整保留原貌，相當樸實厚重，應該可以繼續使用很長久的時間！

連接舊宮與彼提宮的神祕通道

橫過此橋去到對岸便有一座相當龐大的彼提宮（Palazzo Pitti），那是昔日麥第奇家族的宮殿。話說，為了連接位於領主廣場的舊宮與彼提宮，科西莫一世在 1565 年修建著名的瓦薩利走廊（Corridoio Vasariano），此名字來自建築師。瓦薩利走廊始於舊宮南側，穿過烏菲茲美術館和老橋上層，最終抵達彼提宮。此通道是為了讓麥第奇家族成員，可以不用與一般老百姓在戶外擠著過橋而設計。剛才提及老橋原本的魚類和肉類的小店被驅趕，原因之一也是統治者每天經過的地方不應該這樣髒亂不堪，所以下令改店面租給珠寶金飾業者。時至今日，這瓦薩利走廊仍然保持神祕臉紗，一般人無法入內參觀。

1. 橋上兩旁建滿房子，形成半封閉式，走在上面就像一條布滿商店的金飾珠寶店街。　2. 圖上方是老橋的瓦薩利走廊，至今仍然保持神祕，一般人無法入內參觀。　3. 全橋只有中間一小段能看到河岸景色，那處亦放了韋努托‧切利尼的半身像，這處永遠是人山人海。　4. 走過老橋，便可去到彼提宮，是昔日麥第奇家族的宮殿。

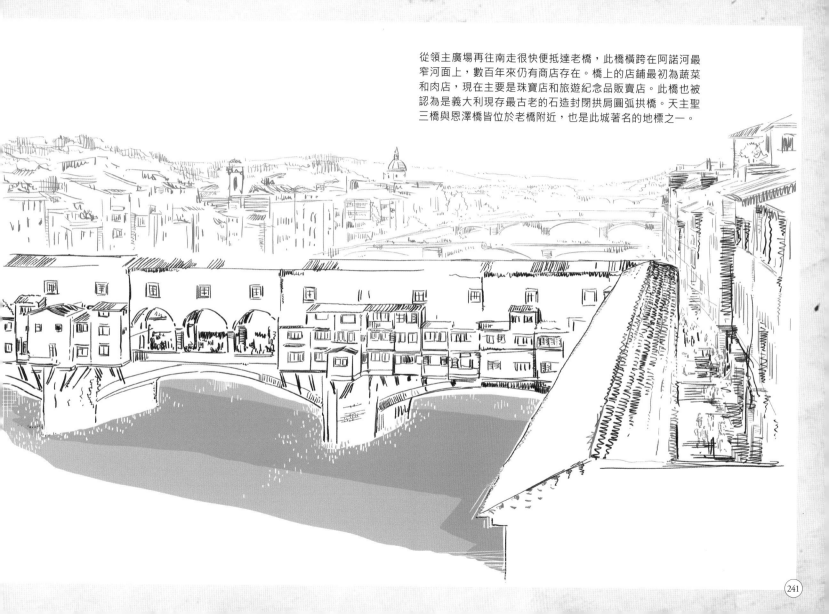

從領主廣場再往南走很快便抵達老橋，此橋橫跨在阿諾河最窄河面上，數百年來仍有商店存在。橋上的店鋪最初為蔬菜和肉店，現在主要是珠寶店和旅遊紀念品販賣店。此橋也被認為是義大利現存最古老的石造封閉拱肩圓弧拱橋。天主聖三橋與恩澤橋皆位於老橋附近，也是此城著名的地標之一。

阿諾河上的中世紀老橋

剛才說到老橋為此城市現存最古老的大橋,因為此城市的所有橋梁在二次大戰時都被德軍炸毀,唯獨此橋保留下來。河上的其他橋,比如位於老橋上游的恩寵橋(Ponte alle Grazie)與下游的天主聖三橋(Ponte Santa Trinità),同樣都是中世紀的古老大橋。前者橋上亦曾建有房子,彷彿今日的老橋;後者也曾經是世界上最古老的橢圓型拱橋,長達32米。那麼為什麼老橋可以在二戰逃過一劫?據聞希特拉很喜歡此橋,因此下令不要炸毀。

來回好幾次,都是由遠處看老橋

第一天抵達此城,我們在旅館放下行李後,阿諾河與老橋就是我們首先探訪的地方。手上沒有地圖也沒有詢問路人,依著旅遊的直覺很快來到阿諾河。事實上,在這幾天來回遇上老橋好幾次,清晨、下午、黃昏和晚上都有,時間不同,氣氛不同,自己的感受也不同。每一回都是從遙望開始,沿著阿諾河徐徐地走近。有人說在佛羅倫斯一定不能錯過阿諾河的夕陽,這點真的無庸置疑,雖然只是靜靜的看著河面與遠方的小橋好像沒什麼,但就是有一種簡單的感動!

伴隨但丁一生的愛情故事

最後,以但丁的愛情故事作結,因為故事發生在老橋上。相傳偉大的詩人但丁九歲時,在橋上遇見剛滿八歲的阿特麗斯,並且一見傾心。八年後,他與阿特麗斯在老橋上再次相見,阿特麗斯的美麗震撼他的心,雖然她最終下嫁於他人和不久離世,可是但丁對她的傾慕伴隨一生。其後,他為紀念阿特麗斯而寫了《新生》,並且在《神曲》把她寫進去,昇華成聖潔的女神,然後他們兩個在故事世界裡終於永遠在一起。

上:橋上玲瓏滿目的金飾店仍保留著中古世紀店鋪模樣,外觀就像保險箱。店家維持傳統,依然使用很古老的厚重木門板,開店時就把門板吊起來,打烊時就一塊一塊地關上。

右:特別喜歡這一段可以遙望老橋的散步路段,遠看這一座風情萬千的老橋,看著看著橋和兩旁房子在河上的倒影,微風吹過,小鳥低飛,自然成為這次旅程中難以忘懷的畫面之一!

人間美食：1 公斤的佛羅倫斯丁骨牛排

在我眼中，丁骨牛排（T-bone Steak）或是紅屋牛排（Porterhouse Steak）勝過任何一個部位的牛肉。走在佛羅倫斯的大街小巷或中央市場，我們經常能看到不同價位的餐廳門口，同樣擺放著好幾件體積相當龐大的丁骨牛排。每一回我都被深深的誘惑著，凝視著那支丁骨、凝視那鮮紅肉質，彷彿在告訴我：牠們就是今早剛剛從距離只有數公里遠的近郊屠場運送過來，非常新鮮，然後不禁吐出四個字：人間美食！

如果要問，這趟義大利旅程中最難忘的美食有哪幾道？第一時間的反應就是：義大利美食真是數之不盡……不過前三名必然有佛羅倫斯丁骨牛排（Florentine steak）！

○ 丁骨牛排是來自當地名物：契安尼娜牛

義大利美食之中，是沒有羅馬丁骨牛排、米蘭丁骨牛排、拿坡里丁骨牛排、波隆納丁骨牛排……唯獨只有佛羅倫斯丁骨牛排，而且稱霸全國、聞名全球。佛羅倫斯丁骨牛排的義大利文叫「Bistecca alla fiorentina」（Bistecca 即是英文的Steak），在義大利餐廳的菜單裡必需認識此三個字。這道丁骨牛排被冠上了「佛羅倫斯」，因為牛肉是來自當地名物契安尼娜牛（Chianina），牠們主要生活在佛羅倫斯所屬的托斯卡納地區（Toscana），在別處是找不到的。托斯卡納地

區因為氣候溫和和擁有廣闊的草原，十分適宜牛和葡萄的生長。

契安尼娜牛原產自義大利中部的契安尼娜山谷，早在古羅馬時代就已開始培養，其體積相當龐大（正好說明佛羅倫斯丁骨牛排的特徵就是「龐大」），成年公牛差不多有 1.8 米高、1.7 噸重，當地人只吃其肉而不飲其奶。牠們剛出生是黃褐色，成年後轉向白色。

抵達佛羅倫斯的第一個晚上，我們便來到這家較受好評的 Ristorante Parione，品嚐期待已久的佛羅倫斯丁骨牛排。注意在旅客區的餐廳特別多食客，最好是事前訂位，我們在第一站拿坡里時便網上訂位。

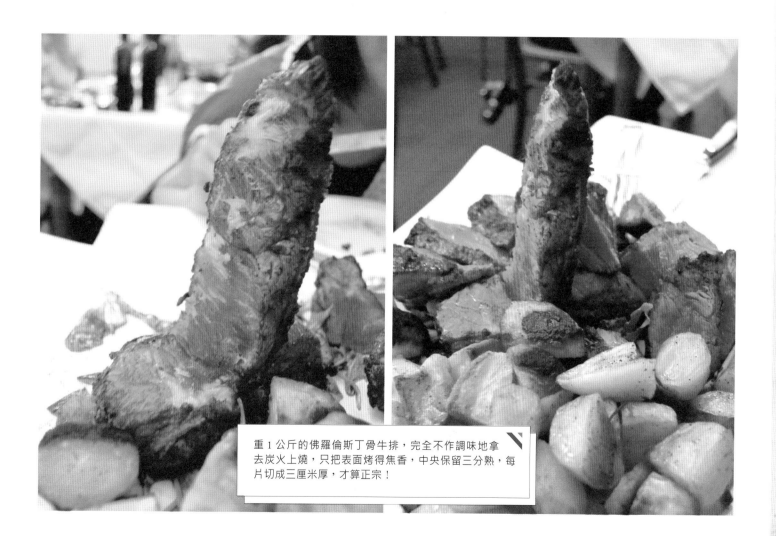

重 1 公斤的佛羅倫斯丁骨牛排，完全不作調味地拿去炭火上燒，只把表面烤得焦香，中央保留三分熟，每片切成三厘米厚，才算正宗！

⊃ 煮法簡單，絕不超過三分熟

所謂丁骨牛排，就是選取牛的前腰脊帶骨部位，由紐約客牛排與一小部分的菲力牛排組合而成，吃起來特別軟嫩多汁。料理這道美食主要依靠牛肉本身的品質，也不需要什麼華麗的技巧，只要在牛排塗上鹽、胡椒、橄欖油用木炭烤成。關鍵在於「不超過三分熟」，雖然有些待應會禮貌地問你要多少分熟？但千萬不要說七分或全熟，否則會糟蹋這道人間美食喔！

⊃ 預算 100 歐元的丁骨牛排餐廳

佛羅倫斯丁骨牛排，就是佛羅倫斯美食的精髓，也是鄉村菜，所以絕大部分餐廳都有這道菜。到底要找 一間來品嚐呢？上網一看，到過當地旅遊的人都說自己所挑選餐廳的丁骨牛排很好吃、很值得推薦，這真是相當傷腦筋啊！於是我們採用簡單的方法，就是在 tripadvistor 網站直接找一間好評較前面的餐廳，預算兩人消費是 100 歐元左右。

⊃ 厚逾三吋的 1 公斤牛排

於是乎，位於古城區內核心範圍的 Ristorante Parione 成為這個晚上十分重要的地方。事前在官網訂好位，走進餐廳時，窺望忙碌的開放式廚房裡，一位廚師正在拿著長刀切厚厚的丁骨牛排，這立刻吸引了我的眼光，稍後我們要品嚐的丁骨牛排，就是來自眼前的這一塊嗎？坐下來二話不說立即點了最期待的佛羅倫斯丁骨牛排，菜單列明是 1 公斤，再配上一道前菜和一支托斯卡納紅酒，合共 120 多歐元。平常需要花上不少時間去點餐，這天不到兩分鐘便決定好，接下來開始一邊觀望其他人吃著牛排、一邊想像著稍後送來的那份牛排是否比別人得更好吃、賣相更好！

吃下前菜後，大約十多分鐘便送來主菜。這真是生平第一次品嚐到這麼巨大的丁骨牛排，環顧其他桌上的丁骨牛排都是厚逾三吋，目測跟菜單上列明 1 公斤沒有差別……甚至好像比起 1 公斤更重啊！

平常點餐比較花時間，這個晚上在兩分鐘內搞定，1 公斤佛羅倫斯丁骨牛排是早已定好的重點戲，然後請店家推薦一隻在地紅酒，加上一份前菜就成了！

我們從餐廳的開放式廚房窺望到這塊非常龐大的丁骨牛排，這就是來自平均 1.7 噸重的契安尼娜牛。這時候廚師正在拿著長刀切著這厚厚的丁骨牛排，不曉得它總重量有多少呢？可以分成多少份給人吃呢？稍後我們要吃的丁骨牛排，看來就是來自眼前的這一塊吧！

在古城區隨時見到不少餐廳在推薦丁骨牛排，大概 20 歐元，分量較小，適合一人食用。

撒些海鹽便可以品嚐

正如之前所說，丁骨牛排就是完全不作調味地拿去炭火上燒，只因牛肉的先天條件實在太好，廚師只需把表面烤得焦香，中央保留三分熟。貼心的廚師把一斤重的巨大牛排切好一塊塊送上，每片切成三厘米厚，不單看到外褐內紅的肉質，也讓人吃得輕鬆，而丁骨則豎立在碟的中間，一柱擎天！炭香撲鼻，賣相一流，先在上面撒些少晶瑩粒粒的海鹽，利刀輕輕切下，牛肉應手而開。細細品嚐，先來一小塊放進嘴裡，充分享受外焦肉嫩，果然炭火燒至三分的牛排就是最佳的食用效果，充沛的肉汁完全封在肉中，天下美味莫過於此！

果然來到佛羅倫斯，不吃舉世聞名的丁骨牛排，那真是白來了。在離開前的晚上，在另一家餐廳點了一人份的丁骨牛排，價錢雖然大眾化，但吃過後我便特別掛念 Ristorante Parione 的 1 公斤丁骨牛排啊！

中央市場的遊客朝拜美食：牛肚包

一開始便提及的中央市場，其位置很便利，距離火車站不遠。它建於 1874 年，樓高兩層、高聳的綠色屋頂配以鮮艷紅色支架的鑄鐵建築，辨識度十分高。

市場內有不同類型的屠夫，為你呈現全隻或局部的豬雞兔子野豬牛羊魚貝等，除了生鮮肉類海產，也有香腸、起司、醃肉等加工熟食，配上隔壁攤的麵包、雜貨店的酒便是完美一餐。

市場內也有提供座位的熟食攤，價格比外面餐館便宜，所以來這裡解決午餐的人絡繹不絕。當中於 1872 年開業的 Da Nerbone 更是米其林指南也推薦的排隊美食店，櫃檯前貼滿了不同媒體的推薦、入選百大美食的標籤、日本雜誌的報導，可見這家店不僅是當地人的庶民美食，更是很多遊客朝拜的熱點。如果你有耐性排隊，記得點他們的招牌「牛肚包」（Panini con Lampredotto）喔！不想排隊的市場內還有其他選擇，讓你吃到價廉物美的一頓。最後，來到在這裡還可以順道在賣乾果、堅果、香料、橄欖油和調味料的攤子選購伴手禮呢！

賣相一流的佛羅倫斯丁骨牛排，炭香撲鼻，先在上面撒些少晶瑩粒粒的海鹽，利刀輕輕切下，牛肉應手而開！

Ristorante Parione：www.parione.net

1.

2.

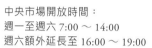

1-3. 市場內最吸引旅客就是 Da Nerbone，人們排隊買完招牌牛肚包，便在用餐區享用。　4-5. 市場內的乾貨店，一家是賣乾果和香料，另一家是橄欖油。　6. 中央市場的外觀。　7. 這是鮮肉店，本地人當然也愛買新鮮的丁骨牛排回去親自動手烤來吃。

中央市場開放時間：
週一至週六 7:00 ～ 14:00
週六額外延長至 16:00 ～ 19:00

3.

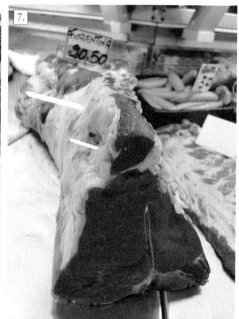

7.

5.

6.

列一張長長的購物清單就在雜貨小店挖寶吧!

非常好逛的佛羅倫斯是 Erica 最想重遊的地方,有別於很多城市裡的無趣旅遊區,佛羅倫斯市內不僅具備旅遊區「應有」的景點、紀念品店、國際精品店……,難能可貴的是很多平民小店仍能佇立在這些點與店之間服務普羅大眾。

食材與廚具雜貨店

例如 Gucci 旁是一家賣花賣種籽的店、從遊人如織的貴婦購物街繞進巷子就是食材與廚具的雜貨店,斜對面還有家品五金與打鑰匙服務都一應俱全的店。這些小店每一間都是寶山,便宜好貨就隱身於密密麻麻的雜貨堆裡等待有緣人挖掘。

在雜貨店發現不少銅鍋,其特點是導熱超快,很適合煮醬汁,用來煎蛋意想不到的好吃!店裡有大大小小不同用途的銅製品,每一支都帶有敲打痕跡、線條優雅的手工銅鍋,買了支小的 24 歐元,用後很想回去買下一整套。另外,橄欖木的特點是堅硬無比,是做砧板的好材料,原始純樸的質感手工橄欖原木砧板,小塊 19.5 歐元,同樣是用後會讓人後悔沒多買的好貨。店裡還有各樣橄欖木廚具,都是優質實惠有美感的好物!

小店門口別有一番美感與個性,當 Erica 在挖寶時,Jackman 便在門口寫生打發時間,有趣的老闆高興地命令:「要給我看過才能走!」

琺瑯器皿店

來到另一家店,Erica 的下手目標是琺瑯餐具和摩卡咖啡壺,琺瑯器皿可以直接在爐台上加熱方便又好用,國外的琺瑯餐具比香港和台灣都便宜太多了,雖然店裡賣的東西並非走精緻路線,但充滿可愛簡單的本土味和家常味。

在 Erica 對這些小店展開地毯式搜索,並已買下了不同品種的番茄種籽、不同香氣的天然肥皂、不同款的手工銅鍋、橄欖木砧板、摩卡咖啡壺、琺瑯杯組、琺瑯量杯、湯碗之後,Jackman 以為差不多之際,Erica 說:「明天我想把今天的店重逛一遍,今晚回去要列一下購物清單……」

> 1. 圖中的摩卡咖啡壺、琺瑯杯組、琺瑯量杯和湯,都是我們戰利品,總價值約 20 歐元。 2. 在此店裡,我們買下了番茄種籽和天然肥皂。 3-5. 食材與廚具雜貨店是我們逗留最多時間的地方,買了手工銅鍋和橄欖木砧板。我們與老闆合照。

1.

2.

3.

4.

5.

跟著小狗找松露，新鮮松露帶來的悸動與溫度

歐洲人將松露、魚子醬、鵝肝並列為「世界三大珍饈」，但後二者都可透過人工養殖而取得，只有松露，才是真真正正源自大地的瑰寶。

黑、白松露向來有餐桌上的黑鑽與白鑽之美名，加上其充滿話題性的傳奇色彩，諸如：國際松露拍賣屢屢以天價成交、至今沒有人能夠人工栽種它、它如何出現會在哪出現一直是個迷團、只能倚靠小狗或小豬這些天生的搜索專家才能有所獲……，這一切都使松露這食材顯得更奢華更稀有更添神祕與趣味！

🥄 輕輕刨下幾片松露薄片

記得有一年為了慶祝結婚周年我們特地預約了台北一家松露料理餐廳，為的就是一嚐這種高貴的滋味，事隔幾年還記得初嚐獨特香味的驚艷、也記得專人在餐桌旁邊講解邊輕輕刨下幾片松露薄片的一幕，伴隨非凡香氣而來的是非凡的帳單。雖然昂貴，我們本來還是有想過在特別日子或許會重臨，但在這次義大利之旅後我們徹底打消了這念頭……全因一次「松露獵人體驗」，自從那天與黑松露親密接觸過後，我們心裡都清楚：高級餐廳可以帶給我們高級的環境和服務，但那份新鮮松露留給我們的悸動與溫度卻是取代不了的。

🥄 托斯卡尼松露團（Tuscany Truffle Tour）

計劃行程時看到了松露獵人體驗團的資訊，Erica 便嚷著要參加，這是一個上午的

活動，由松露獵人帶領參加者跟著小狗在樹林裡搜尋松露，外加簡單的松露午餐，每位參加者收費 75 歐元。事後負責打點報名事宜的 Jackman 告訴 Erica：「壞消息！團的時間與行程不合，無法參加。」正當 Erica 失望透時，Jackman 又說：「好消息！我們可以參加大半天的 Private Truffle Cooking Course……即是只有我們兩人的私人松露料理課喔，除了可以跟松露獵人往樹林採松露，還可以學做三道松露料理，但價格就……」金錢觀念薄弱的 Erica 瞬間雙眼發亮，沒聽完「重點」就直呼：「報名報名！馬上！」

圖的中間是松露獵人薩爾瓦多和小狗比利，左方是她的女兒萊蒂齊亞。

私人的松露獵人與烹飪體驗收費

事實上，私人課的價格會因人數而有不同收費，只有我們兩人的松露獵人與烹飪體驗收費是 340 歐元，價格高低見仁見智，但這確實是一場從頭到尾都令人非常愉快、難忘且滿足的體驗，加上私人課的時間很彈性、可以有更深入的交流，加上專家級的松露知識與最道地最新鮮的松露料理……這一切，我們都覺得物超所值。

有史以來最重的超級白松露

松露有不同種類與產區，除了一直在國際舞台上分庭抗禮的法國佩里戈爾黑松露與義大利阿爾巴白松露外，我們這次前往的聖米尼亞托（San Miniato）也是響噹噹的松露之鄉， 全因 1954 年在這裡找到了一顆重達 2520 公克的白松露，這是有史以來最重的超級白松露。位於托斯卡尼大區（Tuscany）比薩省（ Pisa）的聖米尼亞托，從此在松露界聲名大噪，每年更會於盛產黑松露的 7 月與白松露的 11 月分別舉行黑 / 白松露節。

得天獨厚的聖米尼亞托松露區，每年的白松露採集量平均達 80-100 噸，佔全球 25% 以上。這裡聞名於世，除了產量外，還因為 1954 年找到了一顆重達 2520 公克的白松露，這是有史以來最重的超級白松露。此圖是那位松露獵人和小狗雕像，看看他手上的那夥金色的白松露，觀其大小，實在非常之驚人啊！

⊜ 得天獨厚的松露區

聖米尼亞托夏季盛產黑松露，我們參加松露獵人體驗時是 8 月，所以這次要找的是餐桌上的黑鑽石！帶我們挖寶的是當地的松露世家，這松露家族從爺爺奶奶輩開始已是松露獵人與松露料理高手，松露獵人把知識與技術、還有訓練松露犬的方法、發現松露的私房祕點，以至料理食譜等代代相傳給兒女、兒女的兒女……。

這天早上九點半，我們在聖米尼亞托一下火車，來接我們的萊蒂齊亞（Letizia）已在火車站的柵欄旁與我們招手，她便是前述的松露世家第三代（在我們來訪前兩個月，她剛為家族添了第四代！），她繼承了奶奶的家傳食譜與做飯的熱情，也是我們今天的導覽員和烹飪老師。她開車載我們到樹林與她爸爸—松露獵人薩爾瓦多（Salvatore）和小狗比利（Billy）會合，親切友善的松露爸爸不會英文所以都不太講話，但透過松露、透過食材，我們與他卻有非常多超越語言隔閡的交流；至於熱情如火的比利則絕對是眾人的焦點。

⊜ 每年的白松露採集量平均達 80 ～ 100 噸

夏天早上跟著萊蒂齊亞、爸爸與小狗在蒼翠樹林散步是非常愜意的事，陽光在枝葉間灑落，空氣中瀰漫著青草的芳香，萊蒂齊亞告訴我們這些松露區都由聖米尼亞托松露協會（Associazione Tartufai delle Colline Sanminiatesi）所管理，得天獨厚的聖米尼亞托位於托斯卡納的中心，出產松露的丘陵區覆蓋面積非常廣，這裡的山丘地勢、氣候、地質、植物種類與分布，種種因素使地底松露處處，每年的白松露採集量平均達 80-100 噸，佔全球 25% 以上。為了保護林區環境，同時支持松露業的永續發展，當地的松露獵人需通過考試並支付 30 歐元的年費，方可加入協會成為會員，成為會員後便可前往各松露區進行採集；另外老會員更會提供經驗分享與培訓，幫助年輕的新晉成員傳承這傳統行業。

松露獵人初體驗

松露業者間的關係很微妙，既會互相協助，但又私下互相較勁。由於發現過松露的地方再長松露的機會較高，所以為了不想讓行家知道自己的私房路線、也不想讓隱藏地點曝光，有的獵人會在晚上或天未亮時摸黑出發以保密行蹤，「希望有天自家的小狗可以挖掘到超級松露王」這是每位松露獵人都夢寐以求的無上光榮！當萊蒂齊亞娓娓道來這一切時，活潑的比利一直興奮地跑跑跳跳、纏著爸爸和我們要一起玩，忽然，比利在一棵樹下停了下來、左嗅右嗅後飛快翻開地上落葉，並以迅雷不及掩耳的速度咬了一顆東西進嘴裡，爸爸趕緊牽住牠的頸圈阻止比利「私吞」松露一看，哈哈！原來比利找到了一顆從樹上掉落的青蘋果！

今天第一個被找到的松露出土

看來這顆蘋果大大提振了比利的精神，牠吃飽後竟迅速啟動了工作模式，認真地在地上這嗅嗅那嗅嗅，當比利不再往前走、把探索範圍愈縮愈小、徘徊的地方愈來愈集中時，我們頓時緊張起來……比利突然停下來，轉身，開始瘋狂向著爸爸搖尾巴，爸爸馬上跑過來拍拍比利、用工具開始挖土，只有比利知道香味的確切位置，今天第一個被找到的松露即將出土，濃郁香氣和爸爸不夠快的動作讓衝動的比利實在按捺不住……決定要出爪兼出口襄助，比利用前腿瘋狂且飛快地往下挖起來，找到了！在比利想一口咬住帶土的黑松露前，爸爸已拉著比利擋著牠拍牠並安撫他，縱使比利很不捨，但訓練有素的牠還是壓抑了本能的慾望，冷靜下來接受被爸爸誇獎的喜悅。

每位松露獵人都有自已的尋找松露的私房祕點。這天薩爾瓦多和小狗比利，帶著我們出發，深入一個位於山丘的松露區。

⊖ 40 分鐘內找到了四顆夏季黑松露

萊蒂齊亞說小狗必須熱愛松露的味道才能被訓練成松露犬，忠心可愛且傻傻的小狗經訓練後，都願意為了主人的撫摸、擁抱、讚美和餅乾獎勵而放棄充滿誘惑的松露。的確，「你最棒！」、「你是第一名！」……比利在我們聲聲讚美與感激的擁抱下表現得愈來愈專業與冷靜，最後牠在這個早上短短 40 分鐘內找到了四顆夏季黑松露，而且一顆比一顆大，當發現了松露時爸爸也無需像剛開始般把牠強拉開，牠會搖著尾巴自己乖乖待在旁邊，等待松露被成功發現，然後等待大家驚喜的歡呼聲、爸爸愉快的口哨聲和代表了榮耀的餅乾！ Billy, Good Boy ！

⊖ 松露的美味迷思

回到松露獵人的老家，便進入 Cooking class 的部分了，沒想到很多對於松露的誤解與迷思，都在這堂課裡由專家為我們一一釐清了。

離開樹林後，萊蒂齊亞與爸爸會帶我們看了紀念 1954 年發現松露之王的雕塑，從那一比一的雕塑我們看到了 2520 公克的白松露確實大得很驚人！不過萊蒂齊亞說，大家都在追求大體積的松露，只因其稀有，但松露的重點在於香氣，其實在地底深處能被小狗找到的松露，都有一定的香氣，而香氣多寡與大小並非成正比，反而鮮度與保存方法更重要，松露表面的氣孔會讓內部的水分香氣流失，所以新鮮的中價松露往往會比經過長時間空運、運輸與存放的松露來得更芳香、味道也更好。

另外，萊蒂齊亞也說挑選松露不需要盲目追求特定的知名或稀有品種，托斯卡納的四季都有不同的松露品種，時令品種總能和當季食材與氣候完美搭配，這就是大自然微妙的地方。例如我們這次找到的是夏天品種的黑松露，其義大利名稱是 Scorzone，具有非常明顯漂亮的黑色紋理，內部呈淺棕色，有許多分布平均的白色細脈，味道有別於印象中的濃郁，偏向清香而細膩，風格就很適合夏季！

因為松露的高貴地位，高級餐廳也常會搭配高貴食材以烘托其奢華身價，萊蒂齊亞認為以極講究的方式當然也可以呈現松露的貴氣，但對居於產地聖米尼亞托的人而言，松露也是一種很家常的食材，很多道地的松露料理其材料與做法走的都是樸實的家常味，所以今天我們做的松露料理搭配的也是清淡食材如淡味起司、麵包、麵與雞蛋，以突出松露的香氣。萊蒂齊亞指出，愈新鮮的黑松露，與愈基本愈簡單的材料愈相襯，而簡單原始便是正宗托斯卡尼料理的精髓。這讓我們想到港式料理，新鮮的海鮮總是要清蒸、新鮮蝦子要白灼、新鮮的雞就要白斬，所以好料的烹調法則永遠是 Less is more ！

看著松露獵人與松露犬的互動，會感受到一人一狗間深厚的感情與默契。小狗比利在一小時內替我們尋找到四顆黑鑽石。

比利想一口咬住帶土的黑松露前，爸爸已拉住比利擋著牠拍牠並安撫他。

煮菜時，我們刨松露都會小心翼翼，松露爸爸忍不住把我們手上的刨刀搶過去，豪邁地「唰！唰！唰！」，轉眼便刷了一整顆松露在幾道料理上。啊，這天我們最大滿足莫過於吃了一整顆新鮮的黑松露！

這天臨別前萊蒂齊亞為 Erica 解開了最後一個迷思⋯⋯

Erica：「你們有賣松露油或松露醬料嗎？我想買一點伴手禮回去呢！」

萊蒂齊亞說：「好的松露一定會用來做料理新鮮入饌才不會浪費，只有不好的松露才會用來做成松露副產品，但不好的松露香氣不佳，就算做成松露油或松露醬料也不會有味道，因此這種產品都是假的，松露成分極少，就算你看到有一顆松露泡在裡面，也通常是徒具外表欠缺香氣，需要靠人工的香味劑來調味，或加其他菌類與成分來魚目混珠。」聽完萊蒂齊亞這席話，Erica 逛超市時特別注意松露產品的成分，她在米蘭百貨公司裡找到一瓶賣 11.6 歐元的松露油，整瓶松露油裡只有 0.2% 的松露，那有多少味道是來自新鮮松露呢？答案是 0.2% 裡的 1%，松露成分少得可憐產品還會有香氣嗎？有！就算松露很少也會很香，因為答案就在成分的最後一項「aroma」，即額外添加的芳香。從此以後，Erica 便再也沒買過松露的副產品了，當認清真松露與假松露的分別，一切松露口味的食品諸如松露漢堡、松露炒飯、松露比薩⋯⋯通通再也沒有在我們的生活中出現過了。

豪邁又貼心的松露爸爸

回顧這一天，從親身跟著松露獵人松露犬走進松露園，親手把埋在土地下的松露挖取出來、親自洗刷松露上的泥土然後把它們做成簡單卻不凡的料理、加上陽台的美麗用餐環境、托斯卡尼的各式好酒，全都為美好又豐富的一天加分加分再加分。不過，「人」

總是旅途裡最美好的風景，好客的松露爸爸便是這天的亮點，縱然我們彼此言語不通，但食物卻為我們打開了溝通的大門。

⊖ 轉眼便刷了一整顆松露在料理上

或許「松露是矜貴食材」這觀念在我們心裡太根深柢固，所以每次我們要刨松露入饌時都會不自覺地變得小心翼翼，松露爸爸看到這情境便會忍不住把我們手上的刨刀搶過去，豪邁地幫我們「唰！唰！唰！」，轉眼便刷了一整顆松露在料理上，最可愛的是他會看著我們嚐味，當看到我們把料理送進嘴裡、因為濃濃菌香瞬間襲來而驚喜得瞪大雙眼時，他便會樂得呵呵笑，像是在說：「看吧！就是要這樣才過癮！」

參觀他們的園子欣賞著種種作物農產、驚訝他們連橄欖油也是自家生產時，松露爸爸便流露出非常滿意的表情。餐後聊天，松露爸爸知道了 Erica 的爸爸也喜歡種植蔬果，他竟特地為我們準備了非常貼心的禮物：他把我們在料理時挑出來的番茄和哈密瓜種籽用心地弄乾包好，交給我們帶回香港讓爸爸種。下午松露爸爸送我們去火車站，告別時他用彆扭的義大利腔英文跟 Erica 說：「如果種籽在香港種出了果實，要通知我們去看喔！」

所以我們要在這裡告訴松露爸爸：「Salvatore，番茄已種出來了，你什麼時候要來呀？」

托斯卡尼松露團：www.trufflehunter.net

1. 松露爸爸刷了一整顆松露在幾道料理上。 2. 我們繼上次在羅馬後，又走進當地人的廚房煮菜。 3. 乾杯～我們松露餐可以開動！ 4. 放滿一片片新鮮松露的義大利扁麵。 5. 松露油或松露醬料所含有松露成分其實非常之少。 6. 這是 Erica 爸爸在香港成功種植的義大利番茄。

25 歐元的異國理髮初體驗

出發旅行前因為沒有時間剪頭髮，結果八月的暑熱讓頭髮日漸增厚變長的 Jackman 直呼受不了！基於擔心理髮可能很貴、擔心語言不通會導致髮型太「前衛」，到了佛羅倫斯，Jackman 為求解脫竟哀求剪髮零經驗的 Erica 操刀，看來他真的熱瘋了。

事實上 Erica 對 Jackman 的剪髮邀請非常心動，雙方也約法三章了「成果」如何都不能抱怨追究，但當想到理髮後頭髮碎屑掉滿地、一不小心沒清乾淨讓飯店以為香港旅客是缺德鬼……種種惱人的善後工作與麻煩，讓 Erica 隨即打消了念頭，轉而鼓勵 Jackman 勇敢嘗試：「義大利男生很帥，你在這裡理髮會變更帥喔！」、「義大利是時尚王國，再怎麼剪應該都很棒！不然換個造型也不錯呀。」、「在義大利理髮，這鐵定是有趣體驗吧！」。再來便是注意哪裡有理髮店，經過時特別注意貼在門口的收費項目與價格，在香港，一般洗頭加剪髮的價位換算成歐元約在 25-30 元之間，以此為標準再上調 5 元，即如果價位在 35 歐元內都是我們可接受的範圍。

當刻意去尋找時才發現佛羅倫斯古城的理髮店還真不少，風格和價格也滿懸殊的。有些較老式、舊舊暗暗、看進去沒看到客人的理髮店，價格雖然只需 20 歐元，但 Jackman 對這風格的店充滿戒心；當然也有光鮮亮麗的店，但價格也是在光鮮亮麗的 50 歐元以上；也有店門口根本沒有貼價碼、看進去同樣沒看到客人的店，遇到這種猜不透的店，Jackman 更是回頭就走。正當我們猶豫是否要改變主意買把剪刀回去時，Erica 瞥到在熙來攘往的老橋旁竟有家門口像花園般清幽漂亮的理髮店，想走近細看價格時……

主觀的 Jackman：「不用再看了，看地段看外觀就知道一定很貴！」

已 經 在 看 價 格 的 Erica：「欸……才 20-25 歐元，不貴呢！」

猜疑的 Jackman：「怎麼可能？那一定有很多附加收費……」

話 沒 說 完 Jackman 已 被 Erica 拉進店裡，接待處的女生請了能說英語的髮型師來跟我們溝通，當知道

價格真的是「單剪 20 元」、「洗頭加剪髮 25 元」且沒有額外收費時，我們都高興得在心裡歡呼，由於店裡客滿加上已是晚上 8 點多，Jackman 遂預約了翌日早上 9 點……9 點？這家店完完全全顛覆了歐洲店家在我們印象裡「晚開早關、營業時間很短」的刻板印象！

歡樂河畔理髮店

隔天 9 點來到店裡，一頭粉紅頭髮、能說英語的髮型師 Rosa 出來接待我們，白天重臨才發現這家店不只門前的花園漂亮，店裡大大的拱形窗戶正對著老橋與迷人的河畔風光，早上陽光和煦不過火，加上窗外鳥叫聲，能在這明亮舒適的環境裡展開晴朗一天，太美妙！自由不拘束的環境與個性熱情開朗的 Rosa，徹底融化了 Jackman 本來有點緊張的心，讓他收起了所有「這邊長一點、那裡短一點……」諸如此類的要求、放鬆地把頭顱交上，Rosa 邊細心剪髮邊和我們大聊她去香港交流的事，我們也和她分享義大利的旅程見聞，半小時過去，Jackman 簡單俐落卻暗藏帥氣小細節的新髮型，就在大家的說笑聲中誕生了！

回想起來，剪頭髮這種日常生活小事看似很普通，但當換了一個時空，在異國城市、陌生的店、不同國籍的髮型師，平凡事情頓時變成了一場新鮮有趣的體驗與文化交流。以後大家去旅行，沒買紀念品的，不妨理個新髮型帶回去當紀念吧！

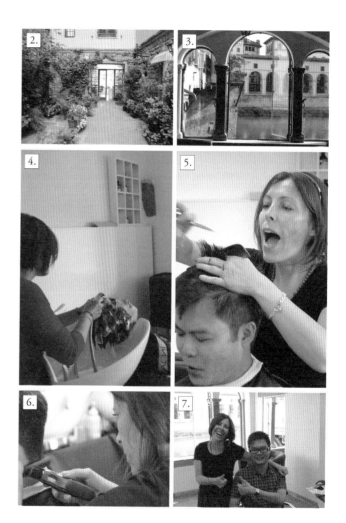

1-3. 老橋旁的這家門口像花園般清幽漂亮的理髮店，成為這趟異國理髮初體驗的地方。　4-7. 粉紅頭髮的髮型師 Rosa 一邊細心剪髮、一邊和我們大聊她曾去香港的事情，整個理髮過程就在說笑聲中完成。最後九點就開始工作的她就說：「我想去香港的理髮店工作，因為它們都十一點才營業！」

Cinque Terre

五鄉地

「五個小村之中，馬納羅拉和里奧馬焦雷是我們最為喜歡的，無論景色或小村的氛圍，都留下相當深刻的印象。再訪之時，希望可以走一次貫通五個村子的步道，從另一個角度觀賞在險峻的岩壁上開闢村落開拓果園的獨特景色，那就是人與大自然和諧共處的美好景象啊！」

Cinque Terre

建於山崖上的、密密麻麻的繽紛漁村小屋

五漁村（Cinque Terre），又稱為五鄉地，是不少人到義大利旅行必去的海邊小鎮。旅客多被漁村崖邊色彩繽紛的房屋吸引而來，漁村獨特的風情在義大利其他地方較難感受到。

從名稱可猜到，五鄉地就是五個地方的統稱，同時被列入世界文化遺產。位於利古里亞大區（Liguria）沿岸地區的五個小鎮，從北到南是蒙泰羅索（Monterosso al Mare）、韋爾納扎（Vernazza）、科爾尼利亞（Corniglia）、馬納羅拉（Manarola）及里奧馬焦雷（Riomaggiore）。國家公園的總部設在里奧馬焦雷，因為它其實是五漁村國家公園的發起村，所以旅客可以看見有許多漂亮的壁畫、店家也比較密集。

五鄉地作為一個國家公園，總面積為 4300 公頃，是義大利面積最小、人口卻最集中的國家公園，約有五千多名居民生活在這幾個地方。幾百年以來，這裡的人們在陡峭的山坡上不斷開闢梯田和修築土牆，以獲得足夠的平地種植葡萄、橄欖、檸檬、蔬菜等等。其中修築土牆更長達 7000公里。

⊖ 列為世界文化遺產的原因

這五個村落位在背山面海的地勢上，其實是不折不扣的農村，居民世代以務農為主，並藉由船隻對外聯繫及輸送農產品。幾百年下來為防禦海盜入侵，依山而建的五漁村巷弄刻意設計的蜿蜒、複雜、狹小，雖然村落不大，但走在巷弄間會有種迷路的錯覺，而在村落制高點都設有堡壘和燈塔，作為對外防禦及海上導航之用。

20 世紀初因為經濟結構改變，使得當地人口銳減、經濟蕭條，但那大量沿著山壁興建的傳統建築仍然保存很好，並於 1997 年被列為世界文化遺產，而政府更於 1999 年將五漁村及其周邊規劃為五漁村國家公園 (Parco Nazionale delle Cinque Terre)，也是此國的首座國家公園。

馬納羅拉被稱讚為五漁村中最美的小村子，比其他村子更常出現在照片、明信片和海報上。

五漁村國家公園

五漁村國家公園於 1999 年落成，坐火車可快速穿梭五鄉地，適合時間不多的遊人，如果時間充足，最好到行山路徑走一走。沿海的路徑可遠眺整個海岸和漁村的優美景色。還有，出發前要查閱官網的最新消息，有時會因為天氣惡劣或旅遊淡季進行維護而關閉部分路徑。

整個國家公園共有 11 條步道，最受歡迎是健行步道 No.2(Sentiero a mare) 是沿海開關的，貫通五個村，可居高遠眺整個海岸和漁村的景緻。各村莊間之步行時間：
1. 里奧馬焦雷 → 蒙泰羅索：5-7 小時（全長 9 公里）
2. 里奧馬焦雷 → 馬納羅拉：20 分鐘（1 公里）
3. 馬納羅拉 → 科爾尼利亞：1-1.5 小時（1 公里）
4. 科爾尼利亞 → 韋爾納扎：1.5-2 小時（1 公里）
5. 韋爾納扎 → 蒙泰羅索：2-3 小時（3 公里）

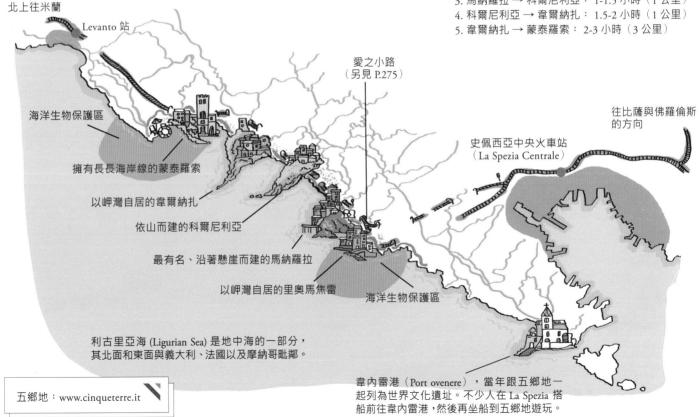

北上往米蘭

Levanto 站

愛之小路
（另見 P.275）

往比薩與佛羅倫斯
的方向

史佩西亞中央火車站
（La Spezia Centrale）

海洋生物保護區

擁有長長海岸線的蒙泰羅索

以岬灣自居的韋爾納扎

依山而建的科爾尼利亞

最有名、沿著懸崖而建的馬納羅拉

以岬灣自居的里奧馬焦雷

海洋生物保護區

利古里亞海 (Ligurian Sea) 是地中海的一部分，
其北面和東面與義大利、法國以及摩納哥毗鄰。

韋內雷港（Port ovenere），當年跟五鄉地一
起列為世界文化遺址。不少人在 La Spezia 搭
船前往韋內雷港，然後再坐船到五鄉地遊玩。

五鄉地：www.cinqueterre.it

🔵 從佛羅倫斯出發最接近

按地理，最接近五鄉地的大城市是佛羅倫斯，約兩小時的車程，所以我們安排了一天的火車旅行，為什麼是「火車旅行」？因為從佛羅倫斯到五鄉地，以至來往五個小漁村都是依靠火車的。

這天，我們從佛羅倫斯火車站出發，大約九點抵達比薩中央火車站（Pisa Centrale）（是的，也有不少人選擇在比薩遊玩，過一夜之後才到五鄉地）。接著轉乘往的拉史佩西亞 (La Spezia) 的列車。不到 1 小時便來到拉史佩西亞中央火車站（La Spezia Centrale），此處就是漫遊五鄉地的起點。

🔵 漫遊五鄉地的始點

拉史佩西亞中央火車站設有五鄉地的旅遊中心，大部分旅客都會在此購買 The Cinque Terre Card Train，這張一日券價錢為十多歐元，可免費搭乘火車，往返五個漁村和拉史佩西亞、外加步道的門票（成為國家公園後的五鄉地，設有多條行山路徑，可以看到優美怡人的海岸景色，每段步道口都有檢查。）。

坐火車可快速穿梭五鄉地，適合時間不多的遊人，如果時間充足，最好到行山路徑走一走。沿海的路徑可遠眺整個海岸和漁村的優美景色。還有，出發前要查閱官網的最新消息，有時會因為天氣惡劣或旅遊淡季進行維護而關閉部分路徑的。

在這裡，要說明一下 The Cinque Terre Card Train 所包含免費的火車，是從拉史佩西亞中央火車站開始，沿途經過五個漁村，到最遠的蒙泰羅索，只要廿多分鐘的車程時間，這站之後還有一個站：Levanto（也有不少人從這個車站開始進入五鄉地），即是總共 7 個車站，一小時一至兩班。

往返五鄉地的火車路線，並不是獨立的支線，還有其他列車駛經，所以記得對照旅遊中心提供的時刻表上車，不要見到列車便立即跳上車啊！並請注意，一日券也還是要打票的。就這樣，我們手持 The Cinque Terre Card Train，打卡便上車前往五鄉地第一站！

特別說明：旅客不能穿夾腳拖

遊覽五漁村的新規定，進入五漁村的旅客不能穿夾腳拖，因為有太多的旅人穿拖鞋上山健行以為會很簡單結果卡住下不了山、受傷。每年當地政府要花很多錢把這些人救下山，所以現在開始穿夾腳拖上山要罰錢。

左：拉史佩西亞中央火車站的五鄉地遊客中心就在月台上，親切熱心的服務人員會盡力回答遊客的查詢。大部分人都會在這裡購買 Cinque Terre Card Train，一天內任搭來往五鄉地的列車，並附上列車時刻表。

右：五鄉地列車很多時候都在穿梭隧道，漆黑一片，當看到沿海的景色，大家都分外高興。

擁有長長的海岸線與巨人雕像

我們漫遊五個漁村的路線是由北到南，所以一開始坐火車先去最北的蒙泰羅索。在未真正去到現場前，我想不少人還未弄清楚五個小村有何分別？當抵達第1站蒙泰羅索，步出火車站時，映入眼簾的就是一大片海灘，與一排排色彩鮮艷的太陽傘，立刻就明白到這兒是一個度假海灘區。

蒙泰羅索不僅是五漁村中最大的一個，更有四漁村都沒有的海灘。此地方其實已經完完全全成為熱鬧的度假勝地，遊客都聚集在海岸線，分為舊鎮 (Morion) 和新鎮 (Fegina)，火車站和多數旅館在新鎮。海灘分有私人和公共海灘，有遮陽傘的當然是私人海岸，公共海灘夾在左右兩邊的私人海灘中間。通常遊客會把此鎮當做暢遊五漁村的起始點，不過對於不打算戲水和曬日光浴的旅客而言，這裡最有名的應該是「觀海的巨人」海神石像。

🌀 巨大的海王雕像

火車站下有一個隧道，貫通海灘與舊城區。一步入海灘，往右邊一直走，不久便會看到蒙泰羅索的地標。不是什麼教堂、也不是堡壘，而是一座矗立在山崖前端的海王雕像。海王名叫 Neptune，14 米之高。其身後是一座臨海的別墅，海王使用其肩部支撐別墅伸出來的露台。據說這個世界的天空就是他一肩扛起，在希臘神話中他並非天神，而是一位具有神力的巨人，直到死仍扛著天……此作品完成於 1910 年，是雕塑家 Arrigo Minerbi 和建築家 Levacher 的作品。雕像十分巨大，面向著大海，雖然於 1966 年被颱風嚴重破壞，右腳也消失了，依然堅挺、氣勢非凡。

步出火車站，就是一望無際的海洋。

蒙泰羅索擁有綿延的海灘，是其他小村所沒有的。
每逢盛夏，必定是人山人海，絕對是想享受陽光與
海灘的遊客所嚮往之處。

⬤ 只殘留點點漁村風貌的舊城區

火車站另一邊通住舊城區，放眼望去，舊城區沒有彩色房舍，只殘留點點的漁村風貌。狹長的小路一條接著一條，右側是旅店、餐廳和土特產商店。再往上走有小城堡，可以拍攝到海灘的全景，小鎮內還有一座外型似鐘樓的 16 世紀監哨塔。

說實在，雖然有人說這兒有點太過繁華太度假，不過當天的天氣十分好，看到湛藍地中海那一刻，心情不由得興奮起來，即使不游泳不曬太陽，也值得來走一走。剛好在下一班車來之前，我們便走回月台，準備向第二站出發。

步出火車站往左轉，走到盡頭可看到巨人雕像正費力地扛著巨大石屋。此巨大雕像，為奧蒙泰羅索的地標，有14 米之高，重 17 萬公斤。

蒙泰羅索是五漁村中唯一擁有成片沙灘的村莊，大致劃分為三個海灘，所以夏天時，想享受陽光與海灘的人都會湧到這裡。鮮豔的遮陽傘與湛藍的海天一色，儼然一片熱帶風情。

保持漁村的淳樸風貌

告別蒙泰羅索海灘跳上列車，不到幾分鐘我們就來到第 2 站：韋爾納扎。臨山而築的小漁村，從山腳伸至港口都布滿繽紛顏色的房子，這才是今天旅程最嚮往的畫面啊！火車站位於山坡上，出車站就是小鎮核心範圍。車站的月台很小，大部分的月台在隧道裡。走出月台豁然開朗，往海岸斜坡步行而下，會經過當地房舍圍構而出的巷弄。

⊖ 保持漁村的淳樸風貌

完全有別於上個村鎮的熱鬧度假的感覺，為了讓漁村淳樸與原始的風貌保留下來，當地人主張鎮內不通汽車，小鎮邊緣才設有一個停車場連接對外的交通工具。步出車站迎面而來就是村鎮最熱鬧的街道，滿滿都是餐廳、商店及民宿，不少遊客都在採買一些伴手禮，本地的酒類和橄欖油最受歡迎。說起酒，韋爾納扎之名其實源自拉丁文：verna，代表「天然、自然」的形容詞，也出自當地的純天然釀製的 vernaccia 美酒，寓意「在地、我們」，由此轉變成小鎮名。

不用多久便走到海邊，此漁村本身就是個渾然天成的海灣，海灣內的小沙灘很適合小朋友戲水，還有獨木舟和小船可以租借。站在港邊欣賞這岩層的曲褶和開墾歷史相當悠久的梯田，乍看之下跟台灣茶園梯田有點像，不過目測此處的地勢，五漁村看來更為陡峭，使得此處的耕作不易。數百年以來，五鄉地居民就是為了生活，不斷在這樣陡峭的山坡開闢梯田、修築土牆。

這漁村真的很小，約莫大半個小時左右就能逛完大街和海邊。這小漁村本來人氣就旺，一走進街道就能明顯感覺遊客真多。

韋爾納扎是我們五漁村的第二站，坐落在海邊山腳下，整個城鎮具有中世紀風格，每個房子都塗滿橘、紅、黃的色彩，再以蜿蜒小徑串連其中，站在海邊看這城鎮真是可愛極了！

⊜ 建於海邊的八角形鐘樓

在海濱區邊緣處的右邊可以看見一座鵝黃色的八角形鐘樓豎立著，分外醒目。這原來是建於 1318 年的聖瑪加利大教堂，採用歌德式建築，建於海邊的岩石上，面向大海。據說，當地居民以前在海灘上發現一個木製盒，盒中竟然裝著聖瑪加利（Saint Margaret）的遺骨，後來建築這教堂作為悼念。教堂也在 17 世紀時進行擴建。海濱區的左邊有一個小碼頭，遊人可搭船到訪其他小村，碼頭旁還有小路沿著防波堤往上走，可見到一座碉堡，是這兒的標杆建築。

⊜ 防海盜的碉堡

事實上，這個小小的漁村從 1080 年開始便有歷史記載。直至 15

世紀，一個義大利貴族 Obertenghi 到此地發展航海事業，可是當時這一帶甚多海盜出沒，也因此建造一座碉堡，名為多里亞城堡（Doria Castle），小漁村從此成為抵禦海盜入侵的天然屏障與港口。時至今日，昔日用以防禦海盜的碉堡改為餐廳，很多遊客喜歡登上那兒，站著高處看著看著一望無際的藍色海洋，真的很棒啊！

像這樣的小漁村，也曾遇上移民潮，勞動人口都往大都市生活，農業產量也大受打擊。直到 1997 年，五漁村被列為世界文化遺產後，許多人才再度關注這些漁村。如今，這些古老的漁村，每年吸引龐大的觀光人潮來訪，收入來源也轉型，主要來自可觀的觀光收入。

海邊岸上擁有八角形鐘樓的聖瑪加利大教堂，始建於 1318 年。走進教堂，可感受到莊嚴寧靜的氛圍，只見修女與信徒在安靜的教堂內禱告，與外面的喧嘩聲形成強烈對比。

1-3. 街道全都是石版路，琳瑯滿目的商店，仍然可以殺掉不少的時間。這家小吃店特別多人，我們也排隊買了一份好味的炸魚。　4-5. 小鎮不大，遊客多，不少人隨意地坐在岸邊或岩石上聊天和灑日光浴。　6-7. 旅客亦可租借小船。在船上曬著太陽，吹著海風真的很舒服。

房子是依坡地的地勢而建，在有高有低的房屋中間，有些小巷弄就變成從某戶人家的屋子底下穿過，是當地人穿越巷弄時的捷徑。

左：登山途中不斷遇見旅客，大家都要登上那個能往下俯瞰小鎮全景的地方。
右：登山小路上，可近距離地觀望到一層又一層的梯田。

● 由上往下俯瞰小鎮全景

韋爾納扎其實有無數的穿屋小巷，處處相接、相連的道路，因而構建出小鎮帶點複雜、帶點神祕感的巷弄，無形中增添了一些吸引人的色彩。

雖然這次我們無法到五漁村國家公園的行山道探訪一下，因為聽說在此鎮沿海的一段步道，從高點可看到很優美的景緻，幸好在離開前的一刻，總算彌補這一點點的遺憾。

回到火車站的另一邊出口，我們找到一條登山小路，心裡想著不如走一趟吧，也許會有意外的收穫。沿途遇上不少遊人跟我們一樣往上行走或下行。走著走著便登到山上。意外發現這裡可以看到一幅很美的構圖，近景是一排排小房子從山向海伸出去，高高的碉堡在山崖的盡頭，遠景自然是無邊無際的海洋，還有幾隻小船在水面上點綴著。這處能俯瞰到整個韋爾納扎村和碼頭的畫面，就是人們在網路上常常看到五漁村美麗的經典照片之一！

從車站另一邊登上山，我們依靠旅行的直覺一直走，最終可看到漁村的全景。看著茫茫大海，海風輕拂，心情特別興奮又滿足。

過去守望村子的碉堡，在那突出的尖岬上聳立著。碧澈的海水和奇巧的險峰，讓韋爾納扎漁村有了如詩如畫的醉人之美。小鎮的每個角度、風情，都是旅人們戀戀留影的好場景。

●第3站：科爾尼利亞 Corniglia

依山傍海，三面葡萄園

五鄉地城鎮之間相距只有數公里，坐火車比較方便，但是唯獨第三站科爾尼利亞距離火車站較遠；地勢較低的車站沿著海岸而建，小鎮則座落於山上，而且海拔落差超過一百米！

歷史可追溯到 1200 年左右的科爾尼利亞，是五個村鎮中唯一一個不在海邊的，所以沒有泊船的港灣、更沒有沙灘，而是建於一百米高的山崖上、三面葡萄園梯田環繞。與其他四個村相比最不容易到達，旅客需要爬上像鞋帶一樣左穿右穿的 382 個階梯才能到達。

● 依懸崖峭壁而建的彩色樓房

在網絡看到關於此鎮的經典照片，大多是不同高度的彩色樓房依懸崖峭壁而建的景致，看起來充滿相當的動感。不過要觀賞到「經典照片」，其實是在城鎮之間的步道才可遠眺到。打算登上小鎮的旅客要從火車隧道口旁開始之字形攀升，坡度雖不若直線上山陡峭，但要一口氣爬完還是需要相當體力，整條步道兩旁盡是翠綠植物。

事實上，火車站旁有綠色小巴士可搭，可直接抵達村口，而且使用 Cinque Terre Card 可免費搭乘，一小時一班；不過常常大排長龍，正如我所說這是一輛載客不多的小小小巴士，想搭到真是看緣分。山上有一間青年旅館 Ostello Corniglia 滿受歡迎，所以除非是攜著行李較多而且要往山上住宿的旅客，否則還是慢慢地爬上那 382 個階梯吧！

五個村鎮的火車站都設有一些介紹牌子，向旅客述說昔日居民的生活情況。其中一幅圖片較有深刻印象，應該不少人一開始都誤會該圖是五鄉地某個主題公園的驚險機動遊戲，但那其實是昔日居民在高高的、陡峭的山壁上，運用特殊的單軌運輸車攀爬和運送採集的葡萄。看著這居民與背後的大海，心裡便有一種感動：為了生活完完全全豁出去的勇氣，真令人肅然起敬！

如果錯過小巴士，便要從火車站慢慢爬上山，山上的小屋就是目的地，步行約 20 分鐘。

科爾尼利亞鎮建在山崖的頂端，是五個
村莊裡最高的一個；三面被葡萄園梯田
圍繞，一面是懸崖峭壁下的大海。

此圖是翻拍的介紹牌子，是昔日居
民在高高的、陡峭的山壁上，利用
這種特殊的單軌火車運送葡萄。

● 第 4 站：馬納羅拉 Manarola

懸崖上的小鎮，美呆了！

旅遊資料說：「馬納羅拉是五漁村中最美的小村子。」我猜想到訪過的人應該有不少都贊成吧！

馬納羅拉是五漁村中最小的一個，從古羅馬時期人們在這裡成功釀造葡萄酒時就有人在這裡居住。五鄉地的美麗海岸線，與依山而建的彩色房屋，相對其他村落，馬納羅拉多了一分「驚險之美」，皆因這裡每棟房子都興建在十分驚險的山崖之上緊緊相鄰。

回頭一想，我倆決定這趟五漁村小旅行，就是當初看到一幅滿山都是彩色房子的村落照片，深深被迷倒，毫無疑問就是這個沿著驚險懸崖而建的馬納羅拉。馬納羅拉相對其他村子，出現在明信片和旅遊宣傳的頻率最高；一講到五漁村，大部分的人其實就是衝著馬納羅拉而去。

● 看到馬納羅拉的全景

步出車站不久，便是熱鬧的漁村大街，再穿過一個小廣場便很快來到海邊，但這裡並不是觀看漁村最美麗景色的地方、更不是常常出現在明信片的構圖，要再走遠一點。海邊的右方有指示牌，可以踏上健行步道 No.2(Sentiero a mare)，向上一站科爾尼利亞方向走去。散步出去沒多久，最期待的畫面便出現，可以看到馬納羅拉的全景。

左：小鎮的大街，剛到達的旅客通常馬上朝向海邊而走，為了打卡拍照。　右：小鎮的海邊有一大塊石岩，估計有五層樓之高，愛刺激好玩的年輕人都爬上大石塊，然後一個又一個跳下去，水花四起，太厲害了吧！

從馬納羅拉海邊左邊的小路開始走，在不遠處回頭一看，便發現小鎮的全景，也是「五鄉地最美的構圖」，常常出現在旅旅宣傳上。我們也趁著天色還明亮，趕快速寫記上眼前的美景。

1.

在八月盛夏陽光底下，建於險峻地形上的五彩七色的房子，被照得一片燦爛又明亮，配上山上一層又一層的綠色農作物，這才是馬納羅拉最美麗的一面！

補充一下，旅遊小手冊上面寫了「馬納羅拉很適合夕陽西下的時間前往」所以許多旅客就乖乖聽話了，而我們還要去下一站便無法證明，但不少網上分享文章都提到這一句，導致就算是淡季，這小鎮也是五個漁村中最多人的地方啊！

🔵 愛之小路

海邊的另一面，可前往最後一個小村：里奧馬焦雷，遊人同樣可透過健行步道 No.2 走過去，僅 20 分鐘而已，可輕鬆往返兩個村鎮，而且風景十分宜人：一邊是巨大的石壁和梯田，另一邊則是懸崖峭壁。此外，這段路十分有名，又稱為「愛之小路」（Via dell'Amore），路上有一座愛情鎖與情人雕像，許多遊客慕名而來，旺季時還得排隊拍照呢。

🔵 當天捕獲的孔雀蛤

雖然漁村的收入以旅遊業為主，但部分居民依然仰賴大海生活，漁業更是馬納羅拉重要的資源與產業。黃昏時分，我們就在大街上的餐廳坐下，餐點推薦自然海鮮類，我們點了一份孔雀蛤、龍蝦義大利麵和當地釀製的白酒。吃下一口的孔雀蛤，驚嘆鮮味十足，是當天捕獲的嗎？

---

1. 從馬納羅拉到里奧馬焦雷的愛之小路是很短的一段路，只需 20 分鐘，不用太累便輕鬆走完，可看到廣闊的海洋景色！　2. 我們在經典打卡位寫生，在這處拍攝到的圖片在後頁。　3-4. 計劃要觀看的景色一一看過後，繞回大街便隨性地挑上這一家，結果遇上食物及服務水準很不錯的餐廳，這天的運氣不俗啊！

這時面向西邊的馬納羅拉一片燦爛，只見房屋建在十分驚險的山崖上，每棟房子都緊緊相鄰，並且滿山的繽紛色彩，這才是馬納羅拉最美麗的一面，好不迷人！

夕陽下的五漁村國家公園發起村

不知不覺，來到五漁村最後一站。里奧馬焦雷是五個村子中最東南端的一座，距離回程必經的拉史佩西亞火車站最近。

五漁村國家公園的發起村

里奧馬焦雷在河畔發展起來，這也是名稱的由來：「Rio」是「河流」，「maggiore」是「大」，所以「Riomaggiore」是「大溪」的意思。因為此處是五漁村國家公園的發起村，所以你可以看見許多漂亮的壁畫、店家也比較密集，而五鄉地國家公園總部也設在這裡，甚至火車站由國家公園經營，火車站職員自然也是公園的職員。另外，這裡亦有個免門票的五漁村歷史博物館，很值得一看，不過我們來到時剛剛關門。

有一件事值得注意，里奧馬焦雷火車是停在光線昏暗的隧道中間，所以不要誤以為是火車壞掉停駛。大家離開車廂，魚貫地走了一陣子才可「重見光明、豁然開朗」。路過車站前的通道時，就會見到上面提及的壁畫，多數是描繪當地人胼手胝足、忙著各式農作的情形，讓人多少可以見識到在狹小山坡上種植葡萄的辛苦。進入漁村的大街，就像其他村鎮一樣，大街是村子裡最熱鬧的一區，路邊都是餐廳和紀念品商店。

經典的 IG 拍照位置

小村主街道是一條陡斜的石板路，兩側盡是節比鱗次如積木般堆高的彩色房舍，順著路下到漁港。我們眺望山壁上層疊的梯田，這裡主要的作物是葡萄，而白酒是當地名產。小鎮的 IG 拍照打卡位置在海邊左側的一個觀景台，大部分旅客都是在那處拍照。從觀景台望下去只見海水清澈見底，與其他小鎮一樣不少遊客都下海戲水。

里奧馬焦雷是最後一站,也是在五漁村之中我們最為喜歡的前兩名。

進入漁村的大街，就像其他村鎮一樣，大街是村子裡最熱鬧的一區，路邊都是餐廳和紀念品商店。大街是條陡斜的石版路，我們順著路下到小港口。

遊人在海港觀景台能看到這幅節比鱗次如積木般堆高的彩色房舍美景，好不迷人！

登上小鎮的最高處，俯瞰整個漁村的景色

第二個象徵性的「照片景點」是在山上，在港口找到一條緊鄰山邊的石塊步道，途經位於山腰一座白色的里歐馬喬雷喬凡尼教堂，這時候沒有開，所以無緣進去參觀。繼續往高處爬，就會遇到建立於 13 世紀的里歐馬喬雷城堡，說是城堡但其實只剩下一點點的塔。因為這段海岸線在中古世紀有非常多海盜出沒，防禦性的堡壘應此而生。塔的位置便是小鎮的最高處，望出去便是一排排房子依著山勢層層相疊的整個漁村風貌！

貫通五個村子的步道

五個小村中，馬納羅拉和里奧馬焦雷是我們最喜歡的，無論景色或小村的氛圍，都留下相當深刻的印象。未來再訪之時，希望可以走一次貫穿五個村子的步道，從另一個角度觀賞在險峻的岩壁上開闢村落和開拓果園的獨特景色，那就是人與大自然和諧共處的美好景象啊！

黃昏西下，整個小鎮都沐浴在餘暉的彩霞中，空氣中瀰漫著慵懶和寫意的氣息。只見小巧的漁港裡浮著一艘艘無人的小船，更添上一點蕭瑟。帶著愉悅心情的遊人們漸漸散去，我們也隨著最後一幅畫作完成後，坐上歸途的火車。

左：旅客從這條上行路可登上小鎮最高點。

左：登上途中會遇見這座灰白色教堂。

登上小鎮最高點，便可俯瞰到這幅一排排房子依著山勢
層層相疊的漁村風貌。夕陽下，遠望那片一望無際的海
洋正在沉默中，海面上沒有任何船隻。天邊角落，有幾
隻海鷗好像懷著某個目的、不斷盤旋……

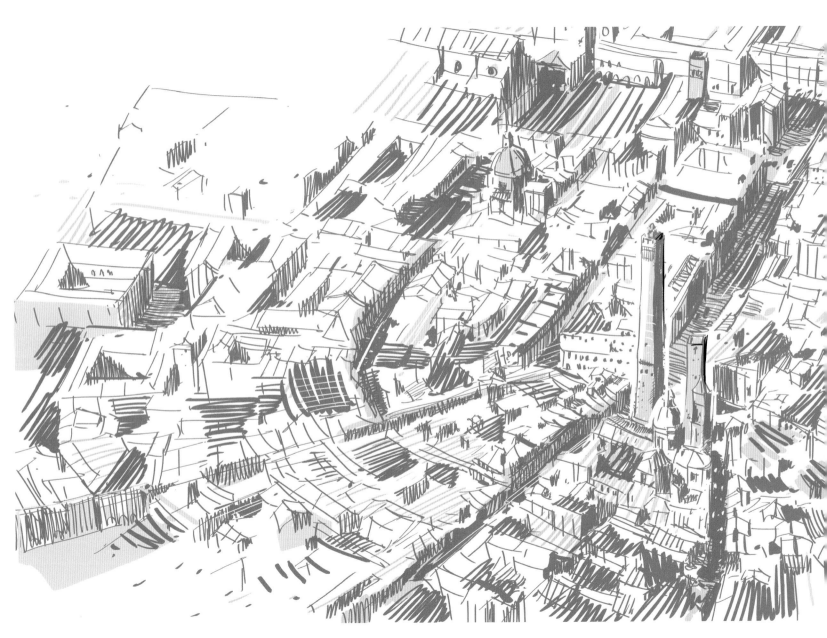

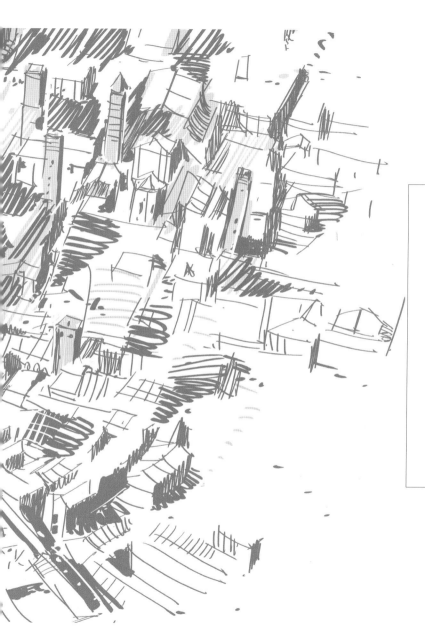

CHAPTER 6

Bologna

─── 波隆納 ───

「這天活動結束後,大開眼界的 Erica 發表了她的感言:『如果義大利的旅程只有一天,我會選擇今天,不要教堂不要古蹟不要博物館,我只要食物工廠。』這次工廠之旅的焦點鎖定在獲 DOP 認證的傳統食品上,透過參觀生產流程,我們深刻體會到義大利人對食材品質的講究與執著。」

Bologna

● 波隆納 Bologna

超現實的中世紀時代塔之古城

波隆納（Bologna）眾多名勝古蹟中，我以為最特別的是市中心的雙塔。其特別在於，此城在中世紀時期曾經擁有的高塔數量，絕對是超乎想像，堪稱「塔之古城」！

告別佛羅倫斯，前往波隆納。此城市位於義大利的正中央，來往佛羅倫斯或威尼斯都很方便，火車只需一個多小時。火車上，我們一邊望著窗外的平原景色，一邊回味著佛羅倫斯品嚐過的新鮮松露和佛羅倫斯丁骨牛排，不過愈接近目的地便變得愈期待 DOP 美食之旅。什麼是 DOP ？便是「受保護的原產地產品」，此制度嚴格規限產品的產區、生產方式與品質，簡單而言 DOP 食物就是「優質食物的代名詞」。帕瑪森 - 雷加諾起司（Parmigiano-Reggiano）、摩德納傳統香醋以及摩德納火腿，都是我們將要品嚐的 DOP 美食。

● 波隆納拱廊大道

從火車站走出來，左邊不遠處會看到一個大拱門，叫做加列拉門（Porta Galliera），是昔日的城牆遺址。沿著加列拉門左邊的路走進去，就是通往市中心廣場的拱廊大道。走在拱廊下，即使下雨或陽光猛烈也不用擔心，幾乎一條大直路，大約十多分鐘便走

位於波隆納市中心的雙塔，一高一低，是此城最為特別的地標。

到古城中心。

一路上有不少火腿店、起司店、雜貨店、餐廳及商店等等，我們無意中走入一家摩卡壺專賣店，看著滿店擺賣色彩繽紛、大大小小的摩卡壺便心花怒放。心裡早已打算在這段旅程買一個摩卡壺，正好這家的價錢合理，貨品又多，所以很快便買到心頭好，把一個可煮兩人分量咖啡的紅色摩卡壺放進背包裡。

● 博洛尼亞主廣場

波隆納在古羅馬時期是一個重要城市，在文藝復興時期也扮演著重要角色，畢竟它與佛羅倫斯的距離實在很接近。來到市中心廣場，比較有名的景點都聚集在一起。所謂市中心廣場，其實包含了以博洛尼亞主廣場（Piazza Maggiore）為主的三個廣場，周邊有海神噴泉（Fontana del Nettuno）、聖白托略大教堂（Basilica di San Petronio）、達古修宮（Palazzo d'Accursio）等等。

聖白托略大教堂，是市中心最大的教堂，可容納三萬人，是有名的哥德式教堂。仔細一看教堂兩側沒有對稱，原來當時政府蓋到一半沒有錢繼續蓋，只好草草收尾。這種情況很常見，比如奧地利維也納的聖史提芬大教堂，原本計劃興建兩座同樣高度的塔樓，結果又是經費不足而被迫封頂。無心插柳柳成蔭，這種不對稱建築之美，往往都成為教堂的另類特色，備受欣賞。

上：波隆納市區，大道兩旁以拱廊設計為主。
中：拱廊大道設有多家商店，此乃起司及火腿店。
下：我們在摩卡壺專賣店買到心頭好。

🔵 不一樣的公共圖書館

佔地面積廣闊的達古修宮，為昔日的市政廳，如今成為藝術博物館，展出中世紀到 19 世紀繪畫。很值得特別說一說的是，達古修宮裡還有 Biblioteca Salaborsa 公共圖書館。雖然它在 2001 年才設立，建築本身是市政廳內的交易所，活化後仍保留往昔的建築特色，相當美。由於是公共圖書館，旅客亦可自由進入參觀，走進其中便發現內部相常現代化。除了不一樣的視覺享受，重點是圖書館地下層其實有古羅馬遺跡，以及波隆納歷史展覽，旅客都可以免費進入參觀。

🔵 歐洲最古老的大學

在聖白托略大教堂後方，還有一座建於 16 世紀的阿奇吉納西歐宮（Biblioteca comunale dell'Archiginnasio），以前是波隆納大學的主樓。不說不知，波隆納大學是歐洲最古老的大學，設立於 1088 年，但丁也是

我們入住的 Savhotel 酒店，位於火車站另一邊較為幽靜的一區，附近有超市很方便。

這裡的學生。此處已變成市立阿奇吉納西歐圖書館（Biblioteca comunale dell'Archiginnasio），收藏重要的歷史、哲學、政治等著作。此建築包括兩層樓，下層和內院環繞著昔日的聖母教堂，上層設有法學院和文學院的自修室。

🔵 中世紀塔之古城

要說到波隆納眾多名勝古蹟中，最有別於其他義大利城鎮的，莫過於波隆納雙塔，說得更準確應該是波隆納諸塔（Towers of Bologna）。話說，波隆納在十二至十三世紀之間出現超過 100 座的塔樓建築群（網上流傳 180 座，可是根據波隆納旅遊中心的官方版本，正確數量為 100 座左右）。運用想像力，想像著中世紀時期的波隆納古城，建滿一座一座高聳入雲的塔樓，完全給人一種不可思議的超現實感啊！

根據記載，那數量如此多的塔樓都屬於當地的貴族富戶，為了要彰顯家族的聲望和權力，都紛紛在古城內興建一座又一座的高塔。而高塔大多是瞭望塔，實際作用自然是看守和防禦。這些塔樓的特點，高度的最低標準為 60 米；另一特點是每一座塔樓都是正方形的橫截面，而地基深度大約 5 至 10 米之間。興建塔樓，通常要花上三至十年的工程時間。

隨著時間流逝，不少塔樓也敵不過戰爭、雷電、火災等等的禍害，現存下來的有二十四座，高度約 30 多米至 90 多米，有部分原本比較高，但後來因為安全的考量而削短。在現存的塔樓中，最著名的就是在市中心廣場附近的波隆納雙塔（Le Due Torri）及地下層的右羅馬遺跡。

---

1. 博洛尼亞主廣場。　2. 聖白托略大教堂。　3. 達古修宮及海神雕像。　4. 波隆納雙塔中較矮的一座。　5-7.Biblioteca Salaborsa 公共圖書館及地下層的古羅馬遺跡。

1.

2.

3.

4.

5.

6.

7.

波隆納旅客中心：www.bolognawelcome.com
波隆納雙塔：www.duetorribologna.com
酒店：www.savhotel.com

波隆納雙塔，故名思義就是兩座塔樓，包括了較高的阿西內利塔（Torre degli Asinelli，98 米）和較矮的加里森達塔（Torre Garisenda，48 米），大約都是在 1109-1119 年建成的。別以為它們屬於同一個家族，其實與塔同名的兩大家族，Asinelli 和 Garisenda，當年是以建塔互相比拼、爭取權力；所以這兩座塔位置非常接近，一左一右，雙雙聳立在市中心的心臟地帶！

⊜ 兩座塔都雙雙傾斜

也許你會好奇，不是說這兩個家族在比拼，為什麼這兩座塔的高度差距這麼多？其實阿西內利塔的原本高度是 70 米，可是在十四世紀為了加強防禦作用和加建牢房，因此增高了 28 多米，因而成為現時的 98 米之高。

至於加里森達塔，最初的高度為 60 米，同樣在 14 世紀時，因為地基不牢而要削短以防倒塌，如今變成只有 48 米。另外它也出現太過傾斜的情況，所以不開放登頂。來過這兒的人都會發現，較高的阿西內利塔其實也傾斜，只是傾斜的幅度沒有太厲害，可以開放給公眾入內參觀及登頂。

最後要說我們的住宿，這回沒有住在市中心，Savhotel 酒店位於火車站的另一邊，相對較為幽靜的一區，附近有超市很方便。接下來兩天，除了市中心的遊覽外，重點都落在 DOP 美食之旅。過程相常精采，我們不單品嚐了大量高質素的 DOP 美食，而且滿載而歸地買了很多伴手禮。想不到，我們還意外發現近郊有一座 Gelato 博物館，這一趟 Gelato 之旅又是留下深刻印象。還有，從波隆納到威尼斯的火車班次多，又只要一個多小時，所以我們也規劃了威尼斯日歸之旅。

從右圖可見到波隆納市中心是以市中心廣場為中心點，以擴散式發展起來。 1. 波隆納雙塔 2. 市中心廣場，包含了以博洛尼亞主廣場等三個廣場 3. 達古修宮 4. Biblioteca Salaborsa 公共圖書館 5. 聖白托略大教堂 6. 阿奇吉納西歐宮 7-9. 其他現存的中世紀塔樓

透過這幅畫，可想像到中世紀波隆納的面貌。
雖然真實比例無從考究，但凝視著一座又一座
為數超過一百座的高塔，塔樓的距離又這麼近，
真是難以想像。那種超現實的味道，實在非常
強烈又深刻！（本頁圖片由波隆納旅遊局提供）

品嚐最新鮮最頂級的在地滋味

義大利人擅長把新鮮簡單的農產品演繹成讓世界驚艷的優質醍醐味：鮮奶製作的帕瑪森起司、葡萄釀造的巴薩米克醋、豬腿醃成的生火腿⋯，對於門外漢如我，只知道這些傳統食材的共通點是聞名遐邇、非常昂貴。經典是如何煉成的？為了一窺這些好料到底好在哪、為何貴，我們參加了一個義大利美食體驗活動：Italian Days Food Experiences，跟著專家實地考察生產這些美食的工廠。

進去起司工廠都要穿戴上帽子、保護衣和鞋套，以保持生產環境衛生。

● 旅程若只有一天，「食物工廠」必是首選

這天活動結束後，大開眼界的 Erica 發表了她的感言：「如果義大利旅程只有一天，我會選擇今天，不要教堂不要古蹟不要博物館，我只要食物工廠。」這次工廠之旅的焦點鎖定在獲 DOP 認證的傳統食品上，透過參觀生產流程，我們深刻體會到義大利人對食材品質的講究與執著。

這只有一天的美食體驗工廠之旅，由於包含了三大傳統美食：雷加諾起司、摩德納傳統香醋和摩德納火腿，每一部分內容都十分豐富，因此劃分為三篇文章，逐一詳細說明。

● 產地直擊樂趣多

剛開始我們有點擔心這是一個以體驗作幌子的購物團，經過電郵查詢、詳細解說加上網友好評，我們放心報名了。這是一個透過產地直擊、讓你發現和了解何謂優質與正宗義大利美食的體驗活動，而這次走訪的食品工廠主要位於義大利北部大區艾米利亞 - 羅馬涅（Emilia-Romagna）的摩德納省（Modena），艾米利亞 - 羅馬涅是義大利的主要農業產區，波河河谷的肥沃環境讓這一帶省分培養出不少赫赫有名的農產品，而摩德納更有「美味之都」之稱。

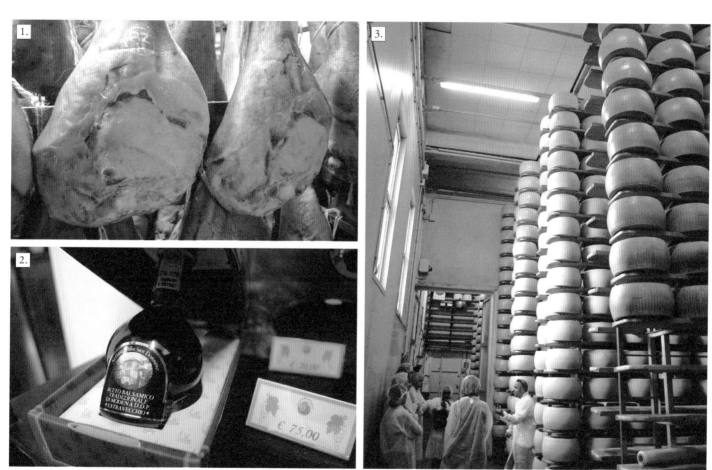

這一天,從三大傳統美食:雷加諾起司、摩德納傳統香醋和摩德納火腿,我們深刻體會到義大利人對食材品質的講究與執著!

1. 摩德納火腿。　　2. 摩德納傳統香醋。　　3. 雷加諾起司。

我們走訪的食品工廠位於擁有「美味之都」之稱的摩德納省，
這一帶農地十分肥沃，因而培養出不少有名的農產品。

如果你崇尚天然無添加食物、對食材美味的祕密充滿好奇，那麼你肯定能從
這體驗裡獲得無比樂趣！

樂趣 1：親眼目睹遠銷國際的食材如何在鄉郊小工廠以手工與傳統技術製成。

樂趣 2：在短短一天內學會以視覺、聽覺、嗅覺、味覺、觸覺五感去分辨食
材優劣，感受歲月煉成的味道。

樂趣 3：無需經過長途長時間運送，在工廠現場直接品嘗最新鮮最頂級的在
地滋味。

樂趣 4：用非常實惠的價格向工廠直購高貴不貴的食材，免除層層剝奪。

樂趣 5：跟著領隊兼美食狂熱分子亞歷山大的熱血導覽，絕對會讓所有樂趣
更加分。

行程

專車於早上七點開始到波隆納市內酒店去接載參加
者，我們大約七點半上車。

1. 參觀帕瑪森 - 雷加諾起司工廠
2. 參觀摩德納傳統香醋工坊
3. 參觀摩德納火腿工廠
4.「清淡」午餐

專車接載參加者返回波隆納市內飯店，到達時間約
下午四點多。

＊體驗活動以小團體形式進行，一天下來所有內容
都與事先收到的行程相當符合，唯獨其中一項名不
符實，到底是哪一項？你能從這行程裡看出端倪嗎？

🔵 對食物充滿熱情與熱血的領隊

亞歷山大是我們的領隊,是這個團的靈魂人物。他是典型說話有很多表情和動作的義大利人,分別擁有帕瑪森起司、傳統香醋、醃製肉類及侍酒師等協會與組織的專業鑑賞資格。Italian Days Food Experiences 的創辦人,每一次出團他都會親自帶領,是一個對食物充滿熱情的熱血「飲食教育工作者」,教育參加者如何分辨天然與添加的食物、添加物與不良養殖方式對健康和環境的毒害、消費者對飲食文化的影響力等等。

為了抗衡大企業快速量產的產品以及速食文化,亞歷山大到處尋找生產優質食材的小農與小工廠,透過體驗團與他自己經營的購物網站來促進大家對這些好料的認識,讓各國的美食愛好者都品嚐到小工坊的偉大生產。

領隊亞歷山大每一次說話都有很多表情和動作,且非常熱情地講解,字字鏗鏘,句句有力,感覺就像觀賞著一場 talk show!

🔵 優質的代名詞 - DOP

義大利幅員遼闊,儘管同一物種的農產品以相同手法與時間去飼養或種植,在不同地區的氣候水土孕育下也會呈現出截然不同的風味,加上各地域也自有一套最能彰顯其產物特色的「古法」來培育農產、為產品加工,因此義大利人非常重視產區認證,更設立了受政府與歐盟條例監管的「受保護原產地產品」（Denominazione D'Origine Protetta,簡稱 DOP,英譯 PDO）標章與制度,嚴格規限產品的產區、生產方式與品質,以保障食品悠久的歷史和地位,讓生產者的傳統技藝與好味道得以傳承。

也就是說,能獲得 DOP 標章加持的產品,其品質的優秀度都無庸置疑。如果想買食材或伴手禮,但對如何挑好物毫無經驗和頭緒,那麼選擇 DOP 產品會是最簡易的方法。以消費者立場來看,這也是一個幫忙步步把關的制度,篩選出來達高標的產品,不一定最美味,卻肯定都是安心食品。

領隊亞歷山大強調：真正的帕瑪森‧雷加諾起司必須使用當地的牛奶，並符合規定製程，而且熟成至少 12 個月。購買時則可透過印在上頭的戳章來判斷。

參觀帕瑪森 - 雷加諾手工起司工廠

進入工廠前，當然要先介紹主角。帕瑪森 - 雷加諾起司發源自 12 世紀的修道院，簡稱帕瑪森起司，是每個重達 38 公斤的圓鼓形硬質起司，又被冠為「起司之王」，王者封號不僅因為其巨大體積，也因為其淵源、原料品質與功效等。原料包括頂級牛奶、海鹽和天然凝乳酵，熟成期最少 18 個月以上，一般達兩年或更久。

起司之王受到原產地保護

帕瑪森起司是受原產地保護的 DOP 產品，根據法律，牛奶與起司必須在帕爾馬（Parma）、雷焦艾米利亞（Reggio Emilia）、摩德納（Modena）、波隆納和曼托瓦（Mantua）這些波河流域的原產地生產及加工、當地乳牛只能餵養原產地的牧草及天然飼料、並採用指定的傳統手工製作技術與流程，生產出來的起司符合了這系列條件後，再通過同業公會專家的認證，方可被標註為帕瑪森‧雷加諾起司。

帕瑪森起司風味濃郁質地易碎，食法與用途廣泛，蘊含豐富蛋白質、鈣、磷以及多種維生素，加上易於消化易被吸收，而最令人驚喜的優點是：它的膽固醇含量是起司界中最低的！所以在義大利人心目中，帕瑪森起司絕對是老少咸宜有益又營養的美食。

Parmesan Cheese 不等於 Parmigiano-Reggiano

而我們在市面常見到標識的 Parmesan cheese 都「不是真正的帕瑪森起司」，還有其他類似的名稱有 Parmigiana、Parmesana、Parmabon、Real Parma、Parmezan、Parmezano 及 Reggianito 等等，大部分都不是來自義大利，只能稱為「義大利風格的起司」。要吃真正的真正的帕瑪森起司，一定要有 DOP！

讓每位參觀著驚嘆連連的數字：
原來眼前那一大鍋不曉得擠了幾頭牛的奶才能注滿的鮮乳只能生產 2 大個起司！
原來每個帕瑪森起司需要 600 升牛奶才能製成！！
原來這家手工起司工廠只有 6 名員工！！！
原來起司工人每天都要上班兩趟以配合乳牛每天早晚兩次的擠奶時間！！！！
原來這小小的起司工廠一年 365 天都不打烊（因為乳牛們也是全年無休地產乳）所以工人們也是一年四季不停手！！！！！

🍵 起司之王誕生 10 步曲

這天要參觀的帕瑪森 - 雷加諾起司工廠位處郊區，進去工廠前我們都穿戴上帽子、保護衣和鞋套以保持生產環境衛生。工廠分成四區，起司們在不同階段會被送往不同區，自踏入第一站的煮製區開始，領隊亞歷山大就陸續丟出很多讓我們驚嘆連連的數字：原來眼前那一大鍋不曉得擠了幾頭牛的牛奶才能注滿的鮮乳只能生產兩大個起司、原來每個帕瑪森起司需要 600 升牛奶才能製成、原來這家手工起司工廠只有 6 名員工、原來起司工人每天都要上班兩趟以配合乳牛每天早晚兩次的擠奶時間、原來這小小的起司工廠一年 365 天都不打烊（因為乳牛們也是全年無休地產乳）所以工人們也是一年四季不停歇⋯⋯

生產一個帕瑪森起司，要經歷十個工序，很多工序都要倚靠經驗豐富的工人親眼親手判斷與加工，自 800 多年前開始至今未變。

A. 煮製區：

這區由 16 組牛奶儲存池和銅鍋組成，從液態牛奶蛻變成固態起司的全部工序都在這裡進行，在生產起司的同時也一併產出了很多有價值的副產品。

1.【脫脂】奶農每天一早一晚從乳牛身上擠出鮮乳後，必須在兩小時內將不經任何處理和添加的牛奶送達工廠，前一晚擠出的牛奶會倒進淺而寬的牛奶儲存池內脫脂，奶中脂肪經過一夜會分離浮到上層，這脂肪也就是做西點、抹麵包的奶油。

2.【加熱】我們一大早七點多來到工廠煮製區，剛好可以看到前一晚的脫脂牛奶與早上剛送達的全脂鮮乳被倒進銅鍋裡混合加熱。

為了讓牛奶凝結並增加風味，工人稍後會在每個煮鍋中加入自小牛胃裡提取的凝乳酶以及前一天製作起司的副產品 – 發酵乳清。

3.【打碎】在加溫過程中，工人不時探手進去鍋裡撈看牛奶狀態，當牛奶凝結成布丁狀，工人便會拿起名為 Spino 的巨大球型攪拌器，將凝結的牛奶打碎成小顆粒，嚇見工人拿著比人還高的 Spino 竟可放進外部高度不及腰的煮鍋、整根 Spino 幾乎沒入牛奶中，我們才發現原來這是一個深達兩公尺的嵌入式漏斗形銅鍋，要人手打碎這一大鍋凝固牛奶，絕對是體力大考驗。

4.【起鍋】牛奶持續加溫至攝氏 55 度，期間工人靠著經驗判斷火候是否恰到好處，約 30 分鐘後沉澱在底部的顆粒慢慢便融為一體，而水分也從顆粒中排出。這時需要兩人合力將起司取出，一人用長達兩米的木勺把起司劑起、另一人把綁上專用布塊的木棍伸進鍋裡把起司撈住，一起把布的兩端固定在橫於鍋邊的鋼條上。

5.【切割】眼看全場起司都被吊起，工人隨即用長刀手起刀落把起司剖成兩半，用兩塊布分別包起，連串動作幹練俐落迅速，目測被切成兩塊的起司，大小平均得無械可擊。

6.【倒模】每一塊裹著布的起司都被擠進名為 Fascera 的模具中，帕瑪森起司的雛型出來囉！

1.【脫脂】奶農把不經任何處理和添加的牛奶送達工廠。　2.【加熱】送達的全脂鮮乳被倒進銅鍋裡混合加熱。　3.【打碎】工人拿起巨大球型攪拌器，將凝結的牛奶打碎成小顆粒。　4.【起鍋】工人用長達兩米的木勺把起司劑起。　5-6.【起鍋】工人吊起起司，隨即用長刀手起刀落把起司剖成兩半。　7.【倒模】起司被擠進名為 Fascera 的模具中。

1.【標籤】標記帶上有 Parmigiano Reggiano 的字樣、生產年月等等重要資料。
2.【鹽漬】鹽漬約 20 天的起司便能入味。
3.【熟成】起司在恆溫恆濕的儲存窖存放。
4.【鑑定】專家進行鑑定時，會用金屬小鎚子敲遍起司的每一寸。

B. 靜置區：

7.【標籤】隨著水分流失，擠在模具中的起司體積也會漸漸縮小，工人此時會把滿是點狀文字的標記沿著起司側面圍一圈，當起司變得愈來愈緊實，標記帶上包括 Parmigiano Reggiano 的字樣、生產的年月、奶製品廠的登記號碼都印在起司上，另外每個起司頂部都有專屬的編號和供電腦掃描的二維碼，這是起司的身分證，用以識別及追溯源頭。

C. 浸泡區：

8.【鹽漬】這區乍看只有左右兩排水槽，所以這裡是起司們的「水療區」，起司做的是「鹽水 SPA」，起司的鹹味就是來自這一步。深不可測的水漕注滿由西西里海鹽調製而成的鹽水溶液，工人把起司排在比人還高的層架上、按鍵、架子緩緩沒入水裡，鹽漬約 20 天起司便能入味。

D. 存放區：

9.【熟成】鹽漬過程結束起司便被送往恆溫恆濕的儲存窖，展開漫長而安靜的存放與熟成階段，這裡被稱為「起司圖書館」，鋪天蓋地都是排列整齊的起司，但它更像是「起司金庫」，據說當地人向銀行貸款是可以用帕瑪森起司來當抵押的，所以這裡的庫存可說是價值連城。

10.【鑑定】為了去蕪存菁，在最短的 12 個月熟成期結束後，每一個起司都要接受「體檢」，不說不知，辨別起司優劣的方法可不是憑「味覺」，「聽覺」才是王道！由同業公會派出的專家會用金屬小鎚子敲遍起司的每一寸，憑著聲音與迴響評估起司的結構，只有成功通過鑑定的起司才能加上火焰的橢圓形認證標記，證明起司符合「受保護原產地產品」DOP 的規定。

⊃ 帕瑪森起司後遺症

參觀完帕瑪森起司工廠，我們開始在戶外享用很另類的早餐：葡萄汽泡酒配帕瑪森起司！細細品嚐比較一等與二等起司的質感與風味，兩者的個性很不同，但都讓我們立即愛上，最後各買了沉甸甸的一大塊，可是當帶回去的起司吃完了、後遺症也出現了：除了帕瑪森起司，從此對其他起司都興趣缺缺，好失落！

在香港並不是每家超市都有起司專櫃，最常見的是夾麵包用的方形片裝起司，我們稱之為「假起司」，其成分通常含有很多添加物和色素，就算是來自法國的大廠牌也不例外，廠商為了縮短製作時間，會加凝固劑或穩定劑讓未經時間洗禮的起司達到一定狀態與質感，味道不濃色澤不佳，便用化學成分去增味調色。

在這個什麼都可以弄假成真的高科技世代，製作帕瑪森 - 雷加諾起司的工人卻仍然堅持天天月月年年勤勞地重複看似一樣的工序、然後耐心等待歲月作工，在見證過他們這分不急功不取巧的執著後，從此在選購起司時也就更自覺的擇善固執，好讓傳承幾百年的起司技藝能在講求高效的量產洪流中繼續散發王者風采。

左：出局起司，它們沒有資格被稱為帕瑪森起司，所以未能通過檢查的起司會面臨「被剝皮」的命運，身上所有點狀文字和標記都會被機器去除，成為一般的起司。　中：二等起司，品質僅僅合格的帕瑪森起司通常過了 12 個月便供食用，為了讓消費者清楚區別等級，機器會在這類起司外圍刻滿一圈圈平行線以茲識別。　右：一等起司，品質卓越的起司會繼續在儲存區熟成，到了 18 個月再度接受檢測以進行額外認證，如果符合更高的標準會獲 EXTRA（上等）或 EXPORT（外銷）標記的加冕。

參觀完當然是享用起司之王，我們是吃「一等起司再加上 EXTRA」的級別，一口便分辨出跟日常吃到起司的差別！最後不用說，我們買了好幾分起司才前往下一站！

為了讓起司均勻熟成和避免灰塵沾染發霉，從前工人都要人手幫起司翻面和擦拭起司，但起司的存量太驚人了，為了減輕這耗時耗力的工序，公會特地與廠商研發了一台「起司清潔機」，從此這位好看護就肩負幫起司們擦身體與翻身的重任了。

萃取於大自然與歲月精華的美食遺產

DOP 美食之旅第二站是到訪生產摩德納傳統香醋的工坊，工坊佇立在已有百年歷史的葡萄莊園內，相比起司工廠與火腿工廠，這裡的佔地較小，而製作香醋所需的材料、設備、人力與步驟也是三者中最為簡單的，但每顆葡萄裡彷彿隱藏一個深不可測的大世界，只要準備好沉睡的環境，它們自會在時間的長河裡作工，併發出最大的能量，壓縮出令人驚嘆的濃稠醇香。

● 歷史悠久的傳統香醋

香醋又稱黑醋或巴薩米克醋，巴薩米克（Balsamico）一詞有香的意思，擁有非常久遠的歷史與豐富的文獻，早在公元前 39 年，於古羅馬詩人維吉爾的《農事詩》中便已描述了烹煮葡萄濃汁的過程，此外，香醋也是自古以來獻給皇帝的頂級貢品，其尊貴稀罕的地位早已奠定。

● 摩德納是傳統香醋之鄉，地位崇高

事實上黑醋如紅酒，講究產地、年分以及釀製材料，並非所有醋類產品都能稱為「傳統香醋」，世界上只有義大利北部的摩德納及雷焦艾米利亞省這兩個地區出產的黑醋，獲得歐盟及義大利

DOP 原產地名稱的保護與認證，而摩德納更是傳統香醋之鄉，地位更顯崇高。在摩德納只有以指定的葡萄品種、遵照傳統的煮製方法與釀造過程，並發酵及熟成達 12 年或 25 年以上，且經巴薩米克醋業公會檢定合格以後，方可使用「摩德納傳統香醋」這名稱，夠資格的醋會以專屬的 100ml 方底圓肚玻璃瓶子包裝、印上「Aceto Balsamico di Modena」（Aceto 即黑醋）或「Tradizionale」（傳統）的義大利字句標籤、封條與可追溯源頭的獨立編號。

傳統香醋又被譽為「黑金」，年分愈久，味道愈濃稠柔順，其芳香高雅的味道除了能為料理畫龍點睛外，香醋長久以來在義大利人心目中更是具有療效的藥，也是養生保健的聖品，很多家庭還會有代代相傳的陳年私釀，加上其年期愈長產量愈稀少珍貴，因此摩德納傳統香醋不只是美食家的最愛，也是收藏家們羅致的對象。現在摩德納地區約有 100 家傳統香醋生產商，全部加起來也只有幾千桶的產量。所以儘管它的價格高得令人咋舌，但也算是一項具升值潛力的投資喔！

我們這次參加香醋工坊的葡萄園。

摩德納傳統香醋只有兩種：一是超過 12 年的，瓶子上會註明「Affinato」（陳醋），用紅色蓋子封頂。還有超過 25 年的，會註明「Extravecchio」（特陳醋），用金色蓋子封頂。本圖的這一瓶就是後者，找到「Extravecchio」嗎？

傳統香醋如何傳統？

1. 傳統品種：香醋的成分只有葡萄，而葡萄品種必須選用釀酒級的 Lambrusco 紅葡萄及 Trebbiano 白葡萄，它們都是傳統的摩德納的品種。

2. 傳統煮法：將葡萄連皮洗淨、壓碎，以明火在開放式的大桶子中將葡萄煮至沸騰蒸發，葡萄汁液在幾小時後濃縮成只有原來一半的濃度，成為了稱為「must」的葡萄濃汁。

3. 傳統釀造：must 冷卻後便可注入最大的木桶，開始長期的培養與熟成。在貯藏這環節中最講究的一定是木桶的材質，香醋會按年分依序被移到愈來愈小的桶子中輪流發酵，一系列由橡木、板栗、櫻桃、刺柏、桑樹等木材製成，醋桶從一開始最大的 60L，依序遞減至 50、40、30、24、20、16、13 到容量最少的 10L；體積愈縮愈小的醋桶，盛載的量愈來愈少、也愈來愈濃縮的香醋。香醋吸收了桶子的風味與物質，芳香更趨複雜而微妙。很多小農小工坊至今還是利用房子的閣樓來存放香醋的木桶，無須精密的溫度調控，木桶在幽暗的環境裡感受著摩德納的四時變化，歷經最少 12 或 25 個寒暑，歲月已將昔日氣味強烈的 must 煉成氣味溫厚的濃黑菁華。

為傳統把關

由於坊間很多良莠不齊的產品都自稱是摩德納傳統香醋，因此摩德納傳統香醋的生產者組成了聯盟自發地為摩德納傳統香醋把關，每一桶香醋在獲得 DOP 認證前，必須先通過由五位專家所組成的評鑑團隊的評估，專家們會在獨立的隔間裡測試傳統香醋在視覺、嗅覺和味覺三方面的表現，打好分數後再集合其他專家的結果得出總分，必須全部達到標準才可以包裝上市。

傳統香醋 3 步曲

視覺：專家會用蠟燭光來透視醋的色澤層次，好醋的顏色豐厚有光澤，恰到好處的密度會讓醋的流動如糖漿般光滑流暢。

嗅覺：必須具有令人愉快的芳香和平衡的酸度。

味覺：在酸甜間達到微妙而可口的平衡，風味豐富而獨特。

1-4. 葡萄壓榨所得的葡萄汁經過收汁得到濃稠的糖漿，需要在木桶中至少經歷 12 年的成熟時間，製作木桶的材料有栗木、金合歡、櫻花木、橡木和桑木等，這使得香醋能呈現出更複雜的風味，有些香醋甚至會陳年更久，在整個製作過程中，都有相關機構監督看管。

○ 衝擊感官的吃醋體驗

參觀完工坊聽完領隊亞歷山大的用力講解後，他為我們準備了一節香醋評比課，大家拿著小匙一一體驗熟成期不同的香醋。首先出場的是一般超市貨價與餐廳常見的醋，這應該也是大家平常接觸最多的醋，都很習慣用來拌沙拉或沾麵包，但直接喝還是頭一遭……嗯！為什麼會這樣？入口酸甜的醋怎麼會讓口腔有刺刺的感覺，而且有點嗆，平常配著其他東西一起吃也都不覺得，仔細看這瓶「摩德納香醋」的成分：紅酒醋、葡萄濃汁、焦糖色素，沒錯，這就是大部分市售香醋的真面目，為了節省時間直接以葡萄酒發酵後再添加化學物增味增色的巴薩米克醋，價格當然很便宜，但這無論對健康、對品味的提升與美好事物的追求，卻是一點好處也沒有。

○ 細味品嚐 6 年、12 年和 25 年傳統香醋

接著我們分別品嚐了熟成期 6 年的香醋、12 年的傳統香醋，以及最期待的 25 年「超級」傳統香醋。5 年的香醋雖然還沒有資格被稱為傳統香醋，但嚐過市售的添加醋再嚐 5 年的，高下立見！當下不用任何解釋與形容，味蕾也會直接告訴你優劣，而相對價格高昂的傳統香醋，這種年期較短的醋可算是取代市售添加醋的好選擇。

對於吃醋新手如我們，12 年的傳統香醋是我們最喜歡的，充滿層次與變化的溫和香氣令人有一試鍾情的驚艷；而

25 年「特陳」傳統香醋的味道更濃郁更有個性，吃醋經驗愈豐富的人會愈懂得箇中的深度。

○ 幾滴香醋讓樸實平凡的口味變得馥郁奇妙

義大利人對醋的使用有很獨到的味覺，在這次的吃醋體驗中讓我最嘆為觀止的是傳統香醋搭配香草冰淇淋，幾滴香醋竟然讓樸實平凡的口味變得馥郁奇妙而高級……誰？到底是哪位天才發現了如此不可思議的組合呢？這一杯小小的冰淇淋讓我驚為天人，徹底折服於義大利人對於吃的講究與敏銳。為了在回香港後仍可緬懷這份帶點奢華的好滋味，我們當然也帶了一小瓶香醋回去。

雖說小小一瓶 100ml 的醋要價 40-70 歐元價值不菲，但它所蘊含的，可不只是來自摩德納地區、被收藏在閣樓裡的傳統香醋，小瓶子裡集結的更是萃取於大自然與歲月的精華，這既是一場漫長的等待，也是一份彌足珍貴的美食遺產。

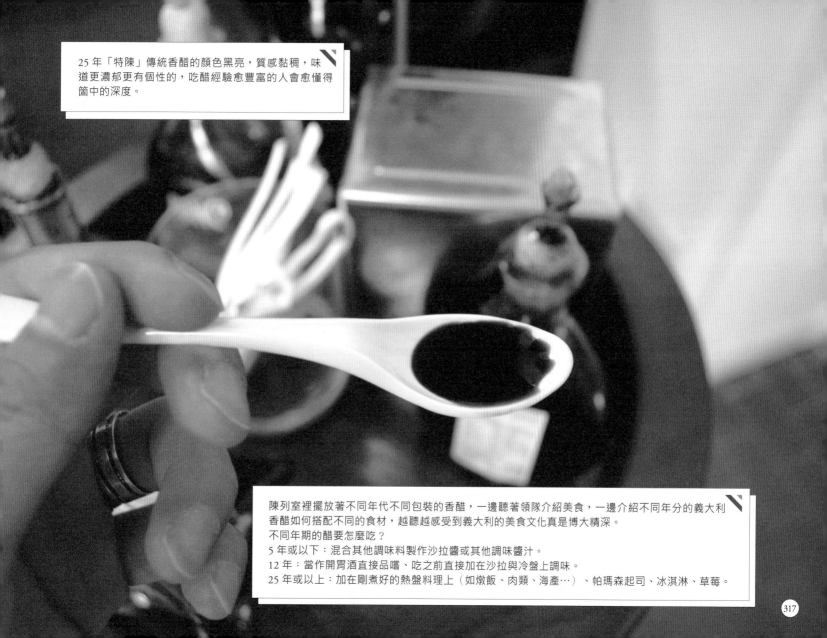

25 年「特陳」傳統香醋的顏色黑亮，質感黏稠，味道更濃郁更有個性的，吃醋經驗愈豐富的人會愈懂得箇中的深度。

陳列室裡擺放著不同年代不同包裝的香醋，一邊聽著領隊介紹美食，一邊介紹不同年分的義大利香醋如何搭配不同的食材，越聽越感受到義大利的美食文化真是博大精深。
不同年期的醋要怎麼吃？
5 年或以下：混合其他調味料製作沙拉醬或其他調味醬汁。
12 年：當作開胃酒直接品嚐、吃之前直接加在沙拉與冷盤上調味。
25 年或以上：加在剛煮好的熱盤料理上（如燉飯、肉類、海產…）、帕瑪森起司、冰淇淋、草莓。

滿坑滿谷的「美腿世界」實在太壯觀！

摩德納火腿工廠是 DOP 美食之旅的最後一站，在帕瑪森 - 雷加諾起司工廠我們被集結了鋪天蓋地起司的「起司金庫」大大地震撼了，沒想到來到摩德納的火腿工廠，在一排排掛滿生火腿的大腿牆之間穿梭時，震撼感再度襲來，這滿坑滿谷的「美腿世界」實在太美、壯觀了！

義大利文 Prosciutto 直譯是「火腿」，「火腿」又可分為生火腿 Crudo 和熟火腿 Cotto。生火腿即把整隻豬後腿經鹽醃後風乾，風乾時間愈長，肉味愈濃郁芳香，可以切成薄片直接吃、配蜜瓜、夾麵包、配酒、入饌等，多樣化的食用方法、滑潤口感和鹹香風味讓不少人為之著迷。

摩德納火腿工廠外面的平原景色。摩德納位處於義大利中北部，屬平原地帶，位處於塞基亞河和帕納羅河中間，兩者皆流入波河。氣候溫和，一年差不多所有時間都較為潮濕。

獲 DOP 認證的摩德納火腿

義大利最有名的火腿，一定是帕馬火腿（Parma Ham）和聖丹尼耶列火腿（San Daniele Ham），摩德納火腿（Modena Ham）的名氣雖然比不上前二者，但這些火腿都是以產區來命名，同樣受 DOP 原產地名稱的保護及監管，儘管製作方法與步驟大同小異，不同產區的風土條件培育出來的火腿，在色澤、風味與食味上確實是各有特色。所以，論品質與製作過程的嚴謹度，摩德納火腿一點也不輸前兩者，加上脂肪比例經嚴格控管，均衡的脂肪、蛋白質、維他命與低膽固醇，火腿在義大利人心中更是天然健康的肉類之選。有老饕形容摩德納火腿「具有天鵝絨般的質感、明亮的紅色、甜蜜但強烈的香氣」這些鮮明特質讓它在火腿舞台上同佔得一席位，成了名牌火腿以外的經典選擇。

獲 DOP 認證的摩德納火腿，無論是豬隻品種、養殖地點、飼料產地及加工的工廠都必須位於摩德納產區內，即帕納羅河（Panaro- 波河的右分支）流域位於海拔 900 公尺以下的丘陵和山谷，當中包括了雷焦艾米利亞省和波隆納。

在一排排掛滿生火腿的大腿牆之間穿梭時，強烈的震撼感襲來，這滿坑滿谷的「美腿世界」實在太美、壯觀了！

腿豬的飼料："You are what you eat." 所以摩德納腿豬的飲食內容也受到嚴格把關，牠們的飼料除了混合的穀物，還有乳清，這是生產帕瑪森起司的副產品，也是讓火腿肉味濃郁複雜的關鍵。

⬤ 美腿養成 10 步曲

一隻豬後腿由最原來的狀態搖身變成充滿深度的摩德納生火腿，過程與材料看似簡單，但在下面一系列的工序裡卻彷彿上演了一場由小豬、鹽巴、空氣與時間合力施展的魔法，Magic！

1.【稱重】走進摩德納火腿工廠門口第一眼便會看到一個很大的磅秤，這是為火腿品質把關的第一步，為剛進來的火腿量體重。摩德納的腿豬嚴選九個月大的雌性白毛豬，火腿才能有一定的分量，即使經過熟成變輕後也能達到七公斤的低標。同時脂肪的厚度也嚴格規定在 15 毫米左右，太瘦太肥都不行。工廠除了生產獲 DOP 認證的摩德納火腿外，也有生產認證標準較低或沒有認證的一般火腿，所以不符要求的火腿便只能擠身這些行列。工廠內也有進口來自其他國家的火腿進行加工，即便是同屬九個月大的豬，令人驚訝的是摩德納火腿的塊頭竟比其他國家的大最少三分之一，可見在優渥環境中成長的摩德納腿豬的品質確實贏在起跑點。

2.【冷卻】為了保持衛生且易於修整，火腿一開始會被送往冷藏庫中放置，讓火腿溫度可從攝氏 40°C 下降到 0°C。

3.【裁切】火腿的形狀本來參差不一，火腿工廠的工人在火腿冷卻後便化身美容師，在模具協助下，裁切掉不平滑的皮肉與脂肪，把火腿削成外形劃一、圓潤的李子形狀，這不但增添了火腿的美感，亦可提升醃製的效果。

4.【鹽醃】火腿的鹹味來自兩次鹽醃過程，鹽是產自西西里的海鹽。在第一次醃製鹽的用量會較多較厚，在豬皮部分覆上的是濕海鹽，切口部分則採用乾燥的海鹽，這時工人還會幫火腿按摩讓鹽分吸收得更好，之後火腿被平放在攝氏 1-4°C 的低溫貯藏室裡靜置 6-7 天。此時的溫度調控非常重要，溫度太低會減慢火腿對鹽分的吸收，溫度太高火腿則容易變壞。第二次醃製前要先清除殘留在火腿上的鹽，再薄薄敷上新海鹽，外加一輪使勁的指壓推拿後，火腿便繼續低溫冷藏 15-18 天，天數長短視乎火腿的大小而增減。當整個鹽醃階段結束，火腿的重量也會因水分流失而減輕約 4%。

5.【休息】火腿也要睡美容覺，結束鹽醃階段、清掉表面的鹽粒後，火腿便展開約 70 天的休息期，休息可以讓火腿內的鹽分深度和均勻地滲透。此時的儲藏室環境維持在濕度 75%、溫度攝氏 2-5°C 的通風狀態下，此階段結束，火腿的重量會再因水分流失而減輕約 8-10%。

1-2.【冷卻】為了保持衛生且易於修整，火腿一開始會被送往冷藏庫中放置。

3-4.【鹽醃】火腿的鹹味來自兩次鹽醃過程，鹽是產自西西里的海鹽。

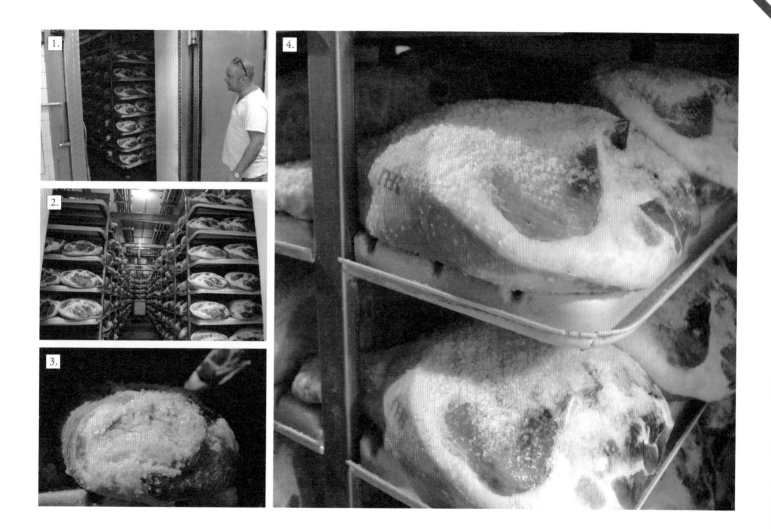

6.【洗晾】睡飽後泡泡溫泉、神清氣爽地吹吹風曬曬太陽，這便是摩德納火腿們的寫意生活。工人用溫水洗去火腿多餘的鹽分與雜質後，便把火腿放在天然環境中曬太陽和乾燥，如果氣候不理想，則會以機器進行乾燥。

7.【風乾】為了確保火腿一年四季都能在穩定的條件下風乾，此階段火腿會吊掛在模擬了自然條件、兩側都有對流通風的環境中。三個月後火腿的肉質進一步收緊，形態開始固定，而重量會流失約 8-10%。

8.【滋潤】為免水分流失過多導致火腿肉質過乾並出現皺痕，工人在這階段會在火腿切口塗上豬油「潤膚霜」，使火腿保持柔美的質感。

9.【熟成】經歷前面所有步驟需時約半年，來到第七個月，火腿會被轉移到像「酒窖」般陰涼無風的暗室中，展開為期約 14 個月或更久的熟成期，此階段結束，整隻火腿的總重量比起最初約流失了 28%。

10.【鑑定】與帕瑪森起司和摩德納香醋一樣，摩德納火腿在最重的熟成期後便要逐一接受由同業公會派出的專家評估和鑑定，專家用一根馬骨（馬骨有快速吸味的特性）製成的長籤刺進火腿裡再拔出來，以嗅覺來辨別火腿的優劣，除了香氣，火腿的外型與色澤也是要考慮的條件。每隻火腿都會經過獨立的檢驗，只有成功通過鑑定的摩德納火腿，才能當場獲得橢圓形、有「Pm Modena」字樣的火烙「加冕」，證明品質符合「受保護原產地產品」的規定。

1.【洗晾】火腿放在天然環境中曬太陽和乾燥，如果氣候不理想，則會以機器進行乾燥。　2.【滋潤】工人在火腿切口塗上豬油「潤膚霜」，使火腿保持柔美的質感。　3.【熟成】火腿會被轉移到像「酒窖」般陰涼無風的暗室中，展開為期 14 個月或更久的熟成期。　4.【鑑定】成功通過鑑定的摩德納火腿，才能當場獲得橢圓形、有「Pm Modena」字樣的火烙「加冕」！

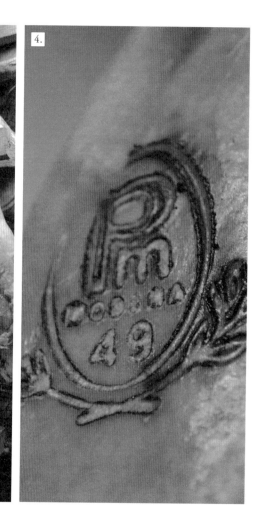

◒ 讓火腿的香氣餘韻於口腔內迴盪

遊歷完環境暗黑的「摩德納火腿森林」後，這個早上的第三次試吃隨即展開，雖然我們不是美食家，無法說出「散發出淡淡堅果香」這類高深評語，但靠著最本能的感官，我們都感受到「我喜歡！」，試吃後會捨不得喝或吃其他東西，好讓火腿的香氣餘韻繼續於口腔內迴盪。

現場也有販賣一塊塊切割好的真空包裝火腿，日常沉迷逛超市的 Erica 立即跟 Jackman 說：「拜託！拜託！一定要買！」雖然在這裡公然跟大家評比肉價好像很沒氣質，但也不得不講一下……港台兩地超市的生火腿價格絕對是奢侈品級數，以香港超市為例，薄薄幾片且沒有 DOP 認證的一般火腿每 100 克索價 6-8 歐元，但這裡的工廠直銷價每 100 克價格只是 1.3 歐元，價格相差 5 倍之多！撇開掃興的價格不談，更掃興的事實是：如果你不是買現場手切的火腿，很多包裝好的切片生火腿不論產自義大利還是西班牙，都添加了讓火腿可以放更久色澤更鮮紅但會致癌的亞硝酸鹽。

Jackman 聽完這一切馬上去買火腿：「你看這塊很大，1.5 公斤夠了吧？」

1 和 3. 剛剛手切下來的摩德納火腿，最美味！大量供應，可以吃幾多便吃幾多，超滿足！ 2. 真空包裝的摩德納火腿，買下好幾包作手信。 4. 參觀完，我們在另一個地方坐下來，「清淡」的義大利午餐上場！

Erica 仰望著壯觀的摩德納火腿森林：「你覺得……我們的行李塞得下一隻火腿嗎？」

● 「清淡」的義大利午餐

雖然大家早上來不及吃早餐便出發參觀、跑遍三站後已是下午一點，但我們的胃此刻仍盛載著種種還在消化的 DOP 美食，所以當亞歷山大宣布今天的參觀結束，最後一個環節是 Light Lunch（清淡午餐）時，全部人的反應幾乎都是：「又吃？但我不餓……」然後再妥協：「好吧，還好只是清淡的午餐！」

一行人來到一幢鄉村房子，兩層高的房子開放了一樓作家庭式餐館，有幾十個座位和一個眺望山谷的漂亮陽台。當大家以為接下來會是每個人點自己的 Light Lunch（例如三明治或沙拉）時，亞歷山大開始詢問大家「你有不吃的東西嗎？」、「你吃素嗎？是哪一類的素食？」、「先來一瓶汽泡酒好嗎？」、「你吃兔子嗎？野豬呢？」……什麼？說好的 Light Lunch 呢？

● 一頓完整又道地的摩德納風味私房菜

摩德納是義大利的主要農業產區，假日時很多人都喜歡來趙農村旅行，直接到鄉下郊遊、跟農莊牧場或果園買農產品、前往只有在地人和老饕才知道的農莊用餐（像這裡）。事實上，亞歷山大在行程結束前要讓我們體驗的是「以義大利人的生活方式與態度，享用一頓完整又道地的摩德納風味私房菜」。原來，從這頓午餐與工廠參觀中了解義大利人的生活態度，才是整個美食工廠之旅的精髓。

所謂完整，指的是從開胃酒、麵包、前菜、義大利麵、配菜、主菜、甜點、餐後咖啡一樣不少，有的項目還有 2-3 道，要不是大家同心阻撓，我們還會有湯品與燉飯。至於道地的摩德納風味，則是指食材，全都是摩德納當地當季新鮮的時令食材，絕不使用冷凍食品、更不會有現成的調味醬汁。餐廳餐牌只是參考用的，因為最後都是由廚師告訴亞歷山大今天有什麼、他再從中選擇，或是他向廚師提出要什麼，廚師再建議食材的搭配，整個點餐過程非常互動。

亞歷山大說，在週末或假期，午餐往往是義大利人一天中最重視也最豐富的一餐，熱情的他以料理讓我們這群來自香港、美國、澳洲、阿根延與非洲的旅客，沉浸在友善熱鬧的氣氛裡，互相交流不同地方的食物與旅遊情報、學義大利人以手勢動作誇張地讚嘆食物的原味、新鮮的材料與手工的痕跡，雖然已飽得很，但欣賞與珍惜讓大家也自然而然地捨不得浪費食物。午餐就在兩個多小時的慢吃慢喝慢慢聊中延續到三點多，期間沒有人催促廚房快上菜，也沒有人看手錶趕著回程，相信在日常生活裡，一頓義大利式午飯是讓人忘卻繁忙的愉快時光、也是熱愛生活的力量泉源。

Italian Days Food Experiences：www.italiandays.it

一旦中了 Gelato 魔咒，想除咒難過登天！

義大利的夏天溫度動輒飆升到 40 多度，還好有 Gelato，讓暑熱的義大利變得更可愛！Gelato 有讓人一吃上癮的魔力，這魔力讓你就算知道自己已經上癮、就算正在減肥，也不會想戒掉或少吃點，滿腦子就只會盤算下次要嚐哪種口味？要兩種還是三種？要怎麼搭配……，而且在義大利不論男女老幼彷彿每一個人都會很單純的因為一份 Gelato 而陶醉與滿足，這是多麼的簡單與幸福啊！行程第二天，Erica 就在卡布里島的 Gelato 路邊攤中了魔咒，涼透心的檸檬 Gelato 酸香清新，馬上提振了我們的精神，悶悶的胃口也開了，從此以後我們每一天的行程都會有 Gelato。

● 有緣無份的 Gelato 烹飪課

然而，每天 Gelato 很快已不能滿足中咒甚深的 Erica，她不只要吃、更想把製作 Gelato 的方法學起來，所以當發現在佛羅倫斯有一個名為「Pizza & Gelato Making cooking class」時，Erica 大樂，Jackman 也就拍心口說：「那麼由我負責來線上報名吧！」這個每天在黃昏六點開課的 Pizza & Gelato 烹飪課內容好像滿充實的，三小時的課會由廚師指導參加者製作兩種食物，在 Gelato 部分，會從義大利的 Gelato 文化說起、還有基本製作方法、於基底加入不同材料與色彩的技巧等……看起來很專業也很有趣呢，此外還能順便把做 pizza 的方法也一併學起來，太吸引人了！

後來當我們到了佛羅倫斯，才發現忘記報名，想即時報名也失敗，因為太受歡迎而額滿。幸好最終找到好替代，位於波隆納市郊有一座 Gelato 博物館，全名是 Carpigiani Gelato Museum，那就是我們這趟義大利經典美食之旅的目的地。

波隆納近郊有一座 Gelato 博物館，上圖是我們參加導覽團的情況。

● Gelato 與 Ice-cream 冰淇淋大不同

在正式進入主題前，我們一定要說一說 Gelato 與 Ice-cream 冰淇淋的分別，這是很重要的部分。義大利語 Gelato 通常被譯作「義大利冰淇淋」、「義大利手工冰淇淋」或「義式冰淇淋」，這和一般被稱為 Ice-cream 的冰淇淋可以說是「兩種完全不同的冰淇淋」，從以下各方面就可以看到它們的區別。

先從生產說起。一般市售的 Ice-cream 是在工廠流水作業大批量生產的，原料儲存週期長，可選擇的口味不多；而手工製作的 Gelato 則完全相反，原材料新鮮不耐放，所以每種口味的產量都很少，通常在一兩天內便賣完，但口味選擇通常都很豐富多元。

脂肪比例方面，Ice-cream 多用奶油製作，脂肪含量在 10% 以上；而 Gelato 則多用牛奶混合少量奶油，牛奶的比例較高，脂肪含量約 5 至 7%，比較低脂。

最後要說質感。Ice-cream 打發速度較快，約 50％是空氣，密度較低加上會冷凍到變硬才食用，所以質感會較硬；Gelato 打發速度較慢，只含 25 至 30% 空氣，密度較高較夾軟滑，介於冰淇淋與霜淇淋之間。

整體來說，Gelato 是比 Ice-cream 更天然無添加、脂肪也熱量也更低、且健康美味兼具的營養甜點喔！

我們在卡布里島的 Gelato 路邊攤中了魔咒，涼透心的檸檬 Gelato 酸香清新提振了我們的精神，往後每一天的行程我們都會有不同口味的 Gelato ！

Gelato 是比 Ice-cream 更天然無添加、脂肪也熱量也更低、且健康美味兼具的營養甜點喔！

⊖ 走訪專業級的 Gelato 博物館

卡比詹尼（Carpigiani）是一家以生產冰淇淋機械起家的公司，公司於 1946 年由哥哥 Bruto Carpigiani 和弟弟 Poerio Carpigiani 兩兄弟於義大利波隆納市創立，哥哥是工程師與設計師，是冰淇淋機器行業的領導者；弟弟則著力於推廣 Gelato 文化、事業的傳播和擴張，建立博物館的基金會使命是：向世界五大洲傳播 Gelato 的文化，所以這所博物館是一個起點。

Gelato 博物館絕對是專業級的博物館，在展品方面，卡比詹尼公司在 Gelato 歷史上本來就扮演著領導角色，所以很多館藏都是第一手的「文物」，加上博物館是與建立於 2003 年的卡比詹尼冰淇淋大學合作創建的，所以很多由博物館主辦的體驗活動都是由來自大學的專家帶領。為了讓進館的遊客都有深入淺出的體驗，博物館的參觀與體驗活動都是採予約制，單純參觀也會有專業、能說英語的導覽員帶領講解，事前透過電郵預約很快便可收到回覆，十分簡單。

整個博物館共分為五個區域，展示了從古到今的冰淇淋歷史，每一個主題區域都詳細介紹了有關冰淇淋文化歷史等各方面面的內容：

1. 古人的冰箱與冰製品 (公元前十二世紀到公元十三世紀)

當知道沒有冰箱、生活在炎熱國度的古人已經懂得享受冰品，連串疑問便被引爆：古人在哪裡取冰？他們如何取冰？又如何運送和儲存？他們怎樣吃冰？吃的冰品是怎麼樣的？所有問題都可以在這裡獲得解答。

2. 貴族們的冰淇淋 (十六世紀到十八世紀)

原來我們今天到處都能買到的冰淇淋，曾經是宮廷招待尊貴客人的食品，但昔日由宮廷廚師炮製的冰淇淋卻好像比今天還講究，這區還展示了貴族級的冰淇淋配方，有多講究？看看松露冰淇淋的配方便知一二。

3. 冰淇淋在世界上的迅速發展與傳播 (十九世紀到二十世紀)

19 世紀大家除了可以在餐廳享用不同口味與質感的冰淇淋，街道上也出現了推著推車賣冰淇淋的攤販，冰淇淋在這個年代終於變得普及。

4. 現代新型製冷技術的發展 (1900-1950)

為了讓大家都可以在街上吃到冰淇淋，這區展出了當時新型的冷凍技術與機器，還有昔日製作冰淇淋的模具與機器，原來三角錐體的蛋卷筒也是這時期的產物，讓大家無需多餘的器皿餐具也可以邊走邊吃！

5.Gelato ＝「義大利製造」的新時代 (1950-1985)

冰淇淋的發展也帶動了科技的發展，工業化讓工廠量產的冰淇淋進入義大利的市場，直接衝擊義大利手工冰淇淋的地位。幸好義大利販賣冰淇淋的業者與材料供應商、機器生產商組成了聯盟，共同研發新的器材與技術，如革命性的巴氏殺菌的冰淇淋機器，使冰淇淋能更安全容易地生產。從此 Gelato 不再只是冰淇淋的義大利語，它代表的更是義大利獨有的冰淇淋文化、與義大利人追求卓越的精神。

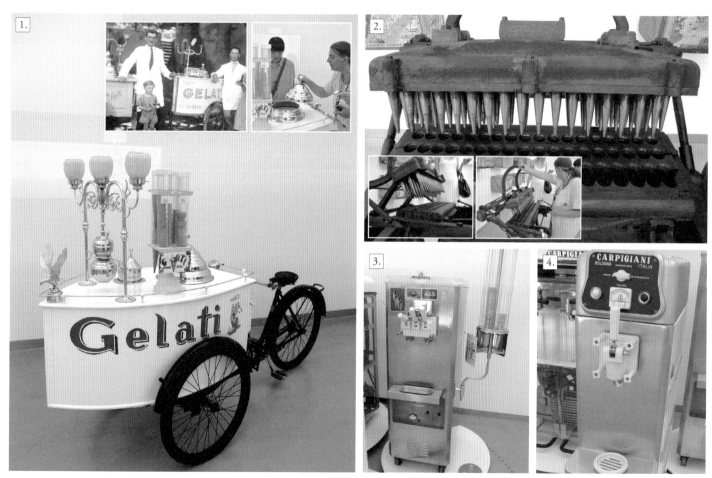

1. 昔日的 Gelato 三輪車，那車頭的銀鷹雕像和三支銀燈顯得整座車子很有味道！　2. 早期手動製作冰淇淋筒的機器。　3-4. 不同型號的 Gelato 機器。

上：博物館的各類展品。　中：博物館
亦有讓人動手製作 Gelato 的體驗工作坊，
圖中是工作室。　下：此處亦有專業級的
Gelato 課程，課程時間長達數個月至一
年不等，此圖是大學外觀。

雖然博物館展示的是歷史，但一點都不沉悶，而且配合了大量圖片、相片、展品與詳細且互動性強的英語導覽，讓你可以在這偌大的明亮空間裡走進有趣的冰淇淋歷史。

⊖ 大人小孩都喜歡的體驗活動

參加體驗活動絕對是博物館的重頭戲，建議來博物館前上網瀏覽有哪些活動以及活動的時間等，非常貼心的是這裡還有專為小朋友而設的體驗課，內容都非常有趣，例如教你調配個人的 Gelato 口味，經過這一課自然而然學會了也記住了 Gelato 與比例。又例如博物館內至今仍保存了一些古老珍貴且仍能使用的藏品，為了讓參觀博物館的人能夠更深刻的體會冰淇淋的歷史，參加者還可以在體驗活動裡品嚐到用古老配方與機器製作的 Gelato 與今天的 Gelato 有何差別。此外博物館還會配合波隆納市舉行期間限定的活動，在博物館日 Gelato 博物館便舉行了「在博物館過夜」的有趣活動。可惜我們到訪時已是全國義大利人都進入半休息狀態的八月上旬，所有體驗活動在這個月都停擺，幸運的是我們剛好趕上暑假休館前的最後一場參選導覽。

⊖ 美味的 Gelato「實驗室」

參觀的最後一站是我們最期待的，就是博物館與大學附設、名為「Gelato 實驗室」的 Gelato 店，在這裡服務的有的是實習學生，學完了基本課程就可以申請在店裡幫忙，學習從早到晚的運作為將來自己開店而做好準備。值得注意的是這裡的 Gelato 口味比外面的更多元化，有更多少見的創新口味，更有麵包夾 Gelato 的新穎配搭！

Jackman 原以為參觀完 Gelato 博物館大概也可以滿足中了 Gelato 魔咒的 Erica，誰知道飲恨於 Gelato 烹飪課和博物館體驗活動的 Erica，在坐車離開博物館的途中問道：「你喜歡吃 Gelato 嗎？」Jackman：「非常喜歡！」Erica：「那待會直接坐到百貨公司下車，我覺得在義大利買家用 Gelato 機會比香港便宜喔，還能退稅呢！」Jackman：「……」

1. 與導覽員合照，她本身是此大學的導師。　2-3. 遠看以為她們在吃一般漢堡包，實際上這是麵包夾 Gelato 的新穎配搭！

波隆納 Gelato 博物館：www.gelatomuseum.com

06-06

做個義大利式咖啡人

Jackman的咖啡生活是這樣的：一覺醒來除了先喝幾杯清水外，兩杯咖啡是重新振作的支柱，第一杯是在吃早餐前，第二杯是吃飽後，這樣就會精神充足的出門上班；經過一天的工作，回到家迎接第三杯，慰著自己的辛勞，這三杯是固定的分量。不過偶然在晚上，咖啡癮會發作，竟然在睡覺前的一小時可以「Last call」，一邊繪畫一邊品嚐最後一杯，出奇地他沒有因此而亢奮，反而可以如常地呼呼入睡。

一小杯濃濃黑汁液灌入口中

Jackman所喝的都是不加糖的「齋啡」，這是港式用語，即是沒有牛奶的咖啡。義大利人最常喝的濃縮咖啡（Caffe espresso），也是不加牛奶。Caffe就是在咖啡館的飲料菜單中咖啡類的第一位，義大利人每早就是要去咖啡館點一杯caffe。店員端來可不是我們在星巴克常見的馬克杯，而是一個小小的杯子，這小杯咖啡是從蒸氣咖啡機粹取出香濃的咖啡精華，滴落在杯中。義大利人接過杯咖啡，便加入幾匙糖，再跟店員或其他顧客聊天，一會兒後就把那杯濃濃黑汁液灌入口中，流露滿足的笑容後，再放下1歐元便快步離開上班去。

一天下來五杯是等閒事

對義大利人來說，彷彿喝咖啡還比喝水重要。早上醒來一杯咖啡，十點多再來一杯，然後中餐後、下午、晚餐後通通都會再喝，一天下來五杯是等閒事。所以咖啡自然成為民生必需品，咖啡的價格都受政府的嚴格把關，一般的咖啡館都不會定得太高，例如最常喝的濃縮咖啡，我們發現即使是遊客區都只是在1-1.5歐元之間，其他種類的咖啡也不會超過3歐元。

「站著喝」與「坐著喝」

不過，在義大利喝咖啡，也分為「站著喝」和「坐著喝」兩種，剛才提及的價錢當然是前者。因為義大利人習慣站在吧台前享用，喝完便立即走，所以價錢可以定得較便宜。若把顧客所佔空間、時間及需要待應整理桌子等成本計算在內，「坐著喝」的價錢較高也實屬合理。

1.

CAFFETTERIA	
EXPRESSO	€1.00
CAPPUCCINO	€1.20
CAFFE LATTE	€2.00
CAFFE AMERICANO	€2.00
ICE COFFEE	€2.50
GINSENG	€1.20
✳ LATTE DI SOYA (SOY MILK)	

CENTRIFUGHE/JUICE €4

BOOST = CAROTA,ARANCIA,LIMONE,ZENZERO
(CARROT, ORANGE, LEMON, GINGER)

ENERGIZZANTE = FRAGOLA,CAROTA,MELA,ZENZERO
(STRAWBERRY,CARROT, APPLE, GINGER)

IRON MAN = FRAGOLA, KIWI, MELA
(STRAWBERRY, KIWI, APPLE)

PURIFICANTE = SPINACI,CETRIOLI,SEDANO,PREZZEMOLO,LIME
(SPINACH, CUCUMBER, CELERY, PARSLEY, LIME)

REFRESH = MELA, MENTA, ZENZERO
(APPLE, MINT, GINGER)

COCKTAILS DI FRUTTA FRESCA €7

FRULLATI/SHARES PICCOLO €3
(LATTE, YOGHURT O GELATO) GRANDE €5

CACAO = CACAO, COCCO, NOCCIOLA
(COCOA, COCONUT, WALNUTS)

VANILLA SKY = VANIGLIA, BANANA, MIELE
(VANILLA, BANANA, HONEY)

FRAGOLINA = FRAGOLE
(STRAWBERRIES)

SHAKE = MORE, MENTA, BANANA
(BLACKBERRIES, MINT, BANANA)

BUONGIORNO = CAFFE, CACAO, LATTE DI SOYA
(COFFEE, COCOA, SOY MILK)

2.

3.

4.

1. 圖的左上方是各類咖啡的價錢，一杯 Expresso 只要 1 歐元，據說大部分本地人只喝 Expresso，其他都是外國遊客才會點的，尤其是 ice coffee，義大利人認為那根本不是咖啡。　2. 這兩名客人都是站在吧台前喝 Expresso，聊一聊便一口喝下整杯，然後付錢離開。　3-4.Jackman 十分愛喝 Expresso，常常望著那杯濃濃黑汁液就會莫明高興起來。在香港喝的就稱為「齋啡」，即是沒有牛奶的咖啡。

令 Jackman 嚮住的義式咖啡生活

義大利人這樣熱愛咖啡旳生活令 Jackman 很嚮住，於是在這回旅行決定做一個「義大利式咖啡人」。旅行的每個清晨，在旅店吃早餐時，一如以住，都會先享用兩杯咖啡。有一個有趣的發現，就是我們先後在不同城市的五間旅店住宿，每間都擁有一部很先進又華麗的自助咖啡機讓客人自由使用，令人一看便相信它能沖煮出好咖啡，Jackman 高興地說：「果然義大利是愛咖啡的國家，即使普普通通的旅館，也有一部能煮出美味咖啡的咖啡機！而且咖啡機旁邊必有加熱咖啡杯的櫃子，要是沒有它，咖啡真的失色許多！」接著，十點多、中餐後、下午、晚餐後，他都依足義大利人的習慣，一杯又一杯咖啡灌入口中。

買個摩卡壺帶回家

說起要做「義大利式咖啡人」，怎可以缺少義大利人發明的摩卡壺呢？我們在波隆納的雜貨店裡，便買了一個兩杯分量的摩卡壺和一隻小小的搪瓷杯，在超市又買了幾包 Lavazza 的優質咖啡粉。旅程結束後回到家的當晚，Jackman 迫不及待打開行李箱，取出摩卡壺沖煮了第一壺濃縮咖啡，操作容易，第一次就上手。當看著咖啡隨著壓力的提升而湧到摩卡壺的上壺時，便感到十分興奮，用力一聞，濃度和香度果然比起平時自己在家沖煮的滴式咖啡更強更有魔力！

最後，兩杯下肚之後，忽略剛剛下機仍有時差的關係，Jackman 就在那個晚上，生平第一次因為咖啡而感過前所未有的亢奮，一直至天亮也無法入睡……

1-2. 各式各樣不同品牌的摩卡壺和搪瓷杯，價錢都很便宜。　3-4. 在超市買到的 Lavazza 和 Illy 咖啡粉。　4. 加熱咖啡杯的櫃子才是重點。　5. 摩卡壺玩具，超級可愛！

摩卡壺（Moka Pot）

六角形的摩卡壺，造型特別，由鋁製成，又稱為蒸氣沖煮式咖啡壺，是一種利用水沸騰時產生的壓力來幫助烹煮咖啡的方法。起源於義大利，發明人為 Alfanso Bialetti，於 1933 年發明的。當時，他發現洗衣機中間有一根金屬的管子，將加熱後的肥皂水從洗衣機的底部吸上來再噴到衣服的上方，他因此而得靈感，製造出世界上第一個通過蒸汽壓力而萃取咖啡的家用咖啡壺，從此人們可以在家就煮出跟咖啡館一樣的好咖啡。

我們在波隆納摩卡壺專門店買到的摩卡壺和小小的搪瓷杯。

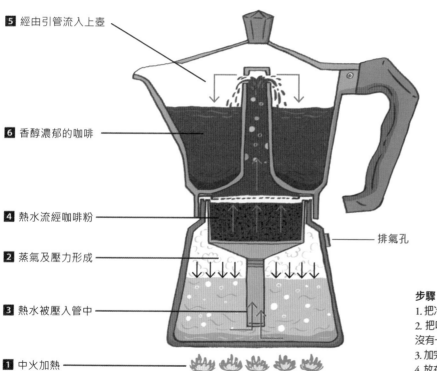

5 經由引管流入上壺

6 香醇濃郁的咖啡

4 熱水流經咖啡粉

2 蒸氣及壓力形成

— 排氣孔

3 熱水被壓入管中

1 中火加熱

上壺

濾杯

下壺

步驟

1. 把冷水倒入下壺，不要超過排氣孔，否則水會碰到濾杯的底部。
2. 把咖啡粉倒入濾杯，注意不用壓扁／壓緊，因為摩卡壺的壓力沒有一般蒸氣咖啡機大，所以不用壓緊。
3. 加完咖啡粉後把上壺鎖上去，要鎖緊否則蒸氣會跑出來。
4. 放在瓦斯上，用中火加熱即可，直到上壺注滿咖啡就完成了！

CHAPTER 7

Venice

—— 威尼斯 ——

像威尼斯這樣的旅遊聖地，教堂、博物館等知名景
點都會出現人潮，不禁一問，我們真的一定要入內
參觀嗎？這天，我們沒有在任何一條長長人龍後排
隊，寶貴的旅行時間應該懂得如何取捨。我們決定
帶著畫筆和畫簿，不用 Google map，讓自己迷失
在錯綜複雜令人搞不清方向的巷弄裡。

Venice

充滿浪漫氛圍的絕美水鄉澤國

水都威尼斯，位在北義大利潟湖群島中，是文藝復興期間的思想搖籃，充滿濃厚的人文歷史底蘊。這個數百年來被渲染成充滿浪漫氛圍的絕美水鄉澤國，得天獨厚的潟湖地形、可愛的房子與充滿神祕冒險感的巷弄，確實讓全球無數旅客趨之若鶩。

我們的旅程是以波隆納作據點，規劃了一天的威尼斯之旅。列車經過 Venezia Mestre 車站後，很快便離開內陸、駛進跨海大橋，當兩邊車窗都出現遼闊的大海與海鷗滿天飛的畫面，有點像日本電影「神隱少女」搭火車的場景，便知道威尼斯島就在前方。帶著興奮心情步出聖塔露西亞車站（Venezia St. Lucia），迎面而來就是美麗的大運河，這就是每位遊人探訪威尼斯的始點，一切由這條大運河展開。

左：我們從波隆納坐火車前往威尼斯，需時約一個多小時。　右：當火車兩旁的景色由都市轉為海岸時，就知道離威尼斯不遠了，鐵軌左右兩邊臨海的感覺，有點像動畫電影「神隱少女」搭火車的場景。

● 威尼斯？威尼斯島？

前往威尼斯之前，先要區分威尼斯省與威尼斯市，這部分很重要，因為弄不清楚可能在住宿和交通方面會出現浪費時間和金錢的狀況。

第 1 點：威尼斯省 ＝ 威尼斯島？

威尼斯省（Provincia di Venezia）是由內陸及潟湖區的沙洲群島所組成，共有四十四個城市，其中以威尼斯市的人口為最多，也是最著名。而威尼斯－泰塞拉機場（Venice Marco Polo Airport）是此地區的主要機場，則位於內陸。至於威尼斯省，則屬於威尼托大區（Veneto Region），是七個省之一。

威尼斯市，才是一般旅客要去的地方，亦稱為威尼斯島，或者直接簡稱為威尼斯（英文 Venice，義文 Venezia），因為它實際上是一個島嶼城市，其位置就在廣達五萬平方公里潟湖的中央。大部分觀光景點都是在威尼斯島上，而周圍也有幾個有名的小島，以及舉辦威尼斯影展的麗都島（Lido），此島上也有賭場。

第 2 點：在哪一個車站下車？

在火車網絡會發現有兩個主要火車站都掛著「Venezia」，一個位於內陸，叫做 Venezia Mestre，這其實是威尼斯省的沿海城鎮，也最接近真正的目的地，因此不打算住在威尼斯島的旅客便會考慮選擇此地。

另一個掛著「Venezia」火車站，自然位於威尼斯島上，稱為聖塔露西亞車站。所以千萬不要一看到 Venezia 出現，就在 Venezia Mestre 站下車。當列車經過內陸與威尼斯島之間唯一連貫的跨海大橋，到達聖塔露西亞車站，才是真正的目的地。事實上這兩個站之間，還有一個掛著「Venezia」的火車站，不過只是小站，而且高速列車不停此站。

明白了這兩點，在安排交通行程與預訂旅店時，記得要把「威尼斯省」、「威尼斯島」、兩個車站名字弄清楚。基本上，住宿在本島上就可以靠著自己的雙腳隨意遊覽，甚至不用搭乘水上巴士。雖然在島的住宿費用較昂貴，但可以免卻來回交通的時間，愈接近火車站愈方便離開。

⊖ 威尼斯本島與外島交通

威尼斯本島的交通只有水上巴士、貢多拉、計程船。水上巴士一路從聖塔露西亞車站開往聖馬可廣場，途經的站都會停。前往外島也是以水上巴士為主，麗都島（Lido）、穆拉諾島（Murano）、布拉諾島 (Burano)，都是很推薦的重要離島群。這幾個外島之中，其中又以稱為彩色島的布拉諾島為不少旅客的首選。走在此島，只見小巷中一棟棟矮平房漆上繽紛絢麗的色彩，因此又被稱為「彩色島」。

1-2. 火車站外面就是水上巴士碼頭，可以直接去到島上最多人的聖馬可廣場或其他小島。　3. 火站前的遊客中心提供各種 TOUR 的資訊，有興趣者，建議先付款報名，這樣安排時間會較理想。我們亦在這裡付款報名了 Gondola shared tour，是與其他旅客共乘一艘貢多拉，這個不失為既可省錢又可圓願的選擇。後文會介紹的。　4. 最靠近火車站的赤足橋，這是四座橫跨大運河的橋梁之一。沒有搭水上巴士的旅客，大部分都沿著此橋展開徒步之旅。

步出火車站，正前方就是威尼斯大運河，以及對岸的小聖西門教堂。小小的教堂，有著顯眼的藍綠色圓頂，為仿萬神殿而建的圓頂教堂。這座在威尼斯旅程中第一座觀賞到的教堂，其實在此地方眾多教堂中最為年輕，只不過在 1718 年至 1738 年之間重建的，前一座九世紀教堂因老舊而被拆除。

⊖ 主島彷彿海上的一條魚

說回威尼斯主島，形狀彷彿悠游於海上的一條魚，被一條S形狀的大運河一分為二。大運河長達四公里，設有四座橫跨河面的橋樑，由北開始為憲法橋（Ponte della Costituzione）、赤足橋（Ponte degli Scalzi），這兩座橋都比較靠近火車站，第三座是最有名的，稱為雷雅托橋（Ponte di Rialto），最南面的是學院木橋（Ponte dell'Accademia），是最大一座的木橋。

⊖ 威尼斯建築的代表之一

木造的雷雅托橋建於13世紀初，是大運河的第一座橋樑，成為當時步行穿過大運河的唯一途徑。1444年，在一場大型活動時，大量民眾把這座古老的木橋踩塌了……隨後，多位著名建築師提出重建計劃，偉大的米開朗基羅也一度成為橋樑設計師的合適人選。目前橫跨大運河的單拱石橋設計，是由安東尼·龐特（Antonio da Ponte）提出的，完工於1591年。兩邊傾斜的橋身被引導到中央的門廊，被認為過於大膽，所以建築師文森諾·斯卡莫齊（Vincenzo Scamozzi）預測它將會倒塌。

雷雅托橋並沒倒塌，現時成為威尼斯建築的代表之一，高7米，寬55米，整座橋樑全以白色大理石建造，也稱為「白色巨象」。坐在遊船上往橋的正面看去，雷雅托橋中央高大的人字形屋頂建築兩邊，各有六個對稱的「橋洞」，這就是雷雅托橋著名的商店街外廊。現在的橋樑被兩大排店鋪分為三條走道，遊客都會逛逛這個威尼斯建築的代表。

每年2月是著名的威尼斯面具節，聽說這時候飛義大利的機票比較便宜，大家可以趁著過年去一下面具嘉年華，通常會舉辦兩個禮拜左右。

特別說明：遊客在雷雅托橋的階梯上煮咖啡被罰款

記得羅馬的西班牙階梯，任何人不可坐在階梯上或在階梯上飲食？威尼斯市政府亦推出不少規例，以打擊遊客的「不文明」行為，其中一項是禁止在古蹟區域做出破壞地方莊嚴的行為，或毀壞文物的行為。數年前，有兩名德國遊客在雷雅托橋的階梯上煮咖啡，便遭警方罰款950歐元，以及被驅逐出威尼斯。當局後來還向德國大使館，通報這兩位遭懲罰者的身分。

在雷雅托橋的橋上有很多販售賣各種各樣紀念品和古董的商店，還有新鮮的水果、蔬菜和魚的小攤也擠滿在河的兩邊。
從威尼斯最古老的橋上，看見風光明媚的大運河，心曠神怡。

一天到晚都有大量遊客站在雷雅托橋上的最高點，欣賞大運河、貢多拉、人山人海、兩邊建築組成豐富又優美的景色。

看到運河兩邊的建築時想起 2006 年上映的《Casino Royale》（台譯：007 之皇家夜總會，港譯：新鐵金剛智破皇家賭場）曾在此地取景，英國特報員龐德和女主角 Vesper 在威尼斯陷入愛河，甚至願意為了這段戀情而辭職。

345

愈靠近雷雅托橋便愈多旅客，橋上橋下都水洩不通；不過拉遠一點距離，在橋附近的運河旁邊，其實景色一樣吸引，重點是旅人不多。
我們坐完貢多拉後，便回到此處。只見三三兩兩的旅客已經坐在運河旁邊，我們在某個角落坐下，與其他人一起靜靜地享受這個午後的運河風光。

1-2. 雷雅托橋附近有一處比較幽靜，不少人喜歡在運河旁坐下來，寫意地觀賞景色。　3. 我們在此處休息了大半個小時，完成了好幾幅運河速寫。　4. 旅客正在詢問貢多拉的船費。這一帶是熱門區域，船費應該比較貴，可是景色真的很吸引人，不曉得這家人最後有沒有搭上此船呢？　5. 雷雅托橋旁邊的市集，夏天最受喜歡的水果當然是西瓜啊！最好在水果攤前站在吃，然後把西瓜皮交給店主處理。千萬不要邊走邊吃，否則會被警察罰款。

● 大運河 Canal Grande

坐上 1 號線水上巴士，暢遊世上最美的海上街道

記得當我走出聖塔露西亞車站時，眼前真的為之一亮，望著一艘又一艘色彩繽紛的小船在運河上行駛，這個被運河圍繞的美麗城市是多麼的不可思議！行走其間的不是車子，而是船隻，著實令人嘖嘖稱奇！

威尼斯這座城市島嶼世界聞名，擁有很多與地理有關的別名，包括「水之都」、「橋之城」、「漂浮之都」及「運河之城」等等，一切都與威尼斯大運河（Grand Canal）有關。

● 被 S 型大運河分割的威尼斯島

從帝國建立之初，這條呈 S 型的大運河已成為此地的主要通道，昔日的河面上，行駛的是威風凜凜的戰艦或商船，如今則擠滿水上巴士、遊艇、駁船和貢多拉。運河全長約 4 千米，寬 30 至 90 米，平均深度 5 米。運河的一端，位於聖塔露西亞車站附近，穿過市中心的最精華建築，蜿蜒抵達另一端，那就是整個島最熱鬧的聖馬可廣場。運河兩邊又連接大大小小的超過 100 條水道，而島上也有數以百計的橋樑。

15 世紀法國作家兼駐威尼斯大使康米尼（Philippe de Commines）

於 1495 年初次到訪威尼斯，第一個深刻印象為「the fairest and best-built street in the world」，意思大致為：威尼斯大運河可稱為「世界上最精美的街道」，兩旁滿布最精美的房屋，可以和世界上最美的林蔭大道相媲美。

● 坐上遊船欣賞威尼斯的靈魂之河

大運河的兩岸擁有超過 170 棟建築，其中有不少是 12 至 18 世紀貴族和富商的府邸，顯露出威尼斯共和國的繁華與藝術。（威尼斯共和國是義大利北部威尼斯人的城邦，以威尼斯島為中心，始於 8 世紀，1797 年結束。）所以，不少一出火車站的遊人，就在站前跳上最熱門的水上巴士 1 號線，順著大運河觀賞兩岸的優美風光，其中最著名包含佩薩羅宮、黃金屋、安康聖母教堂等等。縱然兩岸老建築的溼壁畫無可避免地褪色了，珍貴的大理石也殘破不堪，地基早已遭潮水侵蝕而動搖，但大運河仍彷如五百多年前的康米尼所盛讚：「世界上最美麗的街道。」

威尼斯是一個美麗的水上城市，建築在最不可能建造城市的地方：水上。威尼斯的風情總離不開「水」，蜿蜒的水巷，流動的清波，就好像一個漂浮在碧波上浪漫的夢，詩情畫意久久揮之不去。大運河的兩岸擁有超過百多棟建築，部分是 12 至 18 世紀的建築，盡顯已消逝威尼斯共和國的建築藝術之美。

⬤ 遊覽大運河的水上巴士熱門路線

在威尼斯，最重要的就是學會怎麼搭水上巴士，再加上雙腳，整個威尼斯主島以及離島都可以玩透透。水上巴士單程票，首次打卡後船票在 75 分鐘內有效，可換乘同一方向的其他線路。憑票可攜帶一件行李，其長寬高總和不超過 150 厘米。如果有需要，旅客也可購買日票 / 兩天 / 三天 / 七天票等等。旅客在自助售票機買票就可以。

水上巴士共有 20 多條行駛路線，覆蓋威尼斯島、外島以及從機場到本島的範圍。正如上面所說，1 號線是最熱門，每十至十五分鐘一班，從火車站前方的碼頭啟程，共十四站，到達聖馬可廣場約四十五分鐘；然後再花二十分鐘前往麗都島。另外，推薦 2 路線，稱為大運河快速線，從火車站到聖馬可廣場，只停五站，約三十分鐘，中間也會在雷雅托橋停站的。至於前往幾個受歡迎的外島，便可搭乘 4、5 及 12 號線。

第 1 站：小聖西門教堂
小聖西門教堂（San Simeone Piccolo）建於 1738 年，設計仿照羅馬的萬神殿，是新古典主義建築的代表建築。

第 2 站：土耳其倉庫
土耳其倉庫（Fondaco dei Turchi）是大運河最古老的建築之一，在 13 世紀前期已建好，是流放罪犯的收容所。1923 年後，改建成威尼斯自然史博物館（Museo dStoria Naturale di Venezia）。

第 3 站：佩薩羅宮
佩薩羅宮（Ca'Pesaro）是一座巴洛克大理石宮殿，建於 17 世紀中葉，目前是威尼斯市的現代藝術博物館。

大運河上的九座特色建築
（詳細介紹見左頁）
1. 小聖西門教堂
2. 土耳其倉庫
3. 佩薩羅府邸
4. 金屋
5. 巴巴里哥宮
6. 格拉西宮
7. 雷佐尼科宮
8. 達里歐宮
9. 安康聖母教堂

其他重要建築
A. 聖塔露西亞火車站
B. 憲法橋
C. 赤足橋
D. 雷雅托橋
E. 學院木橋
F. 聖馬可廣場

4.

5.

6.

第 4 站：黃金宮
曾經用鍍金來裝飾外牆的黃金宮（Ca' d'Oro），於 1430 年建成，是威尼斯的一座古老宮殿，正式名稱為聖索非亞宮（Palazzo SantaSofia），被認為是大運河上最美麗的宮殿之一。

第 5 站：巴巴里哥宮
巴巴里哥宮（Palazzo Barbarigo），建於 1560 年，以其天台著稱，現已成為高級酒店。

第 6 站：格拉西宮
格拉西宮（Palazzo Grassi），建於 1730 年代，威尼斯市中心的最後一座宮殿。

第 7 站：雷佐尼科宮
雷佐尼科宮（Ca'Rezzonico）是三層大理石宮殿，於 17 世紀開始建造，耗時約 100 年才建成，外觀採巴洛克風格。

第 8 站：達里歐宮
哥德式的達里歐宮（Palazzo Dario），為 15 世紀發展出來的文藝復興建築。

7.

8.

第 9 站：安康聖母教堂

安康聖母教堂（Basilica di Santa Maria della Salute），簡稱為「Salute」，是威尼斯的著名教堂，擁有次級聖殿的地位。其出現與黑死病有莫大關係。

黑死病曾經兩度兇猛地襲擊了這個水城。第一次是 1347 年，短短一年半的時間便奪去了五分之三的人口。第二次在 1630 年，也奪去了 45000 人的生命，相當於當時的三分之一人口。那時候，當地人向聖母瑪利亞求救，威尼斯共和國元老院並立下誓言：如果聖母能解救出他們，就專門為她建造一座教堂。瘟疫過去後，元老院決定給新教堂命名時還加入了含有健康和救贖意義的「Salute」，以感謝聖母庇佑。

9.

遊船在兩岸古老建築之間慢慢地穿行，靜賞威尼斯的靈魂之河。

水路縱橫的地方必然橋樑眾多，威尼斯的橋，我想除了較為有名的幾座外，很多連本地人都叫不出名字。

水都的交通工具，除了雙腳就是船隻，不論是生活上的大小事務，都要靠它來完成。旅客們搭乘水上巴士或水上計乘車，往來各景點及旅館；當地居民則使用渡船來載運生活必需品；船家也靠著裝飾華麗的貢多拉來招攬生意。圖中為水上巴士及安康聖母教堂。

細說歐洲最美客廳的每一個角落

從火車站出發，跨過赤足橋便立即進入一個由無數的小運河、巷子、小橋所組成的「迷宮」。如果中途沒有停下腳步，大約需要大半個小時才能走出「迷宮」，抵達聖馬可廣場。說實在，通常十個人就有十個人至少花上一倍以上的時間才走到目的地，因為沿途滿布著太多太多吸引的風光和景物，同一個景物你可能會禁不住從不同角度一直拍照、自拍等等。

如果你是坐船，當船上遙望到高高的聖馬可鐘樓時，就可以準備下船。遊人從迎賓的石柱（頂部有飛獅與神聖狄奧多雕像）步進聖馬可廣場（Piazza San Marco）屬於長方形，長約 170 米，東邊寬約 80 米，西側寬約 55 米，以聖經「馬可福音」的作者「馬可」命名，最知名的聖馬可大教堂、總督宮、聖馬可鐘樓、嘆息橋等都圍繞。

現時廣場面積很大，不過一開始並不是這樣規模的。廣場建於九世紀，只是教堂前的一座小小的廣場。直至 1177 年，為了迎接教宗亞歷山大三世和神聖羅馬帝國皇帝腓特烈一世的會面，才將廣場擴建成如今的規模。

十八世紀，拿破崙佔領威尼斯時，曾讚美聖馬可廣場為「全歐洲最美的客廳」。這個廣場當然是來威尼斯必遊的景點，是威尼斯最大的廣場，著名的面具嘉年華等等重大活動都是從這裡展開的，加上巨型遊輪停靠在附近的港口。所以，任何時候，這裡也是整個威尼斯的焦點，人山人海把整個廣場擠得水洩不通。

⊖ 水淹廣場

網路常常出現水淹威尼斯的新聞，原來每當漲潮或下大雨的時候，聖馬可廣場都是首當其衝，成為被水淹的地方，全因這裡是整個島地勢的最低點。下大雨時其實也沒有造成很惡劣的狀況，雨水會從廣場的排水溝直接流入運河。但是，在漲潮時便嚴重了，運河的河水同樣通過排水溝從廣場的地下湧出來，形成一潭潭的積水。情況最嚴重時，每年總會有幾次潮水能鋪滿整個廣場、甚至出現水淹廣場的慘況！

左：人們可坐上水上巴士，以最快方法抵達聖馬可廣場。
右：旅人亦考慮步行前往，圖中是首先橫跨的赤足橋入場。

1. 石柱（飛獅）
2. 石柱（神聖狄奧多）
3. 佛羅里安咖啡館
4. 聖馬可廣場
5. 聖馬可鐘樓
6. 總督宮
7. 聖馬可大教堂
8. 嘆息橋

在聖塔露西亞火車站開始，人們可以選擇步行，或是乘在水上
巴士船，穿過整個威尼斯市中心，來到運河的另一端出口。坐
船時，在右邊看過安康聖母教堂之後，船徐徐地靠左駛朝向高
高的聖馬可鐘樓，準備抵達整個威尼斯最熱鬧的地方。

● 咖啡店露天座位的天價收費

說到廣場，一定要提到這一帶咖啡店的「露天座位」。在義大利喝咖啡，分為「站著喝」和「坐著喝」兩種，菜單通常分為兩本，或是菜單列出這兩個價錢；前者的價錢便宜，若把顧客所佔空間、時間、需要待應整理桌子，以及可欣賞的景色等等的成本計算在內，「坐著喝」的價錢自然比較高，大概與「站著喝」相差超過一倍。

這個「坐著喝」的價錢，如果換成一個非常熱門的景點，便有可能差距超過三、四倍，其中以聖馬可廣場四周的露天咖啡座位最

為「聞名」。我們偶然都會在國際新聞閱讀到：「旅客在聖馬可廣場咖啡店喝完咖啡，便收到一張價格異常高昂的帳單。」等等的新聞。

數年前，一對智利夫婦在廣場上的一家咖啡店露天座位享用飲品，結果兩杯咖啡與兩杯水的收費為 43 歐元。他們事後心有不滿，於是在社交平台上傳收據相片，結果惹來網民瘋傳。後來，該咖啡店回應：由於顧客選坐於露天座位，所以要付較高費用；如果顧客在店舖內享用或外賣咖啡，只會收取一杯 2 歐元；而且強調當時職員已提醒顧客，不過顧客卻沒有理會。

聖馬可廣場絕對是威尼斯最熱鬧的地方，時間塔、鐘樓、聖馬可大教堂、總督宮、佛羅里安咖啡館、嘆息橋等最熱門的景點都位在廣場四周，想買各式伴手禮、面具、玻璃、蕾絲、手工藝品，都可以在附近的小店裡找到（不過價錢也會相對地高）。

聖馬可鐘樓頂部是金字塔狀的尖塔，最上方是金色的天使加百利形狀的風向標。遊人可在頂層俯瞰，全城景色盡收眼底。

事實上，以上的事情常常發生，在 TripAdvisor 旅遊網站看一看，就能發現很多類似的事件。我想，如果用「便利店的咖啡」與「五星級酒店的咖啡」比較，前者沒有其他附加的價值，但後者則有可欣賞美景的露天座位、裝修華麗的環境、侍應的服務等等附加價值，便可容易理解整件事情。

島上最古老的咖啡館

雖然我們因為時間關係，沒有在聖馬可廣場的咖啡店坐下，在此也簡單說一說這家佛羅里安咖啡館（Caffè Florian），據說不少旅人很喜歡。它開業於 1720 年，是島上最古老的咖啡館，餐廳裡的油畫裝潢非常華麗，亦提供優美的現場樂隊演奏，重點當然是可以坐在廣場上享用咖啡。其官網展示了「站著喝」和「坐著喝」的兩種選項，即使同一樣飲品或食物都會有差距的，有興趣的朋友不妨參考一下。

左：鐘樓對面的時鐘塔，可以讓航海人知道時間依此推斷潮汐。鐘下是巨大的拱門，連接城中的主要街道。
右：廣場入口處的兩根大石柱，石柱上一個是威尼斯聖人狄奧多雕像，一邊則是有翅膀的獅子，都是威尼斯的守護神。

威尼斯的守護神

繼續其他景點的分享。廣場入口有兩根高高聳立的大石柱，象徵威尼斯的城門，石柱上一個是威尼斯聖人狄奧多雕像，一邊則是有翅膀的獅子，都是威尼斯的守護神。這兩根石柱之間曾經是處決犯人的地方，也因此威尼斯人有一個迷信，相信從兩柱之間走過去會有惡運。

聖馬可鐘樓

高 98.6 米的聖馬可鐘樓（Campanile），早在百年前突然倒塌了，現今的鐘樓是根據原有的設計而重建的。其下半部是柱體建築，上半部則是拱形設計。鐘樓共放置了五座鐘，不同的鐘聲響起代表著報時、開結或工作完結、召集議員、宣布死刑等功能，現在當然只有整點報時了，不過在廣場上聽到雄亮的鐘聲，真的有一種回到中古時代的感覺！另外鐘樓開放付費電梯登頂。

聖馬可時鐘塔

廣場上的聖馬可時鐘塔（Torre dell'Orologio），是一座十五世紀文藝復興建築，其大鐘即使從瀉湖水域都能讓航海的人看見，時鐘外圈是 24 小時制的羅馬數字，內圈是代表月分的 12 星座。在塔頂上有兩個巨大的青銅「摩爾人」，穿著羊皮，腰間設有槌子，每到整點用來敲鐘。一個較老，另一個較年輕，顯示時間的推移。塔的下面兩層設有巨大的拱門，通往城市的主要街道。

🌑 聖馬可大教堂

廣場上最受矚目的建築，就是聖馬可大教堂（Basilica Cattedrale Patriarcale diSan Marco），其前身建於公元 828 年，當初只是總督府的臨時建築，用以存放聖馬可的遺骸。後來受戰火攻擊而需要在現址上重建，經過長年累月的修建，最後融合拜占庭式、哥德式、伊斯蘭教式等風格而建成。

聖馬可大教堂頂部設有聖馬可雕像，兩旁各有多座天使雕像。其下是聖馬可獅，是聖馬可的坐騎。自從聖馬可屍體被運回威尼斯後，便一直存放在教堂的大祭壇下，成為當地人的重要紀念對象。也因此，許多建築上都會看見長著一對翅膀、威風凜凜的獅子，前腳持著《馬可福音》。

這隻聳立在聖可主教座堂頂部的聖馬可獅，金光閃閃，分外尊貴富麗。牠在藍色的星空下，持著福音書，上面用拉丁文書刻著「祝您安息，馬可，我的福音布道者。」

從外形上就能了解歐洲教堂為何總是讓人趨之若鶩，教堂正面五個圓拱形門上方各有不同主題的金色嵌鑲畫，從右至左分別為「從君士坦丁堡運回聖馬可遺體」、「遺體到達威尼斯」、「最後的審判」、「聖馬可神話禮讚」、「聖馬可進入聖馬可教堂」，即使不進裡面，這五幅壯觀的金色嵌鑲畫，足以令人留下深刻烙印。

參觀教堂內部雖然免費，但是常常都有一條長長的人龍，還是網上預約，每人只需幾塊歐元的手續費，到時便可以直接入內參觀。

教堂頂部的聖馬可與多位天使雕像。

教堂正門上方聳立著手持《馬可福音》的聖馬可塑象和簇擁著的六尊天使像；稍微下方則有四匹青銅馬，本為十字軍東征時從拜占庭帝國帶回來的戰利品，真品現今藏於聖馬可聖殿內。

1.

2.

3.

金色嵌鑲畫
1. 從君士坦丁堡運回聖馬可遺體　2. 遺體到達威尼斯　3. 最後的審判　4. 聖馬可神話禮讚
5. 聖馬可進入聖馬可教堂

⬤ 威尼斯總督宮

同樣位於廣場上的總督宮（Palazzo Ducale），是一棟非常大的建築，始建於 1309 年的歌德式建築，昔日為威尼斯共和國的政府機關與最高法院所在地，也是歷代總督的市政廳和住所。前後歷經兩次大火，現在已經是第三次重建的面貌。

此宮殿如今成為了博物館，裡面有著可容納一千人的大議會廳、元老院議事廳、十人委員會議廳等，室內都是指定樣式般的金壁輝煌，還有多幅出自大師之手的藝術作品。不過到訪的旅客，多數為了去看「嘆息橋內部」。走過嘆息橋，就是昔日專門關重罪、死刑犯的監獄。

⬤ 嘆息橋

除了大運河上經常被當作威尼斯城標的雷雅托橋之外，最著名的橋莫過於建於 1602 年的嘆息橋（Ponte dei Sospiri）了。從總督宮走到海邊左轉便可看到有名的嘆息橋。這一座 400 年的建築，實際是一道密封式的石灰橋，雖然巴洛克建築外觀尚算吸引人，不過人們對其外觀反而不太在意，而且一般旅客也不太清楚義大利名字的含義，可是只要一看其英文名稱：Brigde of Sighs，便猜到此橋背後必有令人唏噓或悲傷的故事。聽過故事的人，無不對此橋的印象增添了一份不一樣的觀感。

正如上面所說要進入此密封石灰橋裡，首先要進入總督宮，石橋兩端實際上是連接總督宮兩邊的法院與監獄，因為死囚通過此橋時通常都是行刑的前一刻，因感嘆即將結束的人生而命名為嘆息橋。嘆息橋的內部非常狹小，只有兩條平行隔開的走道，每條走道都僅供一人通行，整個橋內密閉陰暗，赤裸裸的牆壁粗糙灰黑，與橋外部的精雕細刻有著天壤之別。

此橋亦有一個浪漫故事，據說情侶乘著貢多拉渡橋時，只要在橋底親吻對方，就可以天長地久、白頭偕老。一聽便知道不要對這個故事太認真，不過在威尼斯這個美麗的水都之上，如果能夠與愛人坐上充滿特色的貢多拉駛過嘆息橋，又能夠在橋底親吻對方，想必成為難忘又甜蜜的旅行回憶！

左：面向廣場的總督宮，這是一座非常大的歌德式建築，目前成為博物館。人們可以入內，走到嘆息橋。

右：圖中左邊是總督宮，這是朝向海岸的地方，人們走到白色方格的位置，可觀望到嘆息橋。

即使不進入聖馬可大教堂，站在廣場上觀看
圓拱形門上方的五幅金色嵌鑲畫，就足以令
人留下深刻烙印。此圖為正中央的「最後的審
判」，面積最大。

特別說明：2019 年威尼斯遭遇 53 年來的最嚴重水災

威尼斯的一切都與「水」有關。2019 年 11 月，威尼斯出現 53 年來最嚴重淹水，水位一度高達 187 厘米，全市約八成半地方淹水，位於低窪地區的聖馬可廣場受災最為嚴重，周邊露天咖啡座的枱椅在水中載浮載沉，聖馬可大教堂的玻璃窗不少因此碎裂，其地下室完全被淹，部分磚石浸壞。居於外島的一位 78 歲老翁因家中淹水，嘗試用電子泵泵水時觸電死亡，同屋發現另一具男屍。

威尼斯酒店協會亦說多間酒店停電，又沒有泵水系統去水，住低層的客人要搬到高層避難，接待過王室和海明威等名人的五星酒店 Gritti Palace，酒吧區大半泡在水中。至於街外，網路圖片可見水道常見的貢多拉船、小輪和水上計程船都擱淺行人道上，登岸用的木台和舷梯都被沖走，乘船客人要狼狽爬窗入酒店，有人則要游水脫困。市政府估計損失高達 10 億歐元。自 1923 年有紀錄以來，威尼斯在 1996 年最高水位達到 1.94 米。

事實上，當地政府自 2003 年已定下建造 78 組浮閘的「摩西計劃」，一旦水漲時便可以防洪，但環保團體關注浮閘對生態影響，加上成本增加和貪腐醜聞，工程一拖再拖，造價累計已達 50 億歐元。根據最新消息，「摩西計劃」已接近完成，可是當地人卻擔心面對著如此大型的洪水，這 78 組浮閘未必發揮到作用，聖馬可廣場始終「難以安寢」！

哪料到，2020 年 1 月，威尼斯水位卻大幅下降，一度比海平面還要低 45 厘米，導致運河幾乎乾涸見底，嚴重影響交通，貢多拉船亦被逼停駛，又再一次重創當地旅遊業。

上：為人山人海的聖馬可廣場。一旦發生水位大幅升高或大幅下降，請運用想像力，到底會變成什麼可怕的局面呢？

聖馬可大教堂 ：www.basilicasanmarco.it
佛羅里安咖啡館：www.caffeflorian.com
威尼斯總督宮 ：palazzoducale.visitmuve.it

嘆息橋。一座四百年的建築，一道密封
式的石灰橋，配上一個令人唏噓的名
字。時至今日，熱戀中的情侶最愛要求
乘坐貢多拉渡過此橋，因為流行說法是
只要在橋底親吻對方，就可以天長地
久、白頭偕老……信不信由你。

● 貢多拉 Gondola

坐上貢多拉，在水路環繞的千年古城飄蕩

縱橫交錯的威尼斯運河，是世界上唯一不通任何陸上交通工具的城市，「船」自然成為主要的交通工具。水上公船、水上計程船、運送商品的貨櫃船、消防船、警船等等……連垃圾也都有專屬的垃圾船，眾多之中尤以貢多拉最具特色與代表性！

多達一萬艘的貢多拉

文獻記載，貢多拉（Gondola）於 1094 年便已出現，到了十六世紀最為興盛，大約多達一萬艘；可是 1878 年便減少至 4000 艘。時至今日，只餘下四百艘左右，大部分用於觀光，只有少量是用作婚禮、比賽或其他用途。

全漆黑色的貢多拉船身很有味道，不過其早期外觀也不像現在，昔日有錢人和貴族為了炫耀財富，爭相乘坐裝飾著緞帶絲綢、雕刻精美的貢多拉船，千奇百怪，形成奢靡風氣。為了遏制這種不良風氣，當地政府在 1562 年頒布法令，規定貢多拉必須漆成黑色，並且統一特定樣式。想不到這個傳統很受歡迎，一直維持至今，因此我們看到的貢多拉都是統一的黑色。

兩個關於貢多拉的節日

一年之中只有在幾個特殊場合，貢多拉才會被裝飾成花船，比如救世主節（Festa del Redenotore），是七月的第三個星期六，大運河上舉行大型的煙火活動，貢多拉船也會被用心布置，算是威尼斯重要節慶之一。還有，威尼斯賽船節（Historical Regatta），是九月的第一個星期天。很多貢多拉船都會精心打扮，還有互相爭豔的比賽與表演，這個賽船活動是從文藝復興時期就傳下來的。

1.

2.

1-2. 我們首先在火車站前方的旅客中心付款報名，然後在指定時間於聖馬可廣場附近的碼頭上船。同船有兩名女遊客。　3. 當天的天氣十分好，河面閃閃生光。貢多拉遊船的初段是行駛在大運河上，河面上擠滿多條貢接、水上公船和水上計程船，場面十分熱鬧。接著我們駛進小河道，那才是遊船的重點！

3.

貢多拉在威尼斯已有千年以上的歷史，16 世紀是最盛行的時期，數量超過一萬艘，現今只有幾百艘，專門提供觀光客遊覽水都之用。

船頭

船頭設計是統一的，都是包著鋼皮，最上面的一塊象徵威尼斯總督的帽子，下方 6 個鋼齒代表威尼斯市的 6 個行政區。

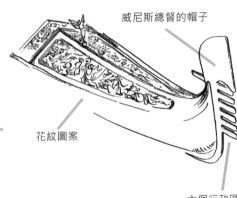

威尼斯總督的帽子

花紋圖案

六個行政區

解構貢多拉

1. 全黑色船身。
2. 長約 12 米、寬約 1.7 米的平底船。
3. 重 400 公斤。
4. 純手工製作，製造一艘船需用 280 多塊木頭（8 種不同木材）。
5. 價錢約 25,000 歐元。

船尾

船尾的銅飾也是各有所不同。

內飾奢華

乘客位置的裝飾精緻又奢華，而且每艘各有所不同，上方插畫是海馬造型，右方是馬的造型。

向右傾斜的巧妙設計

划船時不是需要左右兩隻槳以保持平衡嗎？為什麼船夫只划動右邊呢？

原來船身採用的是不對稱設計，留心一看，停泊和航行時的船身都是向右傾斜。這樣，航行時可以抵消站在左邊的船夫體重，使得貢多拉能夠直線前進，避免原地轉圈。

船夫

1 名船夫（gondolier）操作，固定站在船尾的左側，面向船頭，用單隻船槳在船的右側水中推水。昔日的貢多拉船夫是世襲制的，雖然現在不是，但要取得牌照須經過多關的考試，以及接受為期一年的訓練。

船頭和船尾

高翹的船頭和船尾，呈現月牙形。

貢多拉是威尼斯特有的和最具代表性的傳統划船，全漆黑色的船身很有味道，由一位船夫站在船尾划動。雖然前往島上主要景點不是靠貢多拉，但既然它是威尼斯最有特色的，所以即使窮途末路都要搭一下，不然會後悔。而且貢多拉所到之處，可都是水上巴士到不了的小水道。

1.

乘坐貢多拉的官方價錢

來威尼斯搭貢多拉應該是大部分威尼斯旅客的必做事情，整個威尼斯搭貢多拉的碼頭非常多，價格最貴的當然是聖馬可廣場附近的碼頭，愈往少人的巷子可以找到較便宜的價格，只要看到寫「Servizio gondole」，都可以上去詢價看看。

事實上，貢多拉公價是 100 歐元（40 分鐘的日間行程），一般可坐最多 6 人，所以愈多人一起搭乘便愈划算。從晚上 7 時開始，價錢會提升，高達 120 歐元。不過，在碼頭向幾位船夫的問價，通常都超過公價的，人們通常會殺價，但船夫絕不是省油的燈，甚少能殺價低於公價。還有問清楚船行時間是否足 40 分鐘，看過一些網友的分享，竟然 4 人付了 100 歐元，結果不足 20 分鐘！

Gondola shared tour

除非自己有足夠預算能負擔一艘船的價錢，如果只有兩個人，怎麼辦好呢？像我們可報名 Gondola shared tour，即是與其他人共同搭乘一艘貢多拉，每位是 30 歐元，時間是 30 分鐘，這個不失為既可省錢又可圓夢的選擇。可在事前在網絡或在火車站對面的遊客中心付錢報名，上船地方多數在聖馬可廣場對面的碼頭。

駛進水上巴士到不了的小水道裡

中午過後，我們的貢多拉離開碼頭不久，同船還有兩位女遊客。最初一段，是行駛在大運河上，可近觀到美麗的安康聖母教堂，然後很快便進入遊船的重點，就是貢多拉駛進水上巴士到不了的小水道裡。旺季時，水道上通常會出現很多貢多拉，甚至需要排隊，當時我們的船是與另一條船一起駛入水道，即使兩艘輕輕撞到也沒有問題。

1. 我們的貢多拉開始駛進小河道。　2. 貢多拉船夫在窄小的河道，有時候不只用雙手划船，有時候還用上腳撐牆，總而言之一切遊刃有餘！ 3. 船夫十分注重船的狀態，一旦有空，便會檢查船身。　4. 島上各處都可以搭乘貢多拉，價格以聖馬可廣場附近碼頭最為昂貴。前往較少人的巷子，說不定可找到比較便宜的價格，不妨花點時間找一找。　5. 由於船夫數量不多，大家都認識，就像好朋友。

威尼斯總共有百多條水道，我們只是遊覽其中幾條的水道，已經感覺很棒，剛才說駛過的水道都是水上巴士不能到的，要改更正一下，這些水道其實連人行道都沒有，所以要唯一觀賞到這些水道的風光，只有貢多拉了。

⚋ 船夫多厲害

乘坐貢多拉的過程很有趣，船夫看似非常輕鬆便能讓船轉彎和行駛，感覺很輕盈靈活，有時候不只用雙手划船，有時候還用上腳撐牆，總而言之一切遊刃有餘。順道一說，看電影見到貢多拉船夫都會唱歌，原來他們不再這樣做，因為唱歌變成一項專門工作，是要付錢另外聘請的。最後要說，每條貢多拉的造價都很昂貴，船夫為了保持良好的外表狀態，十分注重維護，每天都需檢查一下船的各部分。

貢多拉渡橋時，穿過橋底的情況。

每個不經意的一瞥，都會看到未曾期待到的驚豔之美。

07-05

在錯綜複雜的小巷中停停走走

像威尼斯這樣的旅遊聖地，教堂、博物館等等知名景點都會出現人潮，不禁一問，我們真的一定要進入裡面參觀嗎？這天，我們沒有在任何一條長長人龍後排隊，寶貴的旅行時間應該懂得如何取捨。這天下午，我們決定帶著畫筆和畫簿，不用 Google map，讓自己迷失在錯綜複雜令人搞不清方向的巷弄裡。

在眾多義大利城市裡，很少找到像在威尼斯島上，可以如此隨心地在曲折的巷子、水道與小橋組成的「迷宮」散步。只要願意花時間，就可以看到更多威尼斯不一樣的面貌。然後你會發現威尼斯島並不是每一處都是熱鬧（或是嘈吵），它還是有安靜舒服小區的一面，當地人的生活痕跡隨時都與旅人擦身而過。還有，那些特色的手作小店、那些稀奇古怪的藝術店鋪，通通不會在熱鬧人多的大街上。

鑽進哪條巷子拐進哪一個彎？完全是來自最直接感覺的當下。有時候可能會在原地打轉，但有時候也會到達意料之外的地方，一切看你與「迷宮」的緣分。總而言之，給自己一個在旅行中喘息的時間和空間，雖然是個迷宮但總會有出路，放心遊盪吧！

威尼斯島真的不算很大，即使「終於迷了路」，那又如何？因為我深信，總會遇見一些協助自己返回該走的路的人，就像人生旅途中，天使總會在適時的一刻降臨於眼前。（全書完）

黑幕掛起，閃閃的燈光映在河面上，威尼斯分外燦爛。對威尼斯的旅行回憶，總顯得不太真實。不真實的原因在於，這個城市太不同尋常了，已經不能用一般意義的城市來形容它。

義大利經典繪旅行：
由南到北漫遊名勝、品味美食，體驗理想的義式生活！(全新修訂版)
(原書名：義大利繪旅行)

作　　　者：文少輝、傅美璇
社　　　長：陳蕙慧
總 編 輯：戴偉傑
協力編輯：Lys Chen
版面構成：Wan-yun Chen
全書排版：黃讌茹
封面設計：謝捲子
行銷企畫：陳雅雯、余一霞
讀書共和國集團社長：郭重興
發 行 人：曾大福
出　　　版：木馬文化事業股份有限公司
發　　　行：遠足文化事業股份有限公司
地　　　址：231新北市新店區民權路108-3號8樓
電　　　話：(02)2218-1417
傳　　　眞：(02)2218-0727
Email　：service@bookrep.com.tw
郵撥帳號：19588272木馬文化事業股份有限公司
客服專線：0800221029
法律顧問：華洋國際專利商標事務所　蘇文生律師
印　　　刷：凱林彩印股份有限公司
二版一刷：2020年06月　二版二刷：2023年04月
定　　　價：500元

國家圖書館出版品預行編目(CIP)資料

義大利經典繪旅行 / 文少輝, 傅美璇著. -- 二版. -- 新北市：木馬
文化出版：遠足文化發行, 2020.06
　　面；　公分
ISBN 978-986-359-805-3(平裝)

1.自助旅行 2.義大利
745.09　　　　109007118